Maroun Bercachi

Méthodes Numériques Avancées pour la Solution de Grands Systèmes

Maroun Bercachi

Méthodes Numériques Avancées pour la Solution de Grands Systèmes

Algorithme Évolutionnaire à États pour l'Optimisation Difficile

Presses Académiques Francophones

Impressum / Mentions légales
Bibliografische Information der Deutschen Nationalbibliothek: Die Deutsche Nationalbibliothek verzeichnet diese Publikation in der Deutschen Nationalbibliografie; detaillierte bibliografische Daten sind im Internet über http://dnb.d-nb.de abrufbar.
Alle in diesem Buch genannten Marken und Produktnamen unterliegen warenzeichen-, marken- oder patentrechtlichem Schutz bzw. sind Warenzeichen oder eingetragene Warenzeichen der jeweiligen Inhaber. Die Wiedergabe von Marken, Produktnamen, Gebrauchsnamen, Handelsnamen, Warenbezeichnungen u.s.w. in diesem Werk berechtigt auch ohne besondere Kennzeichnung nicht zu der Annahme, dass solche Namen im Sinne der Warenzeichen- und Markenschutzgesetzgebung als frei zu betrachten wären und daher von jedermann benutzt werden dürften.

Information bibliographique publiée par la Deutsche Nationalbibliothek: La Deutsche Nationalbibliothek inscrit cette publication à la Deutsche Nationalbibliografie; des données bibliographiques détaillées sont disponibles sur internet à l'adresse http://dnb.d-nb.de.
Toutes marques et noms de produits mentionnés dans ce livre demeurent sous la protection des marques, des marques déposées et des brevets, et sont des marques ou des marques déposées de leurs détenteurs respectifs. L'utilisation des marques, noms de produits, noms communs, noms commerciaux, descriptions de produits, etc, même sans qu'ils soient mentionnés de façon particulière dans ce livre ne signifie en aucune façon que ces noms peuvent être utilisés sans restriction à l'égard de la législation pour la protection des marques et des marques déposées et pourraient donc être utilisés par quiconque.

Coverbild / Photo de couverture: www.ingimage.com

Verlag / Editeur:
Presses Académiques Francophones
ist ein Imprint der / est une marque déposée de
OmniScriptum GmbH & Co. KG
Heinrich-Böcking-Str. 6-8, 66121 Saarbrücken, Deutschland / Allemagne
Email: info@presses-academiques.com

Herstellung: siehe letzte Seite /
Impression: voir la dernière page
ISBN: 978-3-8381-4765-9

Zugl. / Agréé par: Nice, Université de Nice-Sophia Antipolis, 2010

Copyright / Droit d'auteur © 2014 OmniScriptum GmbH & Co. KG
Alle Rechte vorbehalten. / Tous droits réservés. Saarbrücken 2014

Remerciements

Je voudrais présentement à travers ces quelques lignes que les personnes indispensables à ce travail de thèse soient véritablement remerciées.

Je tiens particulièrement à remercier les personnes suivantes :

- Tous les membres du Laboratoire I3S et l'École Doctorale STIC de leur haut degré d'accueil, d'énergie et de science.

- Gilles Bernot, le directeur de l'école doctorale STIC, qui m'a accueilli et sincèrement soutenu durant la dernière période de ma thèse. Pour sa compréhension, sa sincère coopération, pour sa grande disponibilité et pour son honnêteté.

- Philippe Collard, mon directeur de thèse, qui m'a accueilli au sein de l'équipe T.E.A. Pour la liberté qu'il m'a laissée, pour nos discussions des plus enrichissantes et pour sa disponibilité.

- Manuel Clergue et Sébastien Verel, pour les conseils, l'attention, l'écoute et la gentillesse. Nos nombreuses discussions m'ont fait évoluer scientifiquement.

- Yves Duthen et El-Ghazali Talbi pour l'honneur qu'ils m'ont fait en rapportant cette thèse et pour avoir participé au jury. Un grand merci parce qu'ils ont bien voulu émettre un avis favorable sur mes travaux. Leurs remarques constructives m'ont aidé à conclure ce travail de thèse et continuer à orienter mes recherches.

- Pierre Bernhard, président du Jury, pour l'honneur qu'il m'a fait en acceptant de faire partie du jury. Ses remarques positives sur le manuscrit m'ont permis de clarifier certains points.

- Lala Ranaivo Arivelo, pour sa gentillesse et tous ses conseils sur la langue Française.

- Michael Touitou, mon ami, pour tellement de choses... ses judicieux conseils, son soutien, son support ; il était toujours là.

- Tous ceux que je n'ai pas nommément cités, mais que je n'oublie pas.

- Enfin, mes parents qui m'ont soutenu, permis d'étudier pendant toutes ces années et qui m'ont apporté tout ce dont j'avais rêvé. Sans eux je n'aurais jamais abouti à un point où je vois que tous mes rêves et projets commencent à se réaliser.

Table des matières

Table des figures vii

Liste des tableaux xi

Introduction 1

Chapitre 1 Réglage/Contrôle des Paramètres dans les Algorithmes Évolutionnaires   **7**
- 1.1 Algorithmes évolutionnaires 7
  - 1.1.1 Principe des algorithmes évolutionnaires 8
  - 1.1.2 Évolution des espèces 8
  - 1.1.3 Codage de l'information 9
  - 1.1.4 Les algorithmes d'évolution 10
  - 1.1.5 Modèles parallèles des algorithmes évolutionnaires 25
  - 1.1.6 Applications des algorithmes évolutionnaires 28
- 1.2 Problématique et présentation générale 31
- 1.3 État-de-l'Art AEs et hyperheuristiques 33
- 1.4 Synthèse du chapitre 39

Chapitre 2 Changement Dynamique de la Représentation des Solutions dans les Algorithmes Évolutionnaires   **43**
- 2.1 Introduction 44
- 2.2 Représentation des solutions 46
- 2.3 Stratégies séquentielles de double codage 47
- 2.4 Technique de SM-EA 53
  - 2.4.1 Initiation 53
  - 2.4.2 Méthodologie de travail et implémentation 54
- 2.5 Mise en place des expériences 55
  - 2.5.1 Problèmes de test 58

		2.5.2	Réglage des paramètres	59

      2.5.2 Réglage des paramètres 59
      2.5.3 Description des tests et observations numériques 60
      2.5.4 Interprétation des résultats 64
  2.6 Application des stratégies de double codage sur l'algorithme CHC . . . 68
      2.6.1 Algorithme CHC 69
      2.6.2 Environnement des tests 69
      2.6.3 Problèmes de test 70
      2.6.4 Valeurs de paramètres généraux 76
      2.6.5 Résultats 76
      2.6.6 Interprétation des résultats 77
  2.7 Synthèse du chapitre 80

Chapitre 3 Algorithme Évolutionnaire à États pour l'Optimisation Difficile 83
  3.1 Introduction 84
  3.2 Algorithme évolutionnaire à états 85
      3.2.1 Problème d'optimisation 85
      3.2.2 Algorithme du SEA 87
  3.3 Analyse détaillée du SEA 89
      3.3.1 Évolution de la taille de population 91
      3.3.2 Méthodologie du SEA 93
      3.3.3 Dynamique du SEA 94
      3.3.4 Système adaptatif du SEA 95
      3.3.5 Opérateur de changement d'état dirigé par la topologie d'état . . 96
  3.4 Applications potentielles du SEA 97
  3.5 Discussions générales sur le SEA 98
  3.6 Applications du SEA sur des problèmes d'optimisation difficiles 99
      3.6.1 Problème de liaison de données et de représentation 100
      3.6.2 Représentations redondantes 102
      3.6.3 Expériences 107
      3.6.4 Discussions sur les Résultats et Synthèse sur le SEA 119

Chapitre 4 Auto-adaptation du Taux de Mutation dans l'Algorithme Évolutionnaire à États 123
  4.1 Introduction 124
  4.2 Problème de sac à dos multidimensionnel à variable $0-1$ 125
  4.3 Nouvelles variantes du SEA 127

		4.3.1	SEA de mutation	127

- 4.3.1 SEA de mutation 127
- 4.3.2 SEA de mutation topologique 128
- 4.4 Configuration des expériences 129
  - 4.4.1 Réglage de paramètres d'AEs simples pour résoudre le MKP . . 130
  - 4.4.2 Réglage des variantes du SEA pour résoudre le MKP 135
- 4.5 Expérimentations et résultats 136
  - 4.5.1 Comparaison de performances 139
  - 4.5.2 Analyse de l'effet de parallélisme dans le SEA 139
  - 4.5.3 Opérateur de changement d'état dirigé par la topologie des états 140
  - 4.5.4 Dynamique de l'évolution des états dans le SEA 141
- 4.6 Synthèse du chapitre 150

Conclusion   157

Bibliographie   161

Table des figures

1.1 Exemple de croisement dans les AEs avec deux morceaux. 10
1.2 Squelette d'un algorithme évolutionnaire par Marc Schoenauer (http ://eo-dev.sourceforge.net/). 12
1.3 Données originales de Galton sur la taille des pois de senteur, Verel [149]. 18
1.4 Exemple de paysage adaptatif, Illustration dans
http ://www.rennard.org/alife/french/ivafstxt/ivafs-2.html. 19
1.5 Schéma d'un paysage de fitness. Les flèches indiquent le flux préféré de la population sur le paysage, et les points A et C sont des optima locaux. Le ballon rouge indique une population qui se déplace d'une valeur d'adaptation très bas vers le haut d'un pic, Wilke [159, 160]. . . . 20
1.6 Nuage adaptatif d'un paysage NK de paramètres $N = 25$ et $K = 20$ relativement à l'opérateur local de recherche aléatoire, Verel [149]. . . . 22
1.7 Exemple d'évolvabilité pour la valeur de fitness $\Phi = 0.6$, Verel [149]. . . 23
1.8 Exemple illustrant l'évaluation parallèle de la population dans les AEs. . 26
1.9 Exemple illustrant un modèle en îles d'algorithmes évolutionnaires. . . . 27
1.10 Exemple illustrant une population totalement distribuée, répartie sur une grappe de stations arrangées en topologie torique. Sur chaque noeud se trouvent quelques individus, qui se reproduisent localement, Goubault [63]. 28
1.11 Le cube des algorithmes évolutionnaires basés sur des populations structurées, Alba et al. [4]. 35
2.1 Nombre et position d'optima locaux pour la fonction de Schaffer [F6] en utilisant les deux codages CS et CG. Dans (a), les optima locaux pour CG. Dans (b), les optima locaux pour CS. Dans (c), les doubles optima locaux relativement à CS et CG. 53
2.2 Schéma général de *SM-EA*. 57
2.3 Évolution du taux de réussite au cours des générations : Comparaison entre les différentes propositions pour les fonctions [F2], [F6] et [F7]. . . 66
2.4 Évolution du taux de réussite au cours des générations : Comparaison entre les différentes propositions pour les fonctions [F8] et [F9]. 67
2.5 Schémas des deux algorithmes *SS-CHC* et *SM-CHC*. 71
2.6 Exemples d'exécution des deux nouvelles variantes de l'algorithme CHC. 71
2.7 Représentation graphique des problèmes de test. 74
2.8 Comparaison de l'évolution du pourcent résolu à travers le nombre total d'évaluations. 77

3.1 Schéma du *SEA* avec n états : les ellipses représentent des populations/sous-populations de solutions, les rectangles symbolisent des opérateurs stochastiques/spécifiques qui changent la population de solutions, et les losanges représentent les opérateurs qui n'affectent pas les solutions mais soit divisent ou fusionnent la/les population(s). 90

3.2 Pour deux chaînes binaires données w et w' avec un nombre de blocs égal à 5 et une taille de bloc égale à 3 pour les deux représentations, nous montrons le décodage en binaire standard puis l'application de l'opérateur enc_0 respectivement enc_1. 106

3.3 Représentations graphiques des fonctions d'unitation ONEMAX et NEEDLE. Les problèmes sont illustrés pour des chaînes binaires de taille 10. L'axe des x représente le nombre de "$1s$" dans la chaîne binaire. L'axe des y représente la fitness des solutions. 110

3.4 Représentations graphiques des deux fonctions ONOFF et ALTERNATION. Les problèmes sont illustrés pour des chaînes binaires de taille 4 (donc $16 = 2^4$ solutions possibles peuvent être générées). L'axe des x représente la valeur réelle de la solution codée en binaire standard. L'axe des y représente la fitness des solutions. 110

3.5 Étude des fluctuations du taux de réussite relativement aux variations du taux de changement d'état et du taux de mutation Bit-Flip. Les valeurs $pMutState$ et $pMutPerBit$ varient de 0.0 à 1.0 avec un pas de 0.05 pour toutes les fonctions objectives. Les valeurs de taux de réussite obtenues varient de 0% à 100%. 115

3.6 Pour les meilleures valeurs de $pMutState$ et $pMutPerBit$: On trace le nombre d'itérations requis pour atteindre l'optimum global relativement à la taille de bloc pour les problèmes P1, P2 et P3. De même, on trace le pourcentage des solutions résolues relativement à la taille de bloc pour le problème P4. 116

3.7 Comparaison de performance entre 2-*SEA* et un AE standard : On trace le pourcentage des solutions résolues à travers le nombre d'itérations requis pour atteindre l'optimum global. Une moyenne de ces enregistrements a été calculée sur 100 exécutions indépendantes pour chaque problème de test. 117

3.8 Nuages de fitness représentant l'influence des opérateurs de conversion de BBC sur la productivité des opérateurs génétiques : Pour le problème ONEMAX, on trace différents types de valeurs de fitness pour 100 solutions arbitraires. L'axe des x représente la fitness des solutions initiales ($f(m)$). L'axe des y représente la fitness des solutions après l'application des opérateurs de conversion de BBC et l'opérateur de mutation Bit-Flip ($f(m(conv))$). 120

4.1 Performance des algorithmes évolutionnaires simples EA_i ($i = 1,...,n$) sur les différentes instances du MKP. L'axe des x représente les divers taux de mutation Bit-Flip utilisés. L'axe des y représente le $\% - gap$ des solutions. Les résultats sont moyennés sur 30 exécutions indépendantes. 134

4.2 Quatre instances du MKP illustrant les performances moyennes de *m-SEA* en fonction du nombre d'itérations $runPeriod$ de chaque EA_i ($i = 1, ..., n$) et du taux de changement d'état $pMutState$. Dans ces expériences, m-SEA a été exécuté avec 10 valeurs différentes de $pMutPerBit$. Nous avons calculé les variations des moyennes de fitness sur 30 exécutions indépendantes. 137

4.3 Quatre instances du MKP illustrant les performances moyennes de *m-SEA* en fonction du nombre d'itérations $runPeriod$ de chaque EA_i ($i = 1, ..., n$) et du taux de changement d'état $pMutState$. Dans ces expériences, m-SEA a été exécuté avec 10 valeurs différentes de $pMutPerBit$. Nous avons calculé les variations des moyennes de fitness sur 30 exécutions indépendantes. 138

4.4 Quatre instances du MKP illustrant les performances moyennes de EA_1, *S-SEA*, *m-SEA* et *m-T-SEA*. L'axe des x représente l'indice de génération. L'axe des y représente la moyenne de meilleure fitness ($m - fit$) des solutions. Les résultats sont moyennés sur 30 exécutions indépendantes. 142

4.5 Quatre instances du MKP illustrant les performances moyennes de EA_1, *S-SEA*, *m-SEA* et *m-T-SEA*. L'axe des x représente l'indice de génération. L'axe des y représente la moyenne de meilleure fitness ($m - fit$) des solutions. Les résultats sont moyennés sur 30 exécutions indépendantes. 143

4.6 Quatre instances du MKP illustrant les performances moyennes de EA_1, *S-SEA*, *m-SEA* et *m-T-SEA*. L'axe des x représente l'indice de génération. L'axe des y représente le $\% - gap$ des solutions. Les résultats sont moyennés sur 30 exécutions indépendantes. 144

4.7 Quatre instances du MKP illustrant les performances moyennes de EA_1, *S-SEA*, *m-SEA* et *m-T-SEA*. L'axe des x représente l'indice de génération. L'axe des y représente le $\% - gap$ des solutions. Les résultats sont moyennés sur 30 exécutions indépendantes. 145

4.8 Quatre instances du MKP illustrant les performances moyennes de *S-SEA*, *m-SEA* et *m-T-SEA*. L'axe des x représente l'indice de génération. L'axe des y représente l'indice de l'état qui a eu la meilleure fitness (State Index). Les résultats sont moyennés sur 30 exécutions indépendantes. 146

4.9 Quatre instances du MKP illustrant les performances moyennes de *S-SEA*, *m-SEA* et *m-T-SEA*. L'axe des x représente l'indice de génération. L'axe des y représente l'indice de l'état qui a eu la meilleure fitness (State Index). Les résultats sont moyennés sur 30 exécutions indépendantes. 147

4.10 Deux instances du MKP illustrant la dynamique des états dans *m-SEA* (à gauche) et *m-T-SEA* (à droite). L'axe des x représente l'indice de génération. L'axe des y représente l'évolution du nombre d'individus dans chaque état. Les résultats sont moyennés sur 30 exécutions indépendantes. 151

4.11 Deux instances du MKP illustrant la dynamique des états dans *m-SEA* (à gauche) et *m-T-SEA* (à droite). L'axe des x représente l'indice de génération. L'axe des y représente l'évolution du nombre d'individus dans chaque état. Les résultats sont moyennés sur 30 exécutions indépendantes. 152

Liste des tableaux

1.1	Synthèse sur les métaheuristique utilisées pour résoudre le problème de réglage/contrôle des paramètres.	41
2.1	Fonctions objectif.	59
2.2	Jeu de paramètres utilisés.	61
2.3	Résultats expérimentaux.	63
2.4	Résultats de t-test : Comparaison entre *SM-EA* et les autres algorithmes.	64
2.5	Problèmes de test.	75
2.6	Valeurs de paramètres généraux.	76
2.7	Résultats empiriques.	78
2.8	Résultats de t-test : Comparaison entre un simple CHC et les autres algorithmes.	79
3.1	Fonctions de test.	109
3.2	Valeurs de paramètres généraux.	112
3.3	Meilleures valeurs de paramètres.	112
3.4	Résultats expérimentaux.	116
4.1	Probabilités de transition pour tous les états de l'instance *m-T-SEA* avec 5 états. Ces valeurs sont calculées en fonction de la nouvelle topologie d'états basée sur un voisinage probabiliste.	129
4.2	Instances objectif du MKP utilisées lors des expérimentations. Le tableau affiche neuf larges instances pour $n = 500$, $m \in \{5, 10, 30\}$, et $\alpha \in \{0.25, 0.5, 0.75\}$.	131
4.3	Performance des algorithmes évolutionnaires simples EA_i $(i = 1, ..., n)$ sur les différentes instances du MKP. Les valeurs de $m - fit$ et $\% - gap$ des solutions finales sont affichées dans ce tableau. Les résultats sont moyennés sur 30 exécutions indépendantes.	133
4.4	Analyse de l'effet de parallélisme dans le *SEA* et comparaison de performances. Ce tableau affiche les valeur de $m - fit$ et $\% - gap$ des solutions finales pour *m-SEA*, *S-SEA*, *m-T-SEA*. Les données obtenues sont moyennées pour les toutes instances du MKP sur 30 exécutions indépendantes. La colonne z^{pk} fournit la valeur optimale précédemment connue de l'instance donnée par $V\&V$ ou $W\&H$.	141

4.5 Étude sur les états : Analyse des caractéristiques adaptatives du *SEA*. Ce tableau affiche les résultats de $\% - tni$ pour chacun des EA_i ($i = 1, ..., n$) dans *m-SEA* sur les neuf instances du MKP. Les données sont moyennées sur le nombre total de générations et ensuite sur les 30 exécutions indépendantes. 150

4.6 Étude sur les états : Analyse des caractéristiques adaptatives du *SEA*. Ce tableau affiche les résultats de $\% - tni$ pour chacun des EA_i ($i = 1, ..., n$) dans *m-T-SEA* sur les neuf instances du MKP. Les données sont moyennées sur le nombre total de générations et ensuite sur les 30 exécutions indépendantes. 153

Introduction

Les algorithmes évolutionnaires (AEs) sont des méthodes pratiques et robustes pour automatiser la recherche de bonnes solutions. Ils sont proposés comme un moyen de trouver des solutions proches des optima globaux pour des problèmes complexes dans un temps beaucoup plus court que ce qui serait requis par l'évaluation de toutes les solutions possibles. Les AEs ont été appliqués avec succès à une variété de problèmes d'optimisation difficiles. Malgré leurs capacités méthodiques, ils souffrent du problème de réglage/contrôle de paramètres. Un point-clé consiste à trouver un moyen d'ajustement automatique des paramètres durant l'exécution de l'algorithme. Ce concept doit être appliqué pour améliorer la recherche et obtenir une convergence efficace.

Cette thèse trouve naturellement sa première source d'inspiration dans les travaux traitant des algorithmes évolutionnaires et des métaheuristiques pour l'optimisation combinatoire. Mais au delà de ces références précises, elle est une contribution au vaste domaine de la méta-optimisation et du réglage/contrôle (autoréglage) des paramètres de l'algorithme suivant le problème traité. Dans cette thèse, on traitera aussi du problème général de la gestion du compromis exploration/exploitation lors de la recherche de solutions optimales. On se placera dans le cadre de problèmes d'optimisation complexes, multimodaux et multicritères, et on utilisera des algorithmes évolutionnaires séquentielles et parallèles.

L'évolution naturelle a permis de créer des systèmes biologiques très complexes adaptés à de nombreuses conditions. Ses mécanismes reposent sur le principe de compétition entre les individus. Les individus les mieux adaptés aux conditions survivent et peuvent laisser une descendance qui répandra leurs gènes.

Devant ces possibilités, quelques chercheurs des années 50 ont tenté d'en adapter le principe à l'ingénierie. Mais la faible puissance des machines de l'époque et des connaissances de la génétique naturelle n'a pas permis d'avoir de résultats concluants. Plus tard, dans les années 60 et 70, trois écoles utilisant le principe de l'évolution de façon différente apparurent. Ce n'est que récemment (vers le début des années 90) que ces techniques arrivent sur le devant de la scène, s'inscrivant un peu, avec les techniques liées à la vie artificielle d'une façon plus générale, comme une voie de renouvellement pour le génie logiciel et l'intelligence artificielle (certains préfèreront parler d'informatique avancée). On ne s'étonne guère du succès de cette façon de programmer quand on sait que la simplicité de ces techniques n'a d'égale que sa puissance.

Les algorithmes évolutionnaires utilise les mêmes principes que l'évolution naturelle, la compétition entre individus, pour créer des systèmes complexes pouvant s'adapter à de nombreuses situations. Cela permet d'optimiser efficacement un dispositif physique ou une fonction mathématique en explorant complètement l'espace de recherche des solutions sans pour autant avoir un coût démesuré.

Un AE ressemble à un système complexe dans le sens où il implémente une technique d'apprentissage par laquelle une population d'agents individuels s'adapte en fonction de la pression de sélection exercée par un environnement. Un AE gère la façon de coordonner les actions d'une population d'agents autonomes qui partagent un environnement de sorte que certains résultats soient atteints.

On peut considérer le Darwinisme artificiel comme un modèle simplifié de comportement complexe (une population d'agents en interaction, obéissant à des règles simples). On peut aussi voir l'utilité des approches d'optimisation évolutionnaire d'un point de vue algorithmique : le contrôle et/ou la commande de systèmes complexes ne peut souvent être qu'indirecte, et les AEs sont un des outils qu'il est possible d'utiliser pour orienter l'évolution de ces systèmes. Les AEs, sous diverses formes, ont donc joué un rôle central dans la recherche sur les systèmes complexes adaptatifs.

En général, dans une tâche d'optimisation, le choix d'une représentation, la définition des paramètres ou l'attribution de leurs valeurs propres d'une manière qui ne s'accorde pas totalement à la fitness d'un problème peut rendre ce même problème plus difficile pour un AE standard à résoudre.

Trouver la configuration appropriée pour un AE est depuis longtemps un grand défi. Le problème principal est qu'un AE spécifique contient ses composants, tels que la représentation, la sélection, les opérateurs de reproduction, ce qui crée un cadre tout en laissant encore un peu d'éléments indéfinis.

Par exemple, un AE simple pourrait être donné en indiquant qu'il utilisera une représentation binaire, un croisement uniforme, une mutation par bits, la sélection du tournoi, et un remplacement générationnel. Pour une spécification complète, toutefois, d'autres précisions doivent être données, par exemple, la taille de la population, les probabilités de mutation, de croisement et de la mutation par bits, et la taille du tournoi. Ces données — appelées les paramètres de l'algorithme — complètent la définition d'un AE et sont nécessaires afin d'en produire une version exécutable. Les valeurs de ces paramètres déterminent si l'algorithme trouvera une solution optimale ou quasi-optimale, et s'il réussira à repérer une telle solution efficacement.

Bien que les AEs soient de bonnes méthodes pour optimiser des problèmes difficiles, ils sont sujets à un certain nombre de critiques récurrentes telles que :

– Les paramètres nécessitent une période de réglage longue et fastidieuse.

- Le réglage des paramètres requiert d'intégrer une certaine connaissance du problème pour obtenir des résultats satisfaisants.

Globalement, on distingue deux méthodes principales pour la fixation des valeurs des paramètres : réglage des paramètres et contrôle des paramètres.

Par réglage des paramètres, nous entendons l'approche généralement pratiquée qui aide à trouver les bonnes valeurs des paramètres avant l'exécution de l'algorithme, puis en exécutant l'algorithme utilisant ces valeurs qui restent fixes durant la recherche. Plus loin dans cette thèse, nous donnons des arguments que tout ensemble statique de paramètres ayant des valeurs fixes pendant l'exécution semble être inadéquat surtout qu'il faut passer un certain temps pour déterminer le meilleur réglage des paramètres. En général, ce sujet a toujours été une grande question qui n'a pas été profondément abordée par les praticiens des AEs. Cela suggère qu'un AE avec des paramètres statiques parfois échoue à converger vers la solution désirée dans un nombre défini d'itérations ou un temps fixe d'exécution (CPU).

Le contrôle des paramètres constitue une alternative car elle revient à commencer l'exécution de l'algorithme avec les valeurs initiales des paramètres qui seront modifiées pendant la recherche. En ce qui concerne ce sujet, il est vrai qu'un AE doit intégrer une connaissance du problème pour être efficace. Dans la plupart des cas, avoir une certaine connaissance du problème sert bien à ajuster les valeurs des paramètres durant l'exécution. En conséquence, cette étape peut faire qu'un problème d'optimisation devienne moins compliqué et plus facile à résoudre ; donc le contrôle des paramètres est crucial pour une bonne performance.

Il existe de nombreuses variantes d'AEs basées sur le concept de réglage des paramètres. Elles ont été proposées pour améliorer la vitesse de convergence, d'éviter d'aboutir à un optimum local, ou pour affiner la qualité des solutions. La plupart d'entre elles modifient l'AE en ajoutant des paramètres supplémentaires qui rendent l'algorithme plus lourd à contrôler. D'autres chercheurs ont ainsi suggéré de nouveaux opérateurs pour améliorer leurs AEs pour des problèmes particuliers (bien spécifiques). Cependant, il n'existe pas un opérateur quelconque qui convient à tous les problèmes ou même un seul opérateur qui s'adapte à toutes les phases de résolution d'un même problème. Par conséquent, le réglage des paramètres est chargé de définir l'importance relative de tous les paramètres du processus.

Par ailleurs, des versions parallèles d'AEs ont été proposées dans la littérature pour répondre à la question de réglage/contrôle des paramètres de l'algorithme. Parmi les types les plus connus des AEs parallèles, nous pouvons citer des procédures d'optimisation qui sont basées sur la division d'une même population en plusieurs sous-populations, et d'autres qui adoptent des stratégies d'échanges d'individus entre les différents processus. Les paramètres statiques ne rend pas seulement difficile le problème dans de telles méthodes, mais peut être impossible de régler/contrôler : il n'existe pas de valeurs statiques adéquates pour toutes les étapes de la recherche.

Donc, la conception technique d'une méthode qui puisse répondre au problème de réglage/contrôle de paramètres dans les AEs est un processus de décision crucial. En outre, c'est un défi de concevoir un système évolutionnaire adaptatif qui répond aux besoins désirés tout en permettant de faciliter la manipulation des paramètres/valeurs de paramètres suivant le problème traité tout au long du processus de recherche.

Toutes ces observations nous ont incités à se concentrer dans ce travail sur une approche particulière qui règle automatiquement les paramètres de façon parallèle et contrôle dynamiquement leurs valeurs au fur et à mesure de l'évolution, relativement à la spécificité du problème. Par ailleurs, cette thèse démontre qu'il est possible de développer des algorithmes évolutionnaires qui sont simples, rapides et robustes afin de les appliquer de manière effective à un certain nombre de problèmes complexes. Suivant cette idée, nous suggérons que l'attribution de valeurs dynamiques aux paramètres de l'algorithme évolutionnaire peut apporter une efficacité accrue dans le processus de recherche et peut aider à atténuer la situation dramatique créée par l'influence du réglage/contrôle de paramètres dans les AEs.

Cette thèse propose une résolution du problème de réglage/contrôle des paramètres en plusieurs étapes. Plus spécifiquement, cette thèse comporte quatre chapitres.

Dans le premier chapitre, une présentation détaillée des algorithmes génétiques/évolutionnaires sera donnée, en indiquant les différents domaines d'application de ces algorithmes. Ensuite, le problème de réglage/contrôle des paramètres sera exposé en détail. Ainsi, les différents État-de-l'Art AEs proposés dans la littérature autour du sujet du réglage automatique des paramètres seront présentés. Ce chapitre décrit également la façon la plus adéquate dont les algorithmes évolutionnaires peuvent être utilisés pour rechercher des solutions de bonne qualité en ce qui concerne des problèmes d'optimisation difficiles.

Le deuxième chapitre introduira deux approches initiales (préliminaires) qui traitent du réglage dynamique des paramètres. La première change automatiquement la représentation des solutions d'une façon séquentielle. La seconde alterne la représentation d'une manière parallèle. Des applications à ces deux stratégies s'exprimeront ainsi sur différentes classes de problèmes d'optimisation difficiles.

Le troisième chapitre est une extension générale du cadre précédent par couplage d'une diversité de paramètres/valeurs de paramètres simultanément. Dans ce chapitre, nous proposerons une variante parallèle des AEs. Cette nouvelle approche gère simultanément plusieurs AEs en parallèle afin de régler/contrôler dynamiquement les valeurs des paramètres au cours de l'évolution. Une étude théorique détaillée de cette nouvelle approche sera également présentée. Une application de l'approche proposée sur des problèmes d'optimisation difficiles sera introduite dans la dernière partie de ce chapitre. Elle est basée sur l'ajustement dynamique de la représentation des solutions en exécution parallèle. Des statistiques ont été également réalisées, ce qui permettra d'évaluer les performances de la méthode.

Le quatrième chapitre présentera deux nouvelles versions de l'algorithme proposé dans ce travail. La première variante intègre plusieurs taux de mutation afin d'adapter le meilleur taux à la recherche. La deuxième variante incorpore une topologie de changement des taux de mutation, basée sur la distance entre le taux en cours (appliqué) et les autres taux dans le "pool". Cette nouvelle topologie est primordiale pour l'amélioration des performances de l'algorithme. Une étude approfondie est faite sur la dynamique des états. Une application de ces deux variantes sera réalisée sur le problème de sac à dos multidimensionnel (MKP) afin de tester son efficacité.

Le contenu des chapitres 2 et 3 a fait l'objet des publications suivantes :

- Chapitre 2 :
"Maroun Bercachi, Philippe Collard, Manuel Clergue and Sébastien Verel. *"Evolving Dynamic Change and Exchange of Genotype Encoding in Genetic Algorithms for Difficult Optimization Problems"*, In Proceedings of the IEEE International Conference on Evolutionary Computation, (2007)."
"Maroun Bercachi, Philippe Collard, Manuel Clergue and Sébastien Verel. *"Studying the Effects of Dual Coding on the Adaptation of Representation for Linkage in Evolutionary Algorithms"*, In Linkage in Evolutionary Computation, Springer Verlag (2008)."

- Chapitre 3 :
"Maroun Bercachi, Philippe Collard, Manuel Clergue and Sébastien Verel. *"Do not Choose Representation just Change : An Experimental Study in States based EA"*, In Proceedings of Genetic and Evolutionary Computation Conference, (2009)."

En revanche, le chapitre 4 ne fait l'objet d'aucune publication soumise à la date où ce document est écrit.

Par l'utilisation des stratégies citées précédemment, des résultats positifs ont été trouvés pour la plupart des cas examinés, et des comparaisons avec d'autres méthodes de recherche heuristique montrent que l'approche génétique proposée offre un moyen efficace de générer des solutions de bonne qualité pour des problèmes d'optimisation combinatoires NP difficiles.

L'ensemble des expérimentations présentées dans cette thèse a impliqué une réflexion approfondie concernant le choix des jeux d'essai, des expériences à mener et de leurs interprétations. Les observations numériques ont également nécessité une grande puissance de calcul des ordinateurs. Cela peut être résumé comme étant une tâche approfondie, une manière particulière de procéder qui était indispensable à la réalisation de ce travail et à la présentation de nos contributions. Mais c'est aussi une démarche théorique qui a évidemment exigé de faire un recours à plusieurs domaines des mathématiques appliquées comme l'analyse numérique, la recherche opérationnelle, les probabilités, les statistiques et les graphes.

Ce travail de thèse bien que relevant principalement de l'informatique est un champ de recherche multi-disciplinaire dans ses motivations, ses données et le choix de ses références. Nous espérons que la démarche, les outils et les résultats présentés dans cette thèse pourront être exploités et inclus au sein d'une variété de travaux et de champs d'application. Avec les avancées récentes sur le calcul évolutionnaire, nous souhaitons ainsi que nos contributions pourront être utiles et ensuite développées à travers la recherche dans de différents domaines scientifiques/pluridisciplinaires.

Chapitre 1

Réglage/Contrôle des Paramètres dans les Algorithmes Évolutionnaires

Les algorithmes évolutionnaires sont des méthodes de recherche efficaces pour résoudre des problèmes complexes en sciences, en optimisation et en industrie. Même si ces heuristiques permettent de réduire de manière significative le temps de calcul de l'exploration de l'espace de recherche d'une solution, elles souffrent d'un problème important qui se pose sous le thème d'ajustement et contrôle de paramètres de l'algorithme.

Ce chapitre s'attache à présenter en détail les algorithmes évolutionnaires, le principe de l'évolution et tout ce qui est en rapport et sert à bien définir cette grande famille de méthodes d'optimisation. Il s'attache également à présenter la problématique et en particulier le problème de réglage/contrôle des paramètres dans les algorithmes évolutionnaires. Nous présenterons dans la suite les différents État-de-l'Art AEs qui ont été déjà proposés dans la littérature et qui traitent le sujet de réglage dynamique des paramètres. Enfin, nous fournirons une synthèse générale sur le chapitre et nous introduirons brièvement les contributions (qui servent à résoudre la problématique) que nous allons présenter dans les chapitres suivants.

1.1 Algorithmes évolutionnaires

Les Algorithmes évolutionnaires sont des méthodes d'optimisation stochastique basées sur une simulation brute de l'évolution naturelle des populations. Précisément, ce sont des techniques de programmation qui s'inspirent du principe de l'évolution des espèces décrit par Darwin. Le principe de base bien que simple, il n'en demeure pas moins puissant : il s'inspire de la théorie de Darwin sur l'évolution des espèces qui explique comment depuis l'apparition de la vie les espèces ont su évoluer de façon innovante et souple dans le sens d'une meilleure adaptation à l'environnement, tout en permettant aux seuls individus bien adaptés à leur environnement de se reproduire [10].

C'est en 1975 que John Langton parle pour la première fois des algorithmes génétiques (sous-famille des algorithmes évolutionnaires), une technique de programmation qui s'inspire du principe de l'évolution des espèces décrit par Darwin, mais ce n'est que récemment (vers le début des années 90) que cette technique arrive sur le devant de la scène, s'inscrivant un peu, avec les techniques liées à la vie artificielle d'une façon plus générale, comme une voie de renouvellement pour le génie logiciel et l'intelligence artificielle. On ne s'étonne guère du succès de cette façon de programmer quand on sait que la simplicité de cette technique n'a d'égale que sa puissance. C'est en effet cette légèreté de mise en oeuvre qui fait tout le charme des algorithmes génétiques et qui donne cette impression rafraîchissante d'avoir insufflé un peu de vie et de créativité dans l'ordinateur. Ce seul aspect révolutionnera peut-être la façon que l'on a de voir les machines qui nous entourent. Ce texte se propose juste, en attendant une couverture plus ambitieuse, de présenter le principe élémentaire qui est à la base de la programmation génétique [14].

1.1.1 Principe des algorithmes évolutionnaires

Les AEs sont des techniques de recherche stochastique qui ont été appliqués avec succès à une large gamme de problèmes réels et complexes. Un AE est une méthode itérative qui utilise des opérateurs de variations stochastiques sur un "pool" d'individu (la population). Chaque individu de la population représente une version encodée (solution) du problème. Au départ, cette population initiale est engendrée aléatoirement. À chaque génération/itération de l'algorithme, les solutions sont sélectionnées, rassemblées en paires et recombinées afin de produire de nouvelles solutions qui remplaceront les "moins bonnes" selon un certain critère, et ainsi de suite. Une fonction d'évaluation associe une valeur d'adaptation (fitness) à chaque individu dans le but de déterminer sa pertinence par rapport au problème (critère de sélection) [10].

En permettant aux seuls individus bien adaptés à l'environnement de se reproduire, la nature assure la pérennité de leurs meilleures caractéristiques, lesquelles caractéristiques se recombinent entre elles (chaque enfant reçoit de bonnes caractéristiques à la fois de son père et de sa mère) pour former à chaque génération de nouveaux individus toujours mieux adaptés à leur environnement [63].

1.1.2 Évolution des espèces

Considérons un environnement quelconque dans lequel vit une population primitive et peu adaptée à cet environnement. Bien sûr, quoique globalement inadaptée, cette population n'est pas uniforme : certains individus sont mieux armés que d'autres pour profiter des ressources offertes par environnement (nourritures, abris, etc.) et pour faire face aux dangers qui y rôdent (prédateurs, intempéries, etc.).

Ces individus mieux équipés ont par conséquent une probabilité de survie plus grande que leurs congénères et auront de fait d'autant plus de chances de pouvoir se reproduire.

En se reproduisant entre individus bien adaptés, ils vont transmettre à leurs enfants ces caractéristiques qui faisaient leur excellence. La population qui résultera de cette reproduction sera donc globalement mieux adaptée à environnement que la précédente puisque la plupart des individus auront hérité de plusieurs (puisque chacun hérite à la fois de sa mère et de son père) des caractéristiques de l' "élite" de la génération précédente.

Et c'est ainsi, en recombinant à chaque génération les caractéristiques élémentaires de bonne adaptation et en saupoudrant le tout d'un peu de hasard, que la population va évoluer vers une adéquation toujours meilleure avec l'environnement.

1.1.3 Codage de l'information

Le codage (ou représentation) d'un individu doit englober les caractéristiques fondamentales du problème, il doit aussi être manipulable par des opérateurs de variation, minimiser l'épistasie (indépendance des gènes entre eux), permettre une transformation facile sur l'espace de recherche et générer, si possible, des solutions admissibles. Un bon codage doit ainsi : faciliter la définition et l'application d'opérateurs de variation (transformations génétiques : mutation, croisement, ...) permettant de couvrir correctement l'espace des individus ; être cohérent par rapport au problème traité et simple dans sa construction ; assurer une transition simple et efficace vers l'espace de recherche (et vice-versa).

Il faut d'abord définir un codage : établir une convention qui permette de décrire chaque solution possible sous la forme d'une chaîne de caractère (l'analogue de la molécule d'ADN).
Ensuite, il faut définir précisément une fonction d'adaptation qui pour chaque solution possible donnera une valeur reflétant sa qualité pour résoudre le problème posé : plus la valeur de la fonction est élevée, meilleure est la solution.
Ceci fait, on se dote d'un ensemble de solutions choisies au hasard : c'est la population de départ.
À l'aide de la fonction d'adaptation, on évalue chacune d'entre elle.
On s'attelle maintenant à la construction de la génération suivante. Pour commencer à construire cette nouvelle génération, il nous faut deux parents : on les prend parmi la population de départ en les choisissant avec une probabilité d'autant plus grande que leur adaptation était bonne : c'est la phase de sélection.
Partant de ces deux parents, on construit une descendance par croisement : on coupe les chaînes de caractères qui décrivent les parents en plusieurs morceaux dont la taille est tirée au hasard.
On construit alors toutes les recombinaisons possibles de ces morceaux : l'enfant sera construit morceau par morceau : le 1er morceau du fils sera soit le 1er morceau de la mère, soit le 1er morceau du père, son 2ème morceau, soit le 2ème morceau de la mère, soit le 2ème morceau du père, etc. On construit ainsi autant d'enfants que de recombinaisons possibles.

On fait se reproduire autant de couples de parents que nécessaire pour régénérer toute la population.

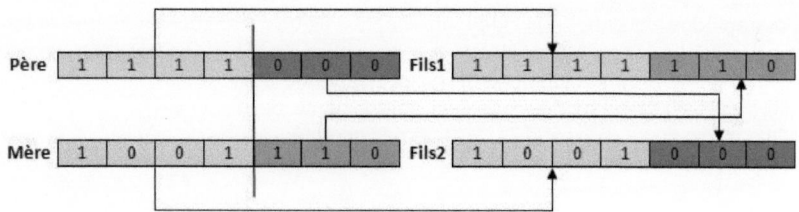

FIGURE 1.1 – Exemple de croisement dans les AEs avec deux morceaux.

Pour terminer, on procède au hasard à quelques mutations : chaque caractère de chaque chaîne a une faible probabilité de voir sa valeur changée complètement au hasard. Cette procédure a pour objet de dynamiser l'exploration de l'espace des solutions et surtout d'éviter aux nouvelles générations de rester bloquées dans un minimum local de la fonction d'adaptation dont on ne pourrait pas sortir en ne faisant que recombiner les caractéristiques des générations précédentes.

On a bien construit une nouvelle génération qui a hérité des meilleures caractéristiques de la génération précédente (puisque les individus possédant ces caractéristiques se sont plus probablement reproduits que les autres) et qui les a recombinées pour proposer des solutions originales et probablement plus efficaces au problème. Il ne reste plus qu'à recommencer jusqu'à ce qu'on obtienne des solutions satisfaisantes au problème.

1.1.4 Les algorithmes d'évolution

"Les phénomènes physiques ou biologiques ont été à la source de nombreux algorithmes s'en inspirant plus ou moins librement. Ainsi les réseaux de neurones artificiels s'inspirent du fonctionnement du cerveau humain, l'algorithme de recuit simulé de la thermodynamique, et les algorithmes évolutionnaires (AEs) (dont les plus connus sont les algorithmes génétiques) de l'évolution darwinienne des populations biologiques", Goubault [63].

Définitions et notations

"Soit à optimiser une fonction F à valeurs réelles définie sur un espace W, supposé muni d'une distance d. Le parallèle avec l'évolution naturelle a entraîné l'apparition d'un vocabulaire spécifique :

- La fonction objectif F est appelée fonction de performance, ou fonction d'adaptation (fitness en anglais) ;
- Les points de l'espace de recherche W sont appelés des individus ;
- Les P-uplets d'individus sont appelés des populations ;

– On parlera d'une génération pour la boucle principale de l'algorithme", Goubault [63].

Le squelette

"La pression de "l'environnement" est simulée à l'aide de la fonction d'adaptation F, et le principe darwinien "Les plus adaptés survivent et se reproduisent", est implanté de la manière suivante :

1. Initialisation de la population P_0 en choisissant P individus dans W, généralement par tirage aléatoire avec une probabilité uniforme sur W ;
2. Evaluation des individus de P_0 (i.e. calcul des valeurs de F pour tous les individus) ;
3. La génération i construit la population P_i à partir de la population P_{i-1} :
   – Sélection des individus les plus performants (au sens de F) de P_{i-1} ;
   – Application (avec une probabilité donnée) des opérateurs génétiques aux parents sélectionnés, ce qui génère de nouveaux individus, les enfants ; on parlera de mutation pour les opérateurs unaires, et de croisement pour les opérateurs binaires (ou n-aires) ;
   – Évaluation des enfants ;
   – Remplacement des parents au moyen d'une sélection darwinienne parmi les enfants, avec participation éventuelle des parents.
4. L'évolution stoppe quand le niveau de performance souhaité est atteint, ou qu'un nombre fixé de générations s'est écoulé sans améliorer l'individu le plus performant", Goubault [63].

Les principaux éléments

Dans les sous-sections suivantes, on va exposer en détail les principaux composants d'un algorithme d'évolution standard.

Espace de recherche

"Il s'agit de la composante principale de l'algorithme – qui est même en fait préalable aux autres. Dans de nombreux cas, l'espace de recherche est totalement déterminé par le problème (la fonction objectif). Mais il est toujours possible de transporter son problème dans un espace habilement choisi (changement de "variables") où sa résolution sera plus aisée. Cet espace, où seront appliqués les opérateurs génétiques, est alors appelé espace génotypique, et l'espace de recherche initial, dans lequel est calculée la performance des individus, est appelé espace phénotypique", Goubault [63].

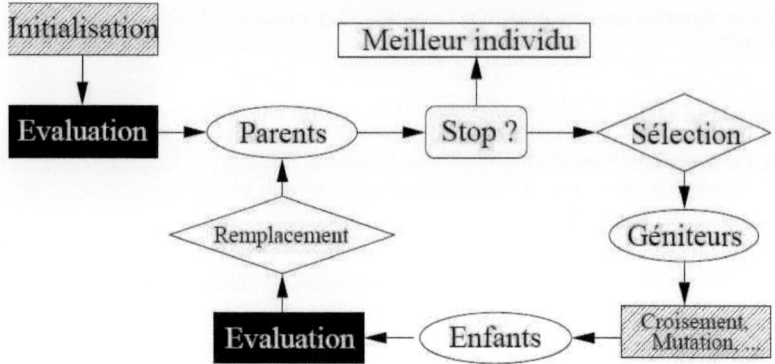

FIGURE 1.2 – Squelette d'un algorithme évolutionnaire par Marc Schoenauer (http ://eodev.sourceforge.net/).

On peut donner deux exemples d'espaces de recherche parmi les plus connus : l'espace de recherche en chaînes binaires ($W = \{0,1\}^n$) et l'espace de recherche en vecteurs réels (W est un sous-ensemble de IR^n). Bien sûr, ils existent d'autres exemples d'espaces de recherche utilisés dans la littérature des algorithmes évolutionnaires.

Représentation des individus

On peut distinguer plusieurs types de représentation des individus. Parmi les plus connues, on peut mentionner : la représentation binaire et la représentation réelle.

Représentation binaire
Par analogie (imitation) avec la génétique naturelle, les AEs utilisent habituellement des chaînes de bits pour représenter les chromosomes. Ainsi, pour un problème d'optimisation ayant n variables entières, on peut représenter chacune de ces variables par un vecteur binaire de taille égale à k bits (suivant leur domaine) ; on obtiendra ainsi un chromosome final de taille $(n * k)$.

Les premiers résultats de convergence dans la littérature des AEs ont été basés sur de telles chaînes binaires. Ils ont montré que le codage des chromosomes à l'aide de gènes dont l'alphabet possède un faible cardinal était théoriquement plus efficace. Le codage binaire confère en outre aux AEs une très grande robustesse car il est indépendant du domaine du problème traité et les opérateurs stochastiques standards peuvent être systématiquement utilisés [15].

Cependant, ce type de codage présente des inconvénients : malgré son efficacité, on peut constater que pour des problèmes où l'on veut une grande précision dans les résultats, le codage binaire peut facilement devenir inadapté [153]. De plus, deux éléments proches dans l'espace de recherche ne décodent pas nécessairement deux individus voisins en termes de distance de Hamming (nombre de bits différents). Afin d'éviter parfois cet inconvénient les praticiens utilisent un codage de Gray qui conserve une distance de Hamming de "1" entre deux individus consécutifs quelconques [155].

Représentation réelle
Le principe de cette représentation consiste à coder directement les variables du problème dans l'individu sans passer par le codage binaire intermédiaire [43, 75]. Ainsi, les individus ne sont plus représentés par des chaînes binaires mais par des vecteurs réels. C'est bien sûr le cas le plus fréquent en calcul numérique ; on parle alors aussi d'optimisation paramétrique.

L'un des avantages majeur de cette représentation est de conserver les variables du problème dans le codage lui-même, ce qui lui permet une meilleure prise en compte de la structure même du problème. Cette représentation directe des paramètres réels nécessite de définir de nouveaux opérateurs de variations génétiques bien spécifiques à ses caractéristiques.

Initialisation

"Le principe général de l'initialisation est d'échantillonner le plus uniformément possible l'espace de recherche W.

Dans le cas des chaînes de bits, chaque bit de chaque individu est tiré égal à 0 ou à 1 avec une probabilité de 0.5. Bien sûr durant cette étape, il faut contrôler vraisemblablement à ce que tous les individus générés vérifient les contraintes du problème.

Dans le cas de l'optimisation paramétrique, si $W = \prod[a_i, b_i]$ (cas borné), on tire uniformément chaque coordonnée dans l'intervalle correspondant. Par contre, si W n'est pas borné, il faut faire des choix. On pourra par exemple tirer mantisses et exposants uniformément", Goubault [63].

Procédures de sélection

La partie darwinienne de l'algorithme comprend les deux étapes de sélection et de remplacement. On distingue deux catégories de procédures de sélection ou de remplacement. Ces deux étapes sont totalement indépendantes de l'espace de recherche. On trouve dans la littérature un nombre important de mécanismes de sélection plus ou moins adaptés aux problèmes objectifs. Nous exhibons dans la sous-section suivante les procédures de sélection/remplacement les plus fréquemment utilisées.

Sélection proportionnelle (par roulette)
Il s'agit de représenter sur une roulette chacun des individus de la population par une section qui est proportionnelle à leur fitness. Ensuite, on lance P fois la roulette et on sélectionne chacun des gagnants. En principe, on lance la boule dans la roulette, et on choisit l'individu dans le secteur duquel la boule a fini sa course. Cette méthode de sélection favorise les meilleurs individus, mais les mauvais ont tout de même des

chances d'être sélectionnés. Par contre, le coût d'exécution et la variance sont élevés. La perte de diversité est aussi possible car le nombre de copies obtenues des meilleurs individus (voir uniquement du meilleur) peut représenter l'ensemble de la prochaine population.

Sélection par tournoi
La sélection par tournoi n'utilise aussi que des comparaisons entre les individus, et ne nécessite même pas de tri de la population. Elle possède un paramètre T, qui représente la taille du tournoi. Pour sélectionner un individu, on en tire T uniformément dans la population, et on sélectionne d'une manière déterministe le meilleur de ces T individus. Au cours d'une génération il y a autant de tournois que d'individus à sélectionner. Cette technique est caractérisée par une pression de sélection en général plus forte que les méthodes proportionnelles (pour qu'un individu peu performant puisse être sélectionné, il faut que ses adversaires soient encore moins bon que lui). De plus, elle est la moins chère en terme de coût d'exécution ; elle est peu sensible aux erreurs sur F, facilement paramétrable par la valeur de T, et ne conduit pas à une convergence prématurée.

Remplacement des individus
Une variété de procédures de remplacement peut être utilisée, le principe étant de remplacer l'ancienne population (population Parent) par une nouvelle (population Enfant), obtenue après application des opérateurs de variation stochastiques. Dans les algorithmes génétiques classiques, le remplacement s'effectue d'une manière générationnelle, c'est-à-dire que la population des enfants remplace purement et simplement la population des parents.

Toutefois, Il existe d'autres stratégies de remplacement dont :
- Le remplacement d'un pourcentage des individus de l'ancienne génération par les meilleurs enfants.
- Le remplacement systématique du plus mauvais individu.
- Le remplacement aléatoire (en prenant en considération le fait de maintenir une méthode de recherche cohérente).

Le but est d'augmenter la vitesse de convergence de l'algorithme génétique simple, mais il peut cependant engendrer une convergence rapide vers des optima locaux. Une autre technique de remplacement est le remplacement déterministe, utilisé dans les stratégies d'évolution (ES). Son caractère purement déterministe lui donne un rôle-clé dans l'évolution vu qu'il guide la recherche vers les zones des meilleurs individus.

Opérateurs de variation

C'est durant cette étape que de nouveaux individus sont crées à partir des individus préalablement sélectionnés. On distingue les opérateurs de croisement (binaires, ou plus généralement n-aires) et les opérateurs de mutation, unaires. À noter que cette étape est toujours stochastique, c'est à dire que le résultat de l'application d'un opérateur dépend de tirages aléatoires.

Le croisement
Il est analogue à une reproduction sexuée en s'appuyant sur le principe que les enfants héritent des qualités de leurs parents. Il correspond à un échange de gènes (bits) entre les parents. L'idée générale du croisement est l'échange de matériel génétique entre les parents : si deux parents sont plus performants que la moyenne, on peut espérer que cela est du à certaines parties de leur génotype, et que certains des enfants, recevant les "bonnes" parties de leurs deux parents, n'en seront que plus performants. Ce raisonnement, trivialement valable pour des fonctions performance linéaires, est extrapolé (et expérimentalement vérifié) à une classe plus étendue de fonctions, sans que les résultats théoriques aujourd'hui disponibles ne permettent de délimiter précisément la classe de fonctions pour lesquelles le croisement est utile.
De toute façon, il existe plusieurs variantes des opérateurs de croisement :

- Croisement binaire à un point : C'est le croisement le plus simple et le plus classique dans les algorithmes génétiques. Il correspond à sélectionner aléatoirement un point de coupure dans chacun des deux parents et construire deux nouveaux individus (descendants) en échangeant leurs gènes de part et d'autre de ce point. Le fait de choisir un seul point de croisement biaise l'effet du métissage : s'il est choisi proche d'une extrémité du chromosome, les enfants seront presque identiques aux parents, et s'il est choisi au milieu, ils en seront très différents.

- Croisement binaire multi-points : Le croisement multi-points évite le problème d'un croisement à un point tout en considérant les chromosomes comme étant des structures circulaires plutôt que linéaires. Ensuite, il consiste à définir k points de coupure pour la phase de croisement.

- Croisement binaire uniforme : Le croisement uniforme utilise un masque binaire généré aléatoirement de la même taille que les chromosomes pour indiquer à chaque locus lequel des deux parents qui fournira le gène correspondant dans le chromosome résultant. Il est considéré comme un croisement très efficace pour une grande famille de fonctions d'optimisation [138].

- Croisement réel standard : Le croisement réel standard est très proche de celui décrit pour le codage binaire dans la section ci-avant. Il ne se distingue du croisement binaire que par la nature des éléments qu'il altère. Bien évidemment ce ne sont plus des bits qui sont échangés de part et d'autre du point de croisement mais plutôt des valeurs réelles.

- Croisement réel arithmétique (ou croisement barycentrique) : La représentation en vecteurs réels aide à développer toute une série de nouveaux types de croisement, principalement à base de combinaison linéaire de deux individus. On peut trouver dans les études réalisées dans [43, 92] une recherche portée sur le croisement arithmétique. Plusieurs versions de croisement relatives à la manière de choisir les enfants sur le segment joignant les deux parents sont possibles. On peut ainsi, pour permettre de générer des individus entre ou à l'extérieur du segment joignant les deux parents, prévoir un paramètre particulier [43, 92], tout en vérifiant de maintenir les individus obtenus dans les bornes du domaine admissible.

La mutation

L'idée générale de la mutation est d'effectuer, avec une certaine probabilité p_m ($0 < p_m < 1$), une modification d'un ou plusieurs gènes de l'individu sélectionné, afin d'introduire de la variabilité dans la population. En principe, cet opérateur agit de W dans W, ce qui permet de visiter tout l'espace de recherche.

Cette notion peut avoir de tels avantages :
- Favoriser l'exploitation (si l'individu muté est proche de l'individu original).
- Favoriser l'exploration (si l'individu muté est éloigné de l'individu original).
- La mutation apporte aux algorithmes évolutionnaires la propriété d'ergodicité de parcours d'espace, et la réintroduction de diversité perdue.

Parmi les mutations les plus utilisées, on peut citer ci-dessous :

- Mutation binaire à 1 bit : La mutation binaire à 1 bit est une modification aléatoire de la valeur d'un gène qui se produit avec une probabilité fixée p_m par individu. Elle consiste à choisir une position uniformément dans un individu et changer la valeur du bit correspondant.

- Mutation binaire Bit-Flip : La mutation Bit-Flip est une modification aléatoire de la valeur de plusieurs gènes qui se produit avec une probabilité fixée p_m par individu. Il s'agit de changer la valeur du bit de chaque position indépendamment avec une probabilité prédéfinie $pMutPerBit$ ($0 < pMutPerBit < 1$). Pratiquement, ($pMutPerBit * k$) bits sont modifiés par cette opération, où k est la taille de l'individu (nombre de bits dans la chaîne).

- Mutation réelle : Le principe de l'opérateur de mutation réelle consiste généralement à ajouter une perturbation arbitraire tirée selon une distribution de probabilité Gaussienne aux différentes composantes de l'individu $X = (x_1, x_2, ..., x_n)$, où n est le nombre de composantes de X. Cette procédure s'effectue de cette manière : $x_i := x_i + \sigma N(0,1)$, où σ est l'écart type de la mutation et $N(0,1)$ représente une loi normale centrée d'écart type 1. La difficulté de cette approche est l'ajustement des déviations standards des variables Gaussiennes utilisées. En effet, si la déviation standard est trop petite, les déplacements dans l'espace de recherche sont insuffisants au début de l'algorithme, et l'algorithme peut rester au voisinage d'un optimum local et ne permet pas de visiter/découvrir de nouvelles régions de l'espace de recherche. Par contre, si l'écart est élevé, l'algorithme pourra accéder à une région contenant l'optimum mais la qualité de convergence ne sera pas satisfaisante. Ainsi au début de l'évolution, la déviation standard doit être assez élevée pour explorer rapidement l'espace de recherche, et en fin de convergence devenir plus faible pour permettre une meilleure exploration des solutions.

Étude des performances des algorithmes d'évolution

Nous allons maintenant présenter des notions principales portant sur l'étude des performances d'un algorithme évolutionnaire, en donnant des exemples concrets.

Corrélation parents/enfants et évolvabilité

"L'étude de la relation entre les performances de solutions voisines n'est pas nouvelle, au moins dans son interprétation biologique. En effet, dès la fin du XIX siècle, Galton [51, 52] réalisa les premières études de l'hérédité des caractères quantitatifs en étudiant l'hérédité de la taille des pois de senteur.

Il fit pousser sept lots différents de graines tels que dans chaque lot la taille des graines est homogène.

Après la récolte, il mesura la taille des graines enfants obtenues.

Il disposa sur un graphique la moyenne des tailles des pois de senteur enfants en fonction de la moyenne des tailles de leurs parents (voir Figure 1.3), puis traça une droite, dite depuis droite de régression, pour décrire la relation entre la moyenne des tailles des enfants et la moyenne des tailles des parents.

Galton utilise cette droite pour prédire l'évolution de la taille des poix au cours des générations. À chaque génération, la droite de régression permet d'estimer la taille à la génération suivante et ainsi de suite jusqu'au point "moyen". Galton commet une erreur qui est relevée et corrigée par Pearson [109] : il considère dans son raisonnement qu'il n'y a pas évolution de l'hérédité des caractères quantitatifs, c'est-à-dire de la droite de corrélation", Verel [149].

"La corrélation parents/enfants rejoint en optimisation la notion d'évolvabilité. Altenberg [5, 151, 6] définit l'évolvabilité comme "la capacité de l'opérateur de variation locale à produire des solutions de meilleure performance que les solutions initiales". L'auteur précise que l'évolvabilité est une mesure de performance au niveau local qui s'intéresse à la distribution de performance des solutions produites par un opérateur.

Comme souligné par Turney [144], la notion d'évolvabilité est difficile à définir. Il tente de définir intuitivement l'évolvabilité par le concept suivant : si deux solutions s et s' sont de même performance, s est plus "évolvable" que s' si la meilleure solution voisine de s est plus grande que celle de s'.

Nous choisirons une définition de l'évolvabilité plus neutre permettant de prendre en compte un grand nombre de situations et nous introduirons des mesures d'évolvabilité déduite de la définition de l'évolvabilité. Nous définissons donc l'évolvabilité d'une solution s relative à un opérateur local op comme la distribution de probabilité des performances des solutions obtenues par l'opérateur. Plus particulièrement, la notion d'évolvabilité exprime la possibilité de proposer de meilleures solutions", Verel [149].

Plusieurs mesures d'évolvabilité peuvent être naturellement déduites de la définition précédente. D'autres auteurs ont utilisé la corrélation de performance entre solutions voisines ; citons par exemple :

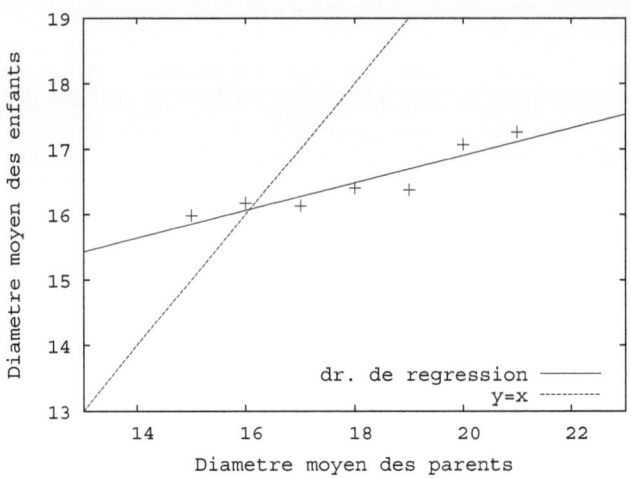

FIGURE 1.3 – Données originales de Galton sur la taille des pois de senteur, Verel [149].

- "Manderick et al. [89] et Greffenstette [65] qui définissent la "distribution de fitness d'un opérateur" afin de prédire l'efficacité d'un algorithme génétique.
- Fogel et al. [47] utilisent la même idée pour déterminer, au cours de la recherche, l'opérateur le plus efficace.
- Bornholdt [23] analyse la distribution de performance des solutions voisines à l'aide de la technique des cumulants.
- Igel et al. [72, 73] utilisent la probabilité d'amélioration et la performance moyenne des solutions voisines pour déterminer l'opérateur le plus adapté au problème d'optimisation.
- Smith et al. [133] utilisent plusieurs mesures de l'évolvabilité basées sur la distribution de performance et montrent que ces mesures sont capables de rendre compte de la difficulté due à la multimodalité et à la neutralité des problèmes", Verel [149].

Dans cette thèse, nous adoptons plus spécifiquement la notion d'évolvabilité qui exprime la possibilité de proposer de meilleures solutions après l'application des opérateurs stochastiques.

Paysage Adaptatif
Les biologistes utilisent le concept de paysages adaptatifs pour représenter l'ensemble des combinaisons génétiques et les niveaux d'adaptation correspondants. Par exemple, dans un diagramme en trois dimensions, la hauteur (z) représente le niveau d'adapta-

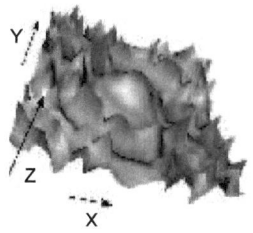

FIGURE 1.4 – Exemple de paysage adaptatif, Illustration dans http ://www.rennard.org/alife/french/ivafstxt/ivafs-2.html.

tion de l'ensemble des configurations génétiques (x, y) (voir Figure 1.4).

Les mécanismes évolutifs ont montré leur efficacité, leur capacité à rejoindre les points les plus "élevés" des différents paysages adaptatifs. C'est cette capacité qui a inspiré les chercheurs en informatique qui en ont pris modèle pour proposer des algorithmes originaux. Cette branche de la science informatique est devenue l'algorithmique évolutionnaire.

En biologie évolutive, les paysages d'adaptation (fitness) ou des paysages adaptatifs sont utilisés pour visualiser la relation entre les génotypes (ou phénotypes) et le succès de reproduction. Il est supposé que chaque génotype a un taux de réplication bien défini, nommé fitness. Cette adaptation est la "hauteur" du paysage. Les génotypes qui sont très semblables sont dits "proches" les uns aux autres, tandis que ceux qui sont très différents sont "loin" de l'autre.

Les deux concepts de la hauteur et la distance sont suffisantes pour former le concept de "paysage". L'ensemble de tous les génotypes possibles, leur degré de similitude, et leurs valeurs liées à la fitness est alors appelé un paysage de fitness.
Dans l'optimisation de l'évolution des problèmes, des paysages de fitness sont des évaluations d'une fonction d'adaptation pour toutes les solutions candidats (voir Figure 1.5). L'idée d'étudier l'évolution en visualisant la distribution des valeurs d'adaptation comme une sorte de paysage a été introduite par le généticien américain Sewall Wright en 1932 [163].

Une précision peut cependant être apportée par le "paysage adaptatif" composé de pics et de creux introduit en 1932 par Wright [163]. Paysage se présentant en un espace multidimensionnel à $n + 1$ dimensions, n étant le nombre de gènes. Forte de son succès, la métaphore est encore très prégnante dans la pensée évolutive et constitue probablement le mode de représentation des phénomènes évolutifs le plus utilisé par les biologistes. L'évolution par mutation et sélection d'un organisme est assimilée à une lente et longue ascension, selon une "stratégie évolutivement stable", au cours de laquelle le meilleur type se met progressivement en place (fitness), étape après étape. Au terme de ce processus, le "pic adaptatif" étant atteint, la population serait, selon Wright, en équilibre, et sa constitution génotypique et phénotypique stable.

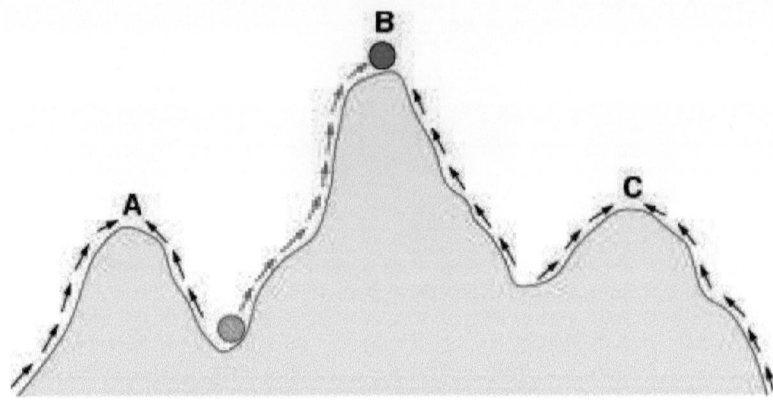

FIGURE 1.5 – Schéma d'un paysage de fitness. Les flèches indiquent le flux préféré de la population sur le paysage, et les points A et C sont des optima locaux. Le ballon rouge indique une population qui se déplace d'une valeur d'adaptation très bas vers le haut d'un pic, Wilke [159, 160].

Les paysages adaptatifs sont souvent conçus comme des chaînes de montagnes. Il existe des pics locaux (points à partir desquels tous les chemins sont la descente, c'est à dire inférieurs à la meilleure fitness) et des vallées (points à partir desquels la plupart des régions les chemins mènent vers le haut). Un paysage adaptatif avec de nombreux pics locaux entourés par des vallées profondes est appelé robuste. Si tous les génotypes ont le taux de réplication même, d'autre part, un paysage de fitness est dit être à plat. Les formes des paysages de fitness sont également étroitement liées à une sorte d'épistasie (voir Figure 1.5).

Nuage Adaptatif
"Le Nuage Adaptatif (NA) permet d'étudier la corrélation de performance entre solutions voisines relativement à un opérateur de recherche local. L'idée d'analyser la corrélation de performance n'est pas nouvelle comme nous avons pu le voir dans la définition de la Corrélation Parents/Enfants et évolvabilité.
Galton [51] a développé des outils statistiques, comme par exemple la droite de régression, afin d'étudier l'hérédité de caractères quantitatifs et de prédire leur évolution.
Dans le contexte des paysages adaptatifs, certaines statistiques ont permis d'étudier l'évolvabilité, c.-à-d. la capacité d'un opérateur à produire de meilleures solutions.
L'avantage de la notion de nuage adaptatif est qu'elle permet d'unifier un grand nombre de mesures relatives à l'évolvabilité et permet l'analyse du passage d'un ensemble de neutralité à un autre via un opérateur de variation local", Verel [149].

Le concept du nuage adaptatif a été présenté dans les travaux de Verel at al. [147, 148] et Verel [149]. Celui-ci a aussi été développé de façon indépendante par Barnett [16] et étudié sur les paysages NKp.

"Le NA ne doit pas être considéré comme une alternative au paysage adaptatif mais plutôt comme un outil d'analyse de celui-ci. Par exemple, les performances dans le voisinage d'un réseau de neutralité peuvent être estimées à l'aide du NA. En effet, le nuage adaptatif donne les valeurs de performances accessibles par un opérateur local depuis un ensemble de neutralité. La notion d'évolvabilité est utilisée pour définir le nuage adaptatif. En effet, le nuage adaptatif représente l'évolvabilité des ensembles de neutralité relative à un opérateur donné", Verel [149].

Les espaces de recherche sont généralement grands et il n'est pas possible de représenter l'ensemble de tous les points (x, y), $\forall x \in \mathcal{S}$ et $y \in Vois(x)$. Aussi dans un nuage adaptatif, nous partitionnons l'ensemble des solutions par classe de solutions de même performance :

$$\mathcal{S}_\Phi = x \in \mathcal{S} \mid f(x) = \Phi$$

"Cette partition relative à la neutralité du paysage correspond à la notion d'ensemble de neutralité lorsque la structure de voisinage du paysage n'est pas prise en compte. Cette partition est suffisante pour modéliser la dynamique d'évolution à long terme d'une métaheuristique pour certains opérateurs locaux sur une famille de paysages définis additivement.

La corrélation est alors décrite sous forme de distribution de probabilité conditionnelle afin d'obtenir une solution de performance donnée après application d'un opérateur local connaissant sa performance initiale.
Plus précisément, soient : $(\mathcal{S}, Vois, f)$ un paysage adaptatif et $op : \mathcal{S} \to \mathcal{S}$ un opérateur local (cet opérateur peut-être stochastique) agissant sur $\mathcal{S}$ tel que : $\forall s \in \mathcal{S}$, $op(s) \in Vois(s)$.
Notons :

$$X : \mathcal{S} \to \mathbb{R} \text{ la v.a définie par } X(s) = f(s)$$

et

$$Y : \mathcal{S} \to \mathbb{R} \text{ l'évolvabilité, c.-à-d. la v.a. définie par } Y(s) = f(op(s))$$

Donc, le nuage adaptatif relatif à l'opérateur op est la densité de probabilité conditionnelle bivariée de Y sachant X noté $popY|X$ ou plus simplement pop", Verel [149].

"La figure 1.6 montre un exemple de nuage adaptatif sur un paysage NK. Le NA décrit l'évolvabilité des solutions de même performance. En effet, pour chaque valeur de performance, le NA est la distribution de probabilité des valeurs de fitness (voir Figure 1.7). Cette distribution permet d'évaluer pour chaque niveau de performance, la probabilité d'obtenir de meilleures performances après application d'un opérateur ou la performance moyenne des solutions qui améliorent l'adaptation", Verel [149].

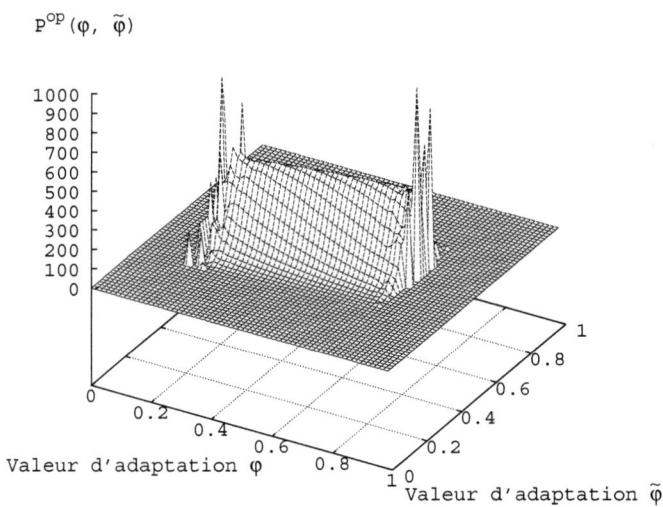

FIGURE 1.6 – Nuage adaptatif d'un paysage NK de paramètres $N = 25$ et $K = 20$ relativement à l'opérateur local de recherche aléatoire, Verel [149].

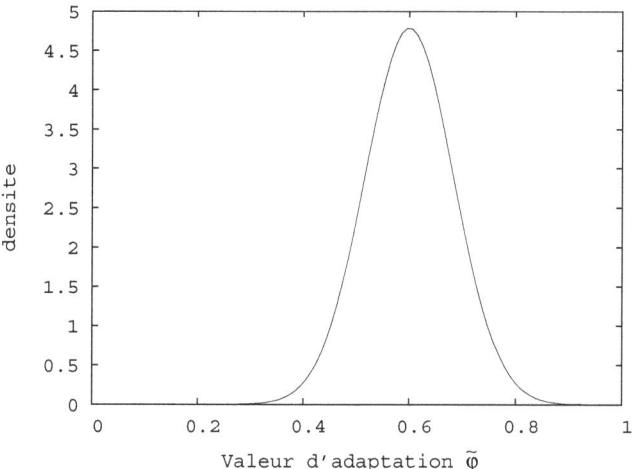

FIGURE 1.7 – Exemple d'évolvabilité pour la valeur de fitness $\Phi = 0.6$, Verel [149].

Algorithmes historiques d'évolution

L'ensemble des algorithmes historiques d'évolution possède un principe de base commun : celui-ci convient à faire évoluer une population par une suite de transformations aléatoires effectuées à l'aide de ses composants, et ensuite l'application d'un mécanisme de sélection naturelle. Plusieurs méthodes ont été postulées dans la littérature des AEs. On distingue de grandes familles historiques d'algorithmes d'évolution dont les quatre les plus importantes/connues sont les suivantes :

- Algorithmes Génétiques (Genetic Algorithms en anglais(GA))
  Les GAs sont pratiquement les algorithmes les plus connus et utilisés dans le calcul évolutionnaire. Ils ont été développés dans les années 60, pour étudier le processus complexe d'adaptation des espèces naturelles [70, 58, 59, 60].

- Stratégies d'évolution (Evolution Strategies en anglais(ES))
  Les ES ont été mises au point par deux jeunes ingénieurs travaillant sur des problèmes numériques. Le contexte était l'optimisation paramétrique et les schémas d'évolution. Ces techniques ont été développées dans le but de résoudre des problèmes d'optimisation numériques dans un espace de paramètres réels [121, 130].

- Programmation Évolutionnaire (Evolutionnary Programming en anglais(EP))
  La programmation évolutionnaire est apparue dans l'espace des automates à états finis pour l'approximation de séries temporelles. Imaginée au début par Larry Fogel pour la découverte d'automates à états finis, EP a rapidement tra-

vaillé sur des espaces de recherche très variés. Le schéma utilisé ressemble à s'y méprendre à une ES – quoique développé complètement indépendamment [48, 10].

- Programmation Génétique (Genetic Programming en anglais(GP))
  Apparue initialement comme sous domaine des GAs, GP est devenu une branche à part entière (conférence, journal, ...). La spécificité de cette technique consiste à faire évoluer des structures en arborescence représentant des programmes complets. GP cherche à atteindre (et réussit souvent !) un des vieux rêves des programmeurs, faire écrire le programme par un autre programme. Les schémas d'évolution utilisés exploitent des tailles de population énormes. Et les tendances récentes sont pour GP ... la parallélisation systématique et sur de grosses grappes de stations [80].

Points-clé

On cite ci-dessous deux points-clé des algorithmes évolutionnaires les plus importants : la diversité génétique et le dilemme exploration/exploitation.

La diversité génétique
La phase darwinienne d'un algorithme évolutionnaire comprend principalement deux étapes : l'étape de reproduction responsable de sélectionner les parents qui vont se reproduire et l'étape de remplacement, qui fait échanger les individus non sélectionnés par ceux désignés à survivre – le principe de *la survie des meilleurs* (*survival of the fittest* en anglais). La sélection par exemple est un opérateur dont le rôle est primordial et son principe consiste à permettre aux meilleurs individus d'une population de se reproduire et ainsi générer de meilleures structures. Le réglage de ce mécanisme est décisif dans le comportement de l'algorithme évolutionnaire : un excès de sélection conduit parfois à une perte de diversité (et résulte en des zones inatteignables de l'espace de recherche), et une déficience peut mener à une marche aléatoire durant la recherche (donc pas de convergence).

Le dilemme exploration/exploitation
A chaque étape de l'algorithme, il faut effectuer le compromis entre explorer l'espace de recherche, afin d'éviter de stagner dans un optimum local, et exploiter les meilleurs individus obtenus, afin d'atteindre de meilleurs valeurs aux alentours. Si les individus d'une population se ressemblent trop, les populations suivantes risquent de devenir de plus en plus homogènes. Dans ce cas, l'évolution d'une population risque de se résumer à l'évolution d'un seul individu dominant, réduisant ainsi l'exploration de l'espace de recherche (convergence prématurée). Pour effectuer une recherche efficace, il faut donc maintenir un équilibre entre l'exploitation des bonnes solutions rencontrées et l'exploration de zones inconnues de E. Un excès d'exploitation peut conduire à une convergence prématurée (enlisement dans un optimum local) tout comme un excès d'exploration pourrait conduire à une quasi recherche aléatoire (pas de convergence). Typiquement, les opérations de sélection et de croisement sont des étapes

d'exploitation, alors que l'initialisation et la mutation sont des étapes d'exploration. On peut ainsi régler les parts respectives d'exploration et d'exploitation en jouant sur les divers paramètres de l'algorithme (probabilités d'application des opérateurs, pression de sélection, ...).

1.1.5 Modèles parallèles des algorithmes évolutionnaires

Pour des problèmes d'optimisation difficiles, exécuter le cycle de reproduction d'un AE standard sur des larges instances du problème et/ou sur de grandes tailles de population requiert considérablement de ressources en termes de calcul des ordinateurs. Par conséquent, une variété de difficultés algorithmiques doit être étudiée pour concevoir des AEs efficaces. Ces difficultés consistent habituellement à définir de nouveaux opérateurs, des algorithmes hybrides, des modèles parallèles, etc. Ainsi, le parallélisme arrive naturellement lorsqu'on a affaire à de grandes populations puisque chaque groupe d'individus (sous-population) peut être considéré comme une unité indépendante [82].

"Une quantité clé pour le choix de la méthode de parallélisation comme pour le calcul du gain que celle-ci apporte est le ratio évaluation-évolution, rapport entre le temps moyen pour un calcul de performance et le temps moyen nécessaire pour la sélection, l'application des opérateurs génétiques et le remplacement d'un individu (temps moyen, car ces opérations sont généralement effectuées sur des groupes d'individus)", Goubault [63].
Plus de détails sur les paradigmes parallèles sont proposés dans [33] pour les AEs.
De manière simple, trois modèles parallèles majeurs peuvent être distingués dans la recherche sur les AEs :

Modèle d'évaluation parallèle de la population

Ce modèle est essentiellement intéressant et d'une grande importance lorsque la fonction d'évaluation peut être elle-même parallélisée dans la mesure où l'évaluation serait coûteuse en tant de calcul et/ou en paramètres d'entrées/sorties. Dans ce cas, la fonction peut être pensée/visualisée comme un groupement d'un certain nombre de fonctions partielles (sous-fonctions). Ce modèle est utilisé couramment puisque l'évaluation de la population est souvent la phase la plus massive (lourde) en temps de calcul (cf. Figure 1.8).

Lorsque la durée d'un calcul de performance varie d'un calcul à l'autre (que ce soit en raison de conditions de calcul différentes, ou de par l'hétérogénéité des processeurs utilisés), le gain apporté par ce schéma de parallélisation peut toutefois se dégrader, l'ensemble des processeurs devant alors attendre le plus lent d'entre eux. Un exemple illustratif d'un modèle d'évaluation parallèle de la population est donné dans la Figure 1.8.

L'évaluation parallèle dans les AEs suit en général le modèle Maître/Esclaves. à chaque

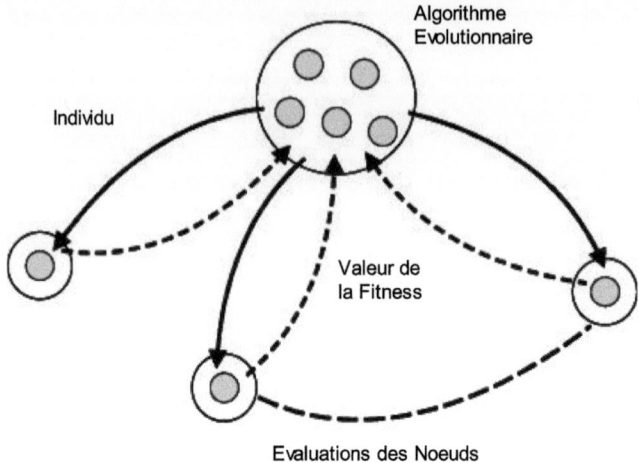

FIGURE 1.8 – Exemple illustrant l'évaluation parallèle de la population dans les AEs.

génération, l'ensemble des nouvelles solutions est distribué entre les différents esclaves. Puis ces solutions sont évaluées et leur résultat est renvoyé au maître. Une exécution efficace est souvent obtenue particulièrement lorsque l'évaluation de chaque solution est coûteuse [88].

Modèle en îles synchrone/asynchrone

"Le modèle suivant de parallélisation des algorithmes évolutionnaires consiste à diviser la population en petites sous-population, chaque sous-population évoluant sur un processeur, suivant un schéma traditionnel auquel vient s'ajouter une étape de migration : chaque sous-population envoie ses meilleurs individus soit vers les populations voisines soit dans un "pool" commun – ce choix dépend du coût relatifs des communications entre processeurs. Chaque sous-population reçoit ensuite des individus soit envoyés par ses voisins soit péchés dans le "pool" central", Goubault [63].

Dans ce modèle particulier des algorithmes évolutionnaires, plusieurs AEs sont simultanément exécutés dans un environnement de collaboration afin de trouver/calculer de meilleures solutions qui soient robustes et prometteuses (cf. Figure 1.9). Les îles échangent/partagent de manière synchrone/asynchrone des structures et de l'information génétique sur le problème afin de diversifier la recherche. L'objectif étant de permettre de retarder une convergence prématurée (globale), notamment lorsque les opérateurs de transformation génétique sont de nature hétérogène. La migration/échange d'individus est guidée par une stratégie définie par les paramètres suivants : le critère de décision de migration, la topologie d'échanges, le nombre d'émigrants, la politique du choix d'émigrés et la stratégie de remplacement/intégration.

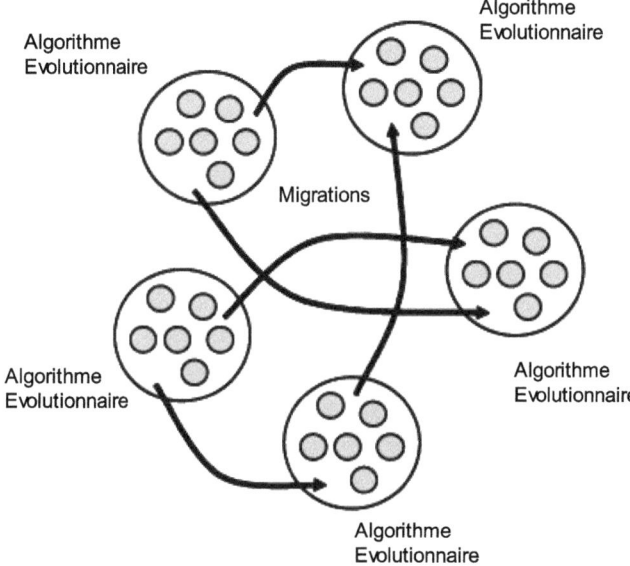

FIGURE 1.9 – Exemple illustrant un modèle en îles d'algorithmes évolutionnaires.

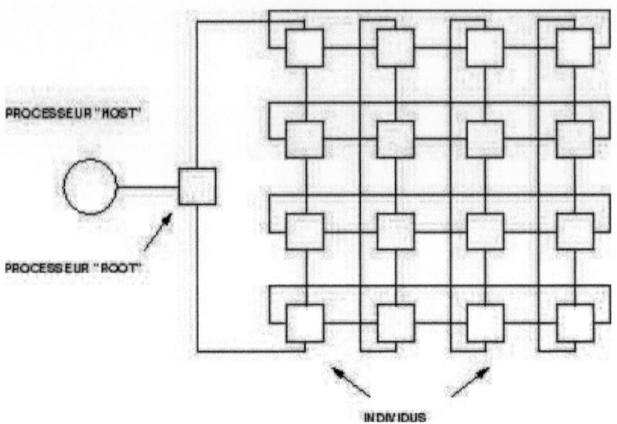

FIGURE 1.10 – Exemple illustrant une population totalement distribuée, répartie sur une grappe de stations arrangées en topologie torique. Sur chaque noeud se trouvent quelques individus, qui se reproduisent localement, Goubault [63].

Population distribuée

"Un dernier modèle de parallélisation consiste à distribuer une unique population sur l'ensemble des processeurs (en général sur des machines massivement parallèles). Sur chaque processeur "vivent" alors quelques individus (souvent un seul), et les opérations de sélection/remplacement et de croisement se font entre individus "voisins" pour la topologie du réseau de processeurs.

Ce modèle génère lui aussi une nouvelle dynamique de l'algorithme, différente des précédentes, avec, comme dans le modèle en îles, l'apparition de "niches écologiques" distribuées par "zones géographiques de processeurs", et permettant donc également la découverte d'optima multiples.

A noter qu'il existe en général dans ce modèle un processeur superviseur (ou root), qui reçoit des informations de l'ensemble des processeurs et permet de suivre précisément l'évolution de l'ensemble en affichant diverses statistiques. C'est en particulier lui qui décidera de l'arrêt de l'algorithme. Un exemple d'une population totalement distribuée est illustré dans la Figure 1.10", Goubault [63].

1.1.6 Applications des algorithmes évolutionnaires

Les AEs sont des méthodes globales dont la robustesse et la souplesse permettent d'attaquer la résolution numérique d'une variété de problèmes difficiles à résoudre. Mais c'est leur capacité à travailler sur des espaces de recherche très larges qui leur offre les perspectives les plus particulières. Bien qu'ils soient élémentaires du point de vue d'un biologiste, ces algorithmes sont suffisamment complexes pour produire des outils de recherche assez puissants.

Les algorithmes évolutionnaires vont s'inspirer directement de ces principes (décrits plus haut) pour résoudre une grande variété de problèmes d'optimisation globale et combinatoire. Largement inspirés du principe darwinien "la survie du meilleur", les AEs ont montré également leur efficacité en abordant une diversité de problèmes réels, par exemple : les problèmes de trafic aérien, de télécommunication, de transport, et plus généralement de recherche opérationnelle. Face à un problème pour lequel il existe pour ainsi dire une infinité de solutions, plutôt que d'essayer naïvement toutes les solutions une à une pour trouver la meilleure, les AEs explorent l'espace des solutions en se laissant guider par les principes décrits plus haut.

Par exemple, pour résoudre le fameux problème du voyageur de commerce [1], on construit une population représentant un ensemble de parcours aléatoires. On sélectionne ensuite les meilleurs (les plus courts) que l'on croise entre eux pour obtenir une nouvelle population de parcours et ceci aussi longtemps qu'on le souhaite pour approcher le parcours optimum. Les résultats obtenus par des chercheurs montrent que les algorithmes évolutionnaires sont particulièrement adaptés à ce type de problème.

Bien que les applications des AEs soient variées (c'est ainsi qu'ils ont fourni de bons résultats dans divers domaines : optimisation de forme en mécanique des solides et en aérodynamique, recherche opérationnelle et génie industriel, automatique, ...), l'étude mathématique de ces algorithmes reste encore bien limitée face à leur complexité théorique et il a fallu attendre les années 90 pour que des démonstrations complètes et rigoureuses de convergence en probabilité soient établies. Pourtant, ces résultats théoriques sont difficilement exploitables dans la pratique.

Cependant, les algorithmes évolutionnaires ont maintenant fait leurs preuves. On les retrouve par exemple dans des domaines aussi divers que l'industrie (optimisation des allocations de ressources, programmation de robots...), la conception (optimisation de formes...) ou encore la bourse. Plus encore, des environnements de programmation dédiés, destinés à faciliter l'appropriation de ces méthodes par les non-spécialistes, sont en cours de développement, notamment en France avec le langage $EASEA$ de Pierre Collet [2] [30].

Étant donné un espace de recherche X, une fonction objectif définie sur X, désignée sous le nom de fonction de fitness du problème, et un groupement d'éléments dans X, nommé la population d'individus, un AE itérativement procède :

- en choisissant quelques individus, favorisant ceux avec une meilleure fitness ;

---

1. Il s'agit de trouver le chemin le plus court pour relier un certain nombre de villes. Malgré son apparente simplicité, il s'agit là d'un exemple classique de ces problèmes dits "NP" (dont la complexité croît plus vite que n'importe quelle puissance de la variable), qui posent des questions fondamentales à l'informatique théorique.
2. Voir aussi :

Algorithme 1 Algorithme Évolutionnaire Simple (AE Simple)

Initialiser(*population*)

tant que Continuer(*algorithme*) **faire**

$parent \leftarrow$ **Sélection**(*population*)

$enfant \leftarrow$ **Variation**(*parent*)

Évaluation(*enfant*)

$population \leftarrow$ **Remplacer**(*enfant, population*)

- en perturbant ces individus par le moyen de quelques opérateurs de variation, produisant de ce fait des descendants ;
- en évaluant la fitness des descendants ;
- en remplaçant quelques individus par certains descendants, favorisant encore une fois les meilleurs descendants ;

Plusieurs critères d'arrêt peuvent être utilisés dans la procédure des AEs. On peut citer par exemple : lorsque l'optimum global est trouvé, lorsqu'un nombre maximum de générations ou évaluations de fonction est atteint, lorsqu'un temps CPU est consommé ou lorsqu'une stagnation de la valeur de fitness du meilleur individu est identifiée. En résumé, l'Algorithme 1 fournit les principales étapes d'un algorithme évolutionnaire simple. L'organigramme présenté dans la Figure 1.2 récapitule le fonctionnement de l'algorithme cité ci-dessus.

Les algorithmes dans cette classe sont tous basés sur le même cadre générique dont les détails doivent être spécifiés pour obtenir un AE particulier. Il est usuel d'appeler ces détails les paramètres de l'algorithme, et concevoir un AE pour une application donnée consiste à choisir des valeurs adéquates pour ces paramètres.

Les AEs ont prouvé leur capacité d'adresser une large gamme de problèmes d'optimisation au delà de l'extension des méthodes standards, par exemple en impliquant des espaces de recherche composés et structurés, ou des fonctions de fitness irrégulières, rugueuses ou fortement contraignantes. Leurs performances réelles se basent sur le réglage de plusieurs paramètres tels que le choix de la représentation, la taille de population, les types des opérateurs de variation et leurs taux respectifs d'application, les types de mécanismes de sélection, et d'autres paramètres intrinsèques, tout en dépendant du problème à résoudre.

Cette complexité de paramètres réglables est la raison principale qui explique pourquoi les AEs sont encore loin de faire partie des boîtes standards d'outils d'optimisation. Bien que les utilisateurs bien informés puissent tirer bénéfice de cette flexibilité et exploiter la plupart des avantages de l'approche évolutionnaire, l'utilisateur courant généralement n'arrivera pas à convenablement mettre au point un AE dans un temps raisonnable.

Par ailleur, les AEs sont considérés comme des systèmes complexes artificiels ayant pour but la résolution de problèmes réels ainsi que l'optimisation stochastique en simulant des systèmes biologiques. Ce sont de vrais exemples de systèmes adaptatifs complexes, dans lesquels le comportement complexe du système dans son ensemble se dégage de l'interaction d'un grand nombre de composants simples, et dans lequel le système est capable d'adapter/améliorer automatiquement ses performances (selon une certaine mesure) au fil du temps en réponse à ce qui a été rencontré auparavant. Cette auto-adaptation est souvent nommée réglage/contrôle des paramètres de l'algorithme.

1.2 Problématique et présentation générale

Les algorithmes évolutionnaires sont basés sur une population de solutions potentielles d'une tâche d'optimisation. Ils utilisent un opérateur de sélection qui favorise l'exploitation et des opérateurs stochastiques/génétiques qui favorisent l'exploration. Un AE est un cadre général qui est considéré comme une approche efficace de résolution de vastes classes de problèmes d'optimisation. Les opérateurs stochastiques ou de sélection doivent être choisis avant le commencement de l'algorithme et leurs paramètres doivent être ajustés offline (en mode déconnecté) de façon à être adéquats pour le problème de test.

Ainsi, l'une des principales difficultés pour un utilisateur d'AEs consiste à choisir de tels opérateurs. Ensuite, le plus grand défi pour un concepteur d'AEs se résume dans le fait de fixer leurs paramètres de façon appropriée. Cette décision très importante doit être faite suivant le problème objectif comme le suggère le théorème "No Free Lunch" [162, 161, 129, 74] pour l'optimisation combinatoire : tous les algorithmes ont la même performance moyenne sur l'ensemble des problèmes d'optimisation sur un espace fini, et ensuite, sur tous les problèmes aucun algorithme ne vaut mieux qu'une recherche aléatoire.

Le problème de l'ajustement des paramètres des AEs est généralement divisé en deux cas, le réglage des paramètres et le contrôle des paramètres [38]. Dans le cas du contrôle des paramètres, les valeurs des paramètres changent pendant l'exécution de l'AE. Dans ce cas, on a besoin des valeurs initiales des paramètres et des stratégies appropriées de contrôle. À leur tour, de telles alternatives peuvent être déterministes ou adaptatives. Le réglage des paramètres est une situation plus facile à gérer parce que les valeurs des paramètres ne changent pas pendant une exécution d'AE, par conséquent seulement une valeur simple par paramètre est exigée [140, 45].

Même si le réglage d'un AE pour une application donnée est difficile parce qu'il y a un grand nombre d'options, cela ne supprime pas le fait que l'utilisateur aura seulement un peu de connaissance sur l'effet des paramètres sur les performances de l'algorithme. Les praticiens d'AEs comptent la plupart du temps sur des conventions (le taux de mutation devrait être faible), des choix ad hoc (pourquoi ne pas utiliser un croisement uniforme ?), et des comparaisons expérimentales sur une échelle limitée (tester une combinaison de plusieurs taux différents de croisement et de mutation) [140, 44].

Le réglage des paramètres conçu pour efficacement résoudre un problème quelconque correspond à un autre problème d'optimisation. Cette étape s'appelle la méta-optimisation. Elle est remarquable depuis les premiers travaux du domaine [64]. Elle convient à un sous-problème d'optimisation inclus dans le problème de test principal. Ce sous-problème consiste à optimiser les valeurs des paramètres durant la recherche. Ainsi, une étape élégante et efficace pour que les AEs dépassent cet obstacle et ensuite répondent à cette question est d'offrir certaines capacités de réglage automatique des paramètres. En conséquence, le réglage des paramètres dans les AEs était et demeure l'un des thèmes de recherche les plus actifs en programmation évolutionnaire [86].

La question de la définition des valeurs de différents paramètres d'un AE est cruciale pour obtenir de bonnes performances. Dans ce chapitre, nous examinons comment le faire, en commençant par la question de savoir si ces valeurs sont mieux fixées à l'avance ou sont mieux changées au cours de l'évolution.

De même, le contrôle des paramètres dans les AEs pose des défis particuliers puisqu'un AE utilise une population et nécessite de nombreux paramètres à régler pour une recherche efficace. L'amélioration de la qualité des solutions dépend de plusieurs facteurs, comme l'évaluation de la fitness, la diversité de la population et le taux de convergence [140].

Souvent, un paramètre ou valeur de paramètre peut opérer très bien au début de l'exécution d'un AE, mais se vérifier être inutile et déceptif au milieu ou à la fin de l'exécution. Donc, un concept intéressant sera d'assimiler plusieurs paramètres ou valeurs de paramètres dans une approche où la diffusion de données/informations sur l'espace de solutions aidera à faire mieux progresser la recherche. De la sorte, on pointe dans le présent travail à incorporer plusieurs états, donc plusieurs types ou valeurs de paramètre, dans un même algorithme afin de bénéficier des avantages que peut apporter chacun parmi eux [18, 19].

L'idée de modification dynamique de paramètre/valeur de paramètre peut aider à implémenter un autoréglage des paramètres de l'AE. Les bonnes valeurs de ces paramètres mènent à de structures prometteuses qui, à leur tour, sont susceptibles de se multiplier, et ensuite de répandre ces valeurs de paramètres. Dans cette perception, on mène la notion d'état aux AEs où chaque état peut modeler n'importe quel élément de l'AE ainsi que n'importe quel paramètre ou valeur de paramètre de l'algorithme [38, 18].

Une approche largement pratiquée pour identifier une bonne série de paramètres pour une classe particulière de problèmes se traduit à travers l'expérimentation. Idéalement, le choix des paramètres doit dépendre de la structure du problème, et donc, un choix rigide peut ne pas convenir [38].

Le réglage des paramètres est une approche typique dans la conception d'algorithmes. De tels réglages sont habituellement effectués par des tests expérimentaux avec des valeurs différentes, suivis de la sélection de celles qui donnent les meilleurs résultats sur le problème en cours d'essai. Toutefois, fixer le nombre de paramètres possibles et leurs différentes valeurs indique que c'est une activité très longue et consommatrice de ressources.

Ils existent deux façons pour traiter ce problème : les méthodes déterministes et les méthodes adaptatives.

Les méthodes déterministes utilisent en général une simple équation pour calculer une valeur approximative de paramètres afin de l'ajuster selon le problème. Elles n'utilisent pas des informations sur l'état actuel de la recherche, et l'équation utilisée ne change pas durant l'exécution de l'algorithme.

Les méthodes adaptatives utilisent des informations sur l'état actuel de la recherche, mais la valeur de la meilleure fitness et le taux de succès sont des informations très brutes ; elles échouent parfois et mènent ultérieurement à un échec dans le processus. Par contre, elles sont des méthodes efficaces lorsque l'unique sélection disponible (basée sur la fonction de fitness) peut empêcher de mauvais paramètres de procéder largement à de futures générations.

Ce bref résumé de l'histoire des AEs montre que : La performance de beaucoup d'algorithmes efficaces dépend distinctement de l'ajustement de leurs paramètres, qui, à son tour, dépend du problème à résoudre. Par exemple, l'exécution des AEs dépend largement d'un réglage judicieux des taux d'opérateur. Choisir et ajuster les bonnes valeurs des paramètres suivant le problème à résoudre est, cependant, une tâche dure.

1.3 État-de-l'Art AEs et hyperheuristiques

Il est bien connu que les AEs sont difficilement réglables/contrôlables et coûteux en temps d'exécution. Ils profitent souvent de la parallélisation pour régler/contrôler les paramètres, et aussi pour réduire le coût du temps de calcul. Des efforts ont été dépensés par la communauté d'AEs pour contrôler les paramètres critiques. Beaucoup d'attention a été prêtée au sujet de réglage des paramètres, et des méthodes importantes ont été proposées dans ce domaine ; la majorité d'entre elles était basée sur des stratégies parallèles (basées sur une architecture hautement parallèle).

Dans la dernière décennie, des réalisations parallèles sont devenues populaires dans le but de rendre les AEs plus flexibles et plus opérants. En divisant la population en plusieurs sous-populations, les AEs parallèles permettent d'atteindre des résultats de qualité dans un temps d'exécution acceptable même pour des problèmes d'optimisation difficiles.

Dans [95], l'étude portait sur l'application d'un AE parallèle pour résoudre un problème d'optimisation NP-complet. Il utilise une approche métaheuristique catégorisée dans les modèles de "sous-populations avec migration". Des échanges d'individus inter-populations sont occasionnellement permis afin d'introduire une source de diversité dans l'algorithme. Plus précisément, la population originale est divisée en plusieurs sous-populations (appelées les dèmes) séparées géographiquement entre eux. Chaque dème exécute un AE périodique, ainsi les individus peuvent agir l'un sur l'autre seulement avec d'autres individus dans le dème. Un opérateur additionnel de migration est défini : de temps en temps quelques individus choisis sont échangés parmi des dèmes, présentant une nouvelle source de diversité dans l'AE. Deux conditions principales commandent le procédé de migration : le premier détermine quand l'échange des individus aura lieu, et le deuxième décide si un ensemble étranger d'individus doit être reçu ou pas. Après des tests expérimentaux, leur proposition a pu trouver, pour des instances réelles, des solutions de bonne qualité qui n'ont jamais été rapprochées avec des AEs séquentiels. En outre, cette version parallèle d'AEs montre des niveaux élevés d'efficacité de calcul, démontrant un comportement de vitesse super-linéaire pour les exemples et les cas étudiés.

D'ailleurs, il existe une longue tradition d'implémentations parallèles des AEs, en particulier dans les travaux concernant les populations structurées. Parmi les types les plus connus des AEs structurés, les AEs distribués (dAEs) ou les modèles en îles [139] et les AEs cellulaires (cAEs) [137]. Ces deux familles d'algorithmes sont les plus populaires dans cette direction. Décentraliser une seule population peut être réalisé en la divisant en plusieurs sous-populations (dites îles dans les dAEs), effectuant des échanges dispersés — migrations — des individus (AEs distribués), ou sous forme de voisinages recouverts dans une topologie globale (AEs cellulaires).

Dans les AEs distribués, des paramètres supplémentaires déterminant quand la migration doit se produire et comment les migrants sont choisis des îles sources et puis incorporés dans les îles cibles sont nécessaires [2, 17, 139]. Ce modèle (s'exécutant sur des processeurs séparés ou non) est habituellement plus rapide qu'un AE simple dû à la recherche séparée dans plusieurs régions de l'espace de solution.

Quant aux AEs cellulaires, l'existence de petits voisinages recouverts (par exemple, une grille 2D [128]) aide en explorant l'espace de recherche, étant donné que de bonnes solutions sont régulièrement propagées à travers la topologie sous-jacente [11].

Ces deux types d'AEs parallèles semblent fournir un meilleur échantillonnage de l'espace de recherche et améliorer le comportement numérique et d'exécution de l'algorithme de base dans beaucoup de cas [3, 61].

Dans le schéma 1.11, nous traçons une représentation $3D$ des algorithmes structurés basés sur le nombre de sous-algorithmes, le nombre d'individus dans chacun, et l'accouplement parmi eux. Tandis qu'un AE distribué a une grande sous-population ($>> 1$), un AE cellulaire a en général un individu unique dans chaque sous-algorithme.

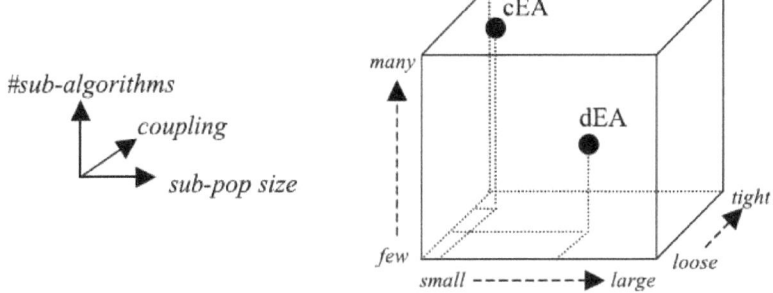

FIGURE 1.11 – Le cube des algorithmes évolutionnaires basés sur des populations structurées, Alba et al. [4].

Les sous-algorithmes sont largement reliés dans les dAEs, alors qu'ils sont étroitement couplés dans les cAEs. En plus, ils existent seulement quelques sous-algorithmes dans les dEAs, alors qu'un grand nombre d'entre eux existent dans les cEAs. Ce cube permet de mieux classifier les AEs structurés [4].

En particulier, le taux de convergence des AEs est fortement influencé par le choix de certains paramètres, comme la représentation [15], la taille de la population [39], les probabilités de mutation [132, 56] et de croisement [166], collectivement appelés le contrôle des paramètres de l'algorithme.

La représentation est l'une des décisions principales à prendre lors de l'application d'un AE à un problème. La manière dont un problème est représenté dans un individu AE détermine la forme de l'espace des solutions qu'un AE doit rechercher [141]. Malheureusement, les praticiens relèvent souvent des différences de performances importantes en changeant simplement la représentation utilisée. Des travaux précédents [15] ont proposé d'utiliser des représentations dynamiques pour échapper à des optima locaux. Leurs stratégies séquentielles portaient principalement sur l'optimisation des paramètres et consistaient à permuter le codage de Gray des individus lorsque l'algorithme a convergé.

La taille de la population est importante pour l'évolution dans les systèmes naturels et artificiels. Du point de vue biologique, la taille de la population affecte la dérive génétique. C'est-à-dire, la taille de la population est liée à sa tendance à préserver les variations génétiques à travers la reproduction. L'effet de la dérive génétique aléatoire est généralement plus important dans de petites populations. Par conséquent, dans la plupart des cas, les plus grandes populations sont plus stables et possèdent des taux plus lents de production de nouvelles variations phénotypiques. Toutefois, les plus petites populations peuvent changer le phénotype relativement d'une manière plus rapide mais ont un risque d'extinction plus élevé en raison de la diversité génétique limitée.

Une méthode intéressante de contrôler la taille de la population est proposée par Arabas et al. [7, 92] dans leur algorithme génétique (AG) avec une taille de population variable (GAVaPS). En fait, le paramètre de la taille de population est entièrement retiré de GAVaPS plutôt qu'ajusté à la volée. Certainement dans un AE, la population a toujours une taille mais dans GAVaPS cette taille est une mesure dérivée mais non pas un paramètre contrôlable. L'idée principale est d'assigner une durée de vie à chaque individu dès sa création et ensuite de réduire sa durée de vie restante par un dans chaque génération consécutive.

Dans [39], le mécanisme de redimensionnement de la taille de population est basé sur des améliorations de la meilleure fitness dans la population. De cette manière, l'AG devient plus centré vers l'exploration, augmentant ainsi la taille de population. Une courte période de manque d'améliorations rendra la population plus petite, mais la stagnation au-dessus d'une plus longue période fait que la population se développera de nouveau. Cette méthode est appelée PRoFIGA (Population Resizing on Fitness Improvement GA). L'intuition derrière cet algorithme était de trouver un compromis entre l'exploration et l'exploitation. Plus la taille de population est grande, plus elle soutient la recherche exploratrice. Puisque durant les premières générations d'une exécution d'AE, la valeur de fitness typiquement augmente, et la taille de population est en croissance, par conséquent l'exploration est bien favorisée au début d'une exécution. Plus tard, la meilleur fitness demeure stable pour quelques générations, et la taille de population diminuera graduellement. Les auteurs de cet algorithme s'attendaient à ce que la phase compressive se concentre plus sur l'exploitation en réduisant la diversité génétique dans les populations contractantes.

Dans [68, 84], les auteurs ont présenté un algorithme génétique qui évolue simultanément un certain nombre de populations de différentes tailles. Leur méthode est nommée PLGA (Parameter-Less GA). Dans cette technique, les plus petites populations obtiennent plus d'évaluations de la fonction de fitness, où on permet à la population i de courir quatre fois plus de générations que la population $i+1$. Si, cependant, une plus petite population converge, l'algorithme l'abandonne tout en retirant simplement le meilleur individu. Dans cette approche, les tailles de population sont adaptées à des intervalles réguliers définis au début de l'exécution.

Vu que la taille de population est un paramètre critique à définir dans le calcul évolutif, un AE parallèle amélioré est présenté dans [93]. Il intègre différents mécanismes pour adapter la taille de population à l'état actuel de la recherche. Ces mécanismes sont basés sur l'amélioration de la fitness et sur le redimensionnement de la taille de population. Les résultats indiquent que ces incorporations sont un choix raisonnable quand le raffinement en matière de solutions est nécessaire.

La recherche dans [71] analyse les effets d'une taille variable de population sur l'accélération de l'évolution dans le contexte d'un AE parallèle. Le plus intéressant dans ce travail est que la propriété d'une taille variable de population provient implicitement de l'algorithme plutôt qu'à travers le but de rendre l'algorithme plus adaptatif au problème.

La population peut se développer en taille pendant que des individus sont évalués, et à la fin de chaque période d'éclat la population est ramenée de nouveau à sa taille initiale. Les auteurs ont analysé la dynamique d'un tel algorithme et l'ont comparé à un AE avec une population de taille fixe. Ils ont observé que les changements de la taille de population ont permis de nettement accélérer l'évolution.

L'ajustement du taux de mutation dans [132, 56] est compréhensible. Il est basé sur trois critères : ce qui est adapté, le cadre de l'adaptation, et la base pour l'ajustement. Les auteurs de cet article emploient une idée simple de changement du taux de mutation qui est mise en application dans un AE équilibré. Cette idée se base sur la règle "1/5" de succès pour la mutation d'après les travaux de Rechenberg [121]. Cette règle déclare que le rapport des mutations utiles (une mutation est considérée réussie si elle produit un descendant qui soit meilleur que son parent) sur toutes les mutations devrait être égal à 1/5. Par conséquent, si le rapport est plus grand que $1/5$ alors le pas de mutation devrait être augmenté, et si le rapport est plus petit que $1/5$, le pas de mutation devrait être diminué.

L'étude dans [166] portait sur le changement automatique de la probabilité de croisement. Les auteurs de ce papier ont essayé de formuler un cadre de raisonnement méta-niveau pour le choix des valeurs des paramètres qui peuvent probablement s'adapter selon la structure du problème. Plus précisément, ils emploient une méthodologie basée sur un profil calculé pour favoriser les probabilités de croisement les plus appropriées. Ce profil contient des informations sur le progrès de la fitness au cours des générations.

Dans la littérature, un effort considérable a été produit pour concevoir des stratégies afin de choisir une bonne configuration des paramètres pour améliorer les performances des AEs [38]. Pourtant, il a été démontré que ce n'est pas possible de trouver un réglage des paramètres qui fonctionne de la même manière pour tous les domaines du problème [162]. C'est là où réside l'importance du contrôle des paramètres. C'est de pouvoir auto-régler/auto-ajuster les valeurs des paramètres, selon l'exigence, au fur et à mesure du processus d'optimisation.

Les hyperheuristiques ont également été utilisées pour s'attaquer à la question du réglage/contrôle des paramètres. Une hyperheuristique est une heuristique de haut niveau qui contrôle de manière adaptative la combinaison de plusieurs heuristiques de bas niveau et de faibles connaissances sur le domaine. En utilisant seulement des heuristiques triviales de bas niveau et facile à implémenter, on peut obtenir une solution de qualité approchant celle d'une méthode coûteuse et nécessitant de fortes connaissances sur le domaine [31].

Les hyperheuristiques ne nécessitent donc pas de connaissances particulières sur le problème optimisé pour fonctionner, le fait de pouvoir associer une valeur à une solution est la seule information nécessaire. Ces méthodes utilisent cependant un haut niveau d'abstraction, leur permettant d'être adaptées à une large gamme de problèmes différents.

À chaque période d'itérations, l'hyperheuristique doit choisir laquelle des heuristiques de bas niveau à appliquer, sans recourir à une connaissance des caractéristiques ou de la structure du problème. Par conséquent, les hyperheuristiques sont particulièrement utilisées dans le cas où peu de connaissances du domaine est disponible ou lorsque l'algorithme d'optimisation spécifique est difficile à adapter. Afin d'appliquer une hyperheuristique à un problème donné, tout ce que nous avons besoin est un ensemble d'heuristiques de bas niveau et un moyen formel d'évaluation de la qualité des solutions.

Une hyperheuristique appelée "la Sélection Adaptative d'Opérateur" (AOS) a été proposée dans [45]. Elle récompense chaque opérateur en se basant sur la valeur extrême de l'amélioration de la fitness récemment engendrée par cet opérateur. Elle utilise également un procédé de choix qui est basé sur ces récompenses dans le but de déterminer quel opérateur à appliquer à l'étape suivante. Par conséquent, AOS est censée de mettre à jour de manière adaptative les taux d'application des opérateurs génétiques en ligne, selon le niveau d'amélioration de la fitness produit par les descendants. Dans la suite de leur travail, ils ont montré que cette proposition surpasse des méthodes précédemment publiées, et des techniques classiques basées sur le calcul de récompenses de fitness. Cette méthode a été testée sur le problème facile de "One-Max" et une famille de problèmes difficiles connus sous le nom de "Long k-paths". Les résultats sont encourageants et montrent que l'adaptation des opérateurs selon le problème est un choix indispensable à l'exécution des AEs.

Des approches similaires de la gestion de plusieurs heuristiques de bas niveau sont proposées dans [103]. Dans ce travail, à chaque heuristique de bas niveau est associée une fonction d'utilité et un poids/facteur de préférence. Ces outils servent à restructurer les voisinages des solutions quand un ou plusieurs optima locaux sont rencontrés. Ils ont proposé une procédure d'apprentissage dans un processus de recherche qui apprend à choisir des heuristiques prometteuses en se basant sur l'adaptation de poids. Leur étude empirique a été effectuée sur deux problèmes d'optimisation durs. Les résultats notés étaient très positifs selon la mesure du taux de succès.

Un autre ouvrage dans [79] a proposé deux types d'hyperheuristiques. Le premier est une hyperheuristique aléatoire qui choisit à plusieurs reprises une heuristique de bas niveau uniformément au hasard, et l'applique jusqu'à ce qu'un certain critère d'arrêt soit rempli. Le deuxième type d'hyperheuristiques est basé sur une fonction-de-choix (Choice-Function) qui classifie de manière adaptative les heuristiques de bas niveau. La fonction-de-choix renvoie pour chacune des heuristiques de bas niveau, ses améliorations récentes et le temps CPU (en secondes) écoulé depuis son dernier appel. Il a été prouvé que pour certaines classes de problèmes, ces méthodes génériques fournissent des solutions pratiques de haute qualité dans un délai beaucoup plus court que celui du développement d'autres approches telles que la recherche tabou et les AEs simples, et en utilisant relativement peu de connaissances de domaine.

1.4 Synthèse du chapitre

L'auto-ajustement des paramètres dans les algorithmes évolutionnaires a toujours été un problème important qui n'a pas été abordé en profondeur par les praticiens des AEs. Bien que ces algorithmes soient de bonnes méthodes pour optimiser des problèmes difficiles, ils pâtissent toujours d'un problème important appelé réglage/contrôle de paramètres. Cet état de fait suggère qu'un AE avec un réglage de paramètres statique parfois ne réussit pas à converger vers la solution souhaitée dans un nombre défini d'itérations ou un temps d'exécution fixe.

Une variété de méthodes/algorithmes ont été déjà proposés dans la littérature afin d'attaquer au problème de réglage/contrôle de paramètres dans les AEs. Dans la section précédente, nous avons présenté en details les Etat-de-l'Art AEs et hyperheuristiques proposés dans ce domaine. Un bref résumé de ces méthodes nous permet de conclure que le réglage/contrôle de paramètres est un problème crucial dans le fonctionnement des AEs. Traiter et essayer de résoudre ce problème sera une avancée importante dans la recherche menée pour améliorer les performances des AEs.

Parmi les métaheuristiques présentées ci-dessus, on peut distinguer les méthodes adaptatives ou auto-adaptatives. Dans ces méthodes, nous avons remarqué qu'il y avait une diversité de paramètres à régler. Parmi ces paramètres, on peut citer : la taille de population, le taux de croisement ou de mutation, et les opérateurs de reproduction génétique. Deux architectures principales ont été adoptées dans ces métaheuristiques. On peut distinguer des approches qui ont été implémentées selon une architecture parallèle, et d'autres suivant un modèle séquentiel.

Comme ça a été déjà mentionné, le réglage des valeurs des divers paramètres d'un AE est essentiel pour une bonne performance. Dans cette thèse, nous expliquons comment y parvenir en commençant par examiner si ces valeurs sont meilleures, réglées en avance ou si elles sont meilleures lorsqu'elles sont changées durant l'évolution.

Dans une tâche d'optimisation, la sélection d'une représentation, en définissant des paramètres ou en fixant leurs propres valeurs d'une manière qui entre en conflit avec la fonction d'adaptation du problème, peut rendre ce problème plus difficile à résoudre pour un AE standard. Conséquemment dans le chapitre 2, des stratégies séquentielles d'alternance entre deux codages sont formulées dans le cadre du changement dynamique de la représentation des solutions. De même, une nouvelle variante des AEs est développée en utilisant une implémentation parallèle d'un AE standard. Cette variante parallèle dAEs évolue un échange dynamique du codage des solutions dans un concept de double codage.

De même, le contrôle de paramètres dans les algorithmes évolutionnaires pose des problèmes spécifiques car les AEs sont basés sur une population et le choix d'une population initiale influence beaucoup les résultats finaux. La taille de population d'un AE peut aussi jouer un rôle décisif dans le sujet de performance de l'algorithme. D'un autre côté, le contrôle de plusieurs paramètres d'AEs est nécessaire pour une recherche efficace. L'amélioration de la qualité dépend de plusieurs facteurs, tels que l'estimation d'adaptation, la diversité de population et le taux de convergence. Dans l'intention d'ajuster les paramètres/valeurs de paramètres en ligne, une approche adaptative d'AEs est proposée dans le chapitre 3. Cette approche est developpée dans un cadre automatisé pour le réglage/contrôle de paramètres, qui peut s'adapter en fonction des contraintes spécifiées dans le problème. C'est une variante parallèle des AEs qui gère divers AEs et ajuste leurs tailles de sous-populations d'une manière dynamique.

D'ailleurs, plusieurs facteurs et éléments ont une influence sur le ratio exploration/exploitation dans les algorithmes évolutionnaires. L'expérience acquise depuis maintenant de nombreuses années montre que le taux de mutation peut être utilisable pour contrôler ce ratio et l'on admet généralement qu'il doit être fixé à une valeur proche de l'inverse de la longueur d'une solution dans le cas d'une représentation binaire. Par exemple, l'application d'un taux de mutation incorrect à des individus dans la population d'AE peut mener à une convergence trompeuse vers des solutions de qualité médiocre. Par conséquent, le réglage du taux d'opérateur de mutation est crucial dans le processus des AEs. Ceci sera particulièrement le but et le problème à traiter dans le chapitre 4. Une instance de notre contribution du chapitre 3 est utilisée dans le cadre d'ajustement du taux de mutation selon la fonction de fitness du problème. Cette approche manipulera de manière dynamique plusieurs AEs en parallèle, chacun ayant sa propre population, sa propre probabilité de mutation et bien sûr son propre réglage de paramètres.

Donc le travail mené dans cette thèse résume une variété de méthodes/stratégies traitant le problème de réglage/contrôle de paramètres dans les AEs. On peut distinguer des variantes séquentielles et parallèles (cf. Chapitres 2 et 3). Une méthode adaptative d'AEs est introduite dans le chapitre 3. Le problème du choix d'une bonne représentation des solutions est illustrée dans le chapitre 2. Le réglage dynamique de la taille de population est présenté dans les chapitres 3 et 4. L'ajustement automatique du taux de mutation est traité dans le chapitre 4. Toutes ces stratégies peuvent être utilisées pour adapter les paramètres de l'algorithme suivant la structure du problème. Elles offrent également de nouvelles opportunités pour contrôler la pression de sélection et ainsi éviter une convergence prématurée.

Enfin et après avoir présenté une variété de l'État-de-l'Art et hyperheuristiques traitant le problème de réglage/contrôle de paramètres, le Tableau 1.1 résume les méthodes présentées dans ce chapitre tout en précisant :

- Dans la première colonne (Métaheuristique), la référence sur la métaheuristique. Elle peut être définie par : soit le nom de la métaheuristique, soit le nom des auteurs et la référence sur l'article dans lequel la méthode a été présentée ;
- Dans la deuxième colonne (Concept), le concept clé de l'approche. Il peut être : soit déterministe, soit adaptatif ;
- Dans la troisième colonne (Type de Réglage de Paramètres), le paramètre à régler. Ce paramètre peut être : soit la taille de population, soit le taux de croi-

TABLE 1.1 – Synthèse sur les métaheuristique utilisées pour résoudre le problème de réglage/contrôle des paramètres.

Métaheuristique	Concept	Type de Réglage de Paramètres	Architecture
Mora et al. [95]	Déterministe	échange/migration des individus	Parallèle
Tanese [139]	Déterministe	échange/migration des individus	Distribuée
Alba et Troya [2]	Déterministe	échange/migration des individus	Distribuée
Belding [17]	Déterministe	échange/migration des individus	Distribuée
Spiessens et Manderick [137]	Déterministe	échange/migration des individus	Cellulaire
Sarma et De Jong [128]	Déterministe	échange/migration des individus	Cellulaire
Baluja [11]	Déterministe	échange/migration des individus	Cellulaire
Barbulescu et al. [15]	Déterministe	Représentation	Séquentielle
GAVaPS	Adaptatif	Taille de population	Séquentielle
PRoFIGA	Adaptatif	Taille de population	Séquentielle
PLGA	Adaptatif	Taille de population	Parallèle
Hu et al. [71]	Adaptatif	Taille de population	Parallèle
Smith et Fogarty [132]	Adaptatif	Taux de mutation	Séquentielle
Glickman et Sycara [56]	Adaptatif	Taux de mutation	Séquentielle
Yang [166]	Adaptatif	Taux de croisement	Séquentielle
AOS	Adaptatif	Opérateurs génétiques	Séquentielle
Nareyek [103]	Adaptatif	Mécanisme de sélection	Parallèle
Kendall et al. [79]	Adaptatif	Mécanisme de sélection	Parallèle

sement ou de mutation, soit les opérateurs de reproduction génétique, soit tout simplement échange/migration des individus ;
– Dans la quatrième colonne (Architecture), le scénario dans lequel l'approche a été introduite. Le scénario représente l'architecture ou le modèle de la méthode. Il peut avoir les attributs suivants : soit parallèle, soit séquentiel, soit distribué, soit cellulaire.

Chapitre 2

Changement Dynamique de la Représentation des Solutions dans les Algorithmes Évolutionnaires

Les algorithmes évolutionnaires (AEs) résument certains des mécanismes trouvés dans l'évolution et servant à rechercher des solutions optimales dans le cadre de "paysages adaptatifs" complexes [120].
De façon générale, une métaheuristique de recherche locale ne peut être performante que si l'on choisit avec soin le codage du problème et les opérateurs. Ces choix permettent d'introduire une connaissance spécifique au problème [141].
Des codages et des opérateurs différents engendrent des espaces de recherche de tailles variées et des structures de paysage de fitness plus ou moins rugueux, ou plus ou moins neutre. Dès lors on peut se demander quel codage utiliser pour permettre une optimisation plus efficace.

De façon particulière, pour une utilisation réussie et efficace des algorithmes évolutionnaires, il ne suffit pas de se contenter d'appliquer des AEs simples. En outre, il est nécessaire de trouver une représentation appropriée pour le problème et d'intégrer des informations de liaison de données (liaison entre les paramètres d'un problème) concernant la structure du problème. Autant, il est important d'élaborer des opérateurs de recherche adéquats qui s'adaptent bien aux propriétés du codage et peuvent apprendre des informations de liaison pour assister (contribuer) à la création et non pas à la destruction des blocs de construction (building blocs). La représentation doit au moins pouvoir coder toutes les solutions possibles d'un problème d'optimisation, et les opérateurs génétiques tels que le croisement et la mutation doivent lui être applicables [15].

En ce sens, on vise à attribuer à l'algorithme évolutionnaire un nombre d'états donné. Un état peut représenter n'importe quel composant de l'AE, ainsi que n'importe quel paramètre ou valeur de paramètre. Puisque la représentation joue un rôle essentiel dans le processus des AEs, l'état sera lié à la représentation des solutions dans le présent chapitre.

Conséquemment, des stratégies séquentielles d'alternance entre deux codages sont formulées dans le cadre du changement dynamique de la représentation des solutions. De même, une nouvelle variante des AEs, dénotée Diviser-et-Fusionner AE (*SM-EA* pour Split-and-Merge EA), est développée en utilisant une implémentation parallèle d'un AE standard. *SM-EA* évolue un échange dynamique du codage des solutions dans un concept de double codage. Les expériences numériques prouvent que nos propositions surpassent de manière significative un AE classique avec codage unique statique.

Pour affirmer l'efficacité et l'importance du concept de double codage, les mêmes stratégies d'alternance entre deux codages ont été appliquées à une variante bien conçue et efficace des AEs, l'algorithme CHC (Cross generational elitist selection, Heterogeneous recombination, and Cataclysmic mutation) (cf. Section 2.6.1). L'algorithme CHC est un AE non traditionnel qui combine une stratégie de sélection conservatrice qui préserve toujours les meilleurs individus trouvés jusqu'ici avec un opérateur de recombinaison radical (hautement disruptif) qui produit une progéniture très différente des deux parents (cf. Section 2.6). Pareillement qu'avec un AE standard, les expérimentations faites sur nos stratégies avec un CHC classique montrent bien l'efficacité d'intégrer différentes représentations dans une même méthode. Ces différents états peuvent apporter plusieurs types d'avantage à l'algorithme surtout sur le concept de connaissance de liaison de données qui peut, à son tour, "instruire" et guider le processus de recherche.

2.1 Introduction

L'application des algorithmes évolutionnaires à maints problèmes d'optimisation produit souvent de bonnes performances et des solutions de haute qualité. Comme le monde naturel, les AEs sont des formes de systèmes complexes adaptatifs dans lesquels plusieurs chromosomes interagissent via des éléments suffisamment compliqués [70]. Ces éléments incluent une méthode de sélection, des opérateurs de croisement et de mutation, le mécanisme de codage (représentation) du problème et bien d'autres. Tous ces éléments sont généralement prédéfinis par l'utilisateur avant que l'opération réelle d'un AE ne commence.

L'idée de modification dynamique de paramètre/valeur de paramètre peut aider à implémenter un autoréglage (ou réglage préliminaire) des paramètres de l'AE. Les bonnes valeurs de ces paramètres mènent à de structures prometteuses qui, à leur tour, sont susceptibles de se multiplier, et ensuite de répandre ces valeurs de paramètres. Dans cette perception, on introduit la notion d'état aux AEs où chaque état peut modeler n'importe quel élément de l'AE ainsi que n'importe quel paramètre ou valeur de paramètre de l'algorithme.

Souvent, un paramètre ou valeur de paramètre peut produire efficacement au début de l'exécution d'un AE, mais s'avérer être inutile et trompeur au milieu ou à la fin de l'exécution. Donc, un concept intéressant sera d'assimiler plusieurs paramètres ou valeurs de paramètres dans une approche où la diffusion de données/informations sur l'espace de solutions aidera à faire mieux progresser la recherche. De la sorte, on vise dans le présent travail à incorporer plusieurs états, donc plusieurs types ou valeurs de paramètre, dans un même algorithme afin de bénéficier des avantages que peut porter chacun parmi eux [66].

Au fur et à mesure que l'amplitude et la complexité des problèmes traités par les AEs augmentent, les utilisateurs commencent à comprendre que pour une utilisation pratique et efficace, certains mécanismes cruciaux doivent être incorporés dans le cadre d'un calcul évolutif. Parmi ces mécanismes cruciaux suggérés par les praticiens se trouvent la capacité de connaître la liaison de données désignée comme la relation entre les variables de décision, et le rôle de sélection d'un bon codage désigné comme la représentation du problème.

L'utilisation des informations de liaison a été reconnue comme étant d'une importance significative. Le problème principal est de trouver les blocs de construction. Une fois que ces blocs sont connus, ils peuvent être exploités plus efficacement et regroupés ensemble. Les opérateurs de recombinaison classiques rompent souvent des solutions partielles, ce qui peut parfois entraîner une perte de solutions potentielles et amener à une convergence vers un optimum local [97, 24].

Selon cette théorie, il est important que l'opération de croisement ne soit pas trop disruptive sur les blocs de construction. Cela suggère que l'opérateur de croisement doit être sélectionné ou conçu de manière à ce que les groupes de liaison (groupes de variables hautement liées) ne soient pas trop interrompus/cassés par cet opérateur.

Lors de l'application des AEs aux problèmes d'optimisation, nous utilisons habituellement des chaînes de caractères extraites d'alphabets finis en tant que chromosomes, et des opérateurs génétiques pour manipuler ces chromosomes artificiels [67, 101]. Ces AEs agissent explicitement ou implicitement sur l'hypothèse d'un bon schéma de codage qui peut fournir une liaison étroite entre les gènes du chromosome appartenant à un même bloc de construction [102, 110].

Plusieurs représentations ont été proposées et testées dans un large éventail de modèles évolutionnaires. Sans doute, il est nécessaire de répondre à une question naturelle et essentielle dans tous ces modèles : Quel codage de génotype optimal est nécessaire pour que les individus évoluent mieux dans une application d'AE ? Pour éviter de manière approximative, un mauvais choix de codage qui ne correspond pas à la fonction de fitness d'un problème, l'effet de recherche rapporté dans ce chapitre portait particulièrement sur le développement de stratégies séquentielles et parallèles d'un AE classique tout en faisant évoluer l'utilisation de divers codages simultanément. Cela ayant pour objectif de réviser le comportement des AEs, d'améliorer probablement leur degré de performance et de raffiner ultérieurement la qualité des solutions.

Des travaux précédents [15] ont proposé d'utiliser des représentations dynamiques pour échapper à des optima locaux. Leurs stratégies portaient principalement sur l'optimisation des paramètres et consistaient à permuter le codage de Gray des individus lorsque l'algorithme a convergé.

Dans ce chapitre, l'état sera lié au codage des individus de la population. Ainsi, nous explorons une variété de méthodes et divers critères d'interaction entre deux représentations différentes (deux états différents). La première méthode change séquentiellement deux codages selon des conditions bien spécifiques (décrites plus tard dans la Section 2.3). La seconde exploite en parallèle deux codages dans un mécanisme dynamique et évolutif (décrit plus tard dans la Section 2.4).

La structure de ce présent chapitre est la suivante : La Section 2.2 introduit la particularité de représentation des solutions. La Section 2.3 présente une brève étude sur l'hypothèse de double codage dans les AEs sous forme de stratégies séquentielles d'alternation. La section 2.4 présente une nouvelle technique désignée Diviser-et-Fusionner AE (*SM-EA* pour Split-and-Merge EA). Cette dernière définit une implémentation parallèle d'un AE standard dans le contexte d'un schéma basique de Double Codage symétrique. La Section 2.5 introduit le protocole de nos expériences incluant les fonctions utilisées pour tester les algorithmes suggérés, le jeu de paramètres utilisé, les résultats numériques de nos observations et les résultats du t-test pour une estimation ultérieure. Dans la section 2.6, on présente l'application de nos contributions sur l'algorithme CHC avec toutes les expérimentations et les résultats obtenus. En dernier lieu, la section 2.7 contient une discussion générale et la synthèse du chapitre.

2.2 Représentation des solutions

La représentation est l'une des décisions principales à prendre lors de l'application d'un AE à un problème. La manière dont un problème est représenté dans un individu AE détermine la forme de l'espace des solutions qu'un AE doit rechercher [141]. Par exemple, le choix d'une représentation en arborescence au lieu d'une représentation en vecteur peut être utile selon le problème testé [123]. Pour toute fonction, il existe de multiples représentations qui rendent l'optimisation évidente [83]. Toutefois, l'ensemble de toutes les représentations possibles est un espace de recherche plus vaste que celui de la fonction optimisée.

Malheureusement, les praticiens relèvent souvent des différences de performances importantes en changeant simplement la représentation utilisée. La difficulté d'un problème spécifique et ensuite la performance d'un AE peut être grandement modifiée en utilisant divers types de codage. Par conséquent, un codage peut parfaitement fonctionner pour plusieurs fonctions de tests mais s'avérer inefficace pour l'unique problème qui reste vraiment à résoudre [124]. Ces observations ont été confirmées par des investigations empiriques et théoriques.

D'une certaine manière, il existe des types d'AEs, tel que l'AE désordonné développé par Goldberg et al. [60], qui utilisent un codage adaptatif qui ajuste la structure de la représentation aux propriétés du problème. Toutefois, cette approche charge l'AE non seulement d'une recherche de solutions prometteuses mais aussi de la recherche d'une représentation correcte.

En règle générale et conjointement avec certaines études majeures, il a été prouvé que l'utilisation du codage de Gray (CG) améliore les performances de la recherche génétique dans certains cas [155]. Néanmoins, le CG produit un mappage de fonction différent pouvant avoir quelques optima locaux. Également, l'utilisation de CG peut générer des relations d'hyperplan différentes du codage binaire standard (CS) qui parfois complique la recherche de l'optimum à cause d'une production d'un grand nombre d'optima locaux [153].

Il a été également démontré que le CG change le nombre d'optima locaux dans l'espace de recherche parce que deux nombres réels successifs représenté en CG diffèrent seulement d'un bit. De plus, l'utilisation d'un CG est basée sur la croyance que les changements introduits par la mutation n'ont pas d'effet disruptif sur le chromosome comme lors de l'utilisation d'un CS [91].

Par ailleurs, il faut souligner qu'un CS semble aussi être efficace pour certaines classes de problèmes car son atout est de pouvoir fréquemment localiser la solution optimale. Aussi avec un CS, la tendance d'une meilleure adaptation pour approcher l'optimum global est très élevée en raison de sa capacité à découvrir l'espace de recherche et de sa vitesse de convergence vers la meilleure solution [26].

En conséquence, des représentations différentes du même problème sont essentiellement des problèmes différents pour un algorithme évolutionnaire. En sélectionnant une représentation en relation avec (qui convient à) la fonction de fitness d'un problème, il peut être plus facile à un AE de résoudre ce problème [155]. Toute approche intéressante consiste à incorporer de bons concepts de codage et à développer des modèles abstractifs qui décrivent l'influence des représentations sur les mesures de performance d'un AE. Après cela, des stratégies de représentation dynamique peuvent être utilisées efficacement de manière théorique pour réaliser des avancées importantes sur des AEs existants pour certaines classes de problèmes d'optimisation.

2.3 Stratégies séquentielles de double codage

Plusieurs problèmes d'optimisation peuvent être codés par une variété de représentations différentes. En plus des codages binaires et en chaînes continues, un grand nombre d'autres représentations, souvent spécifiques à un problème, a été proposé au cours des dernières années. Comme il n'existe aucune théorie de représentations, la conception actuelle d'une représentation correcte n'est pas basée sur la théorie mais procède plutôt d'une démarche empirique [124]. La conception d'une nouvelle représentation dynamique appropriée deviendra plutôt une tâche technique bien prévisible.

Tel qu'il a été commenté précédemment, CS a une tendance très élevée à converger vers des optima locaux rapidement tandis que CG a le potentiel de modifier de manière significative le nombre d'optima locaux dans l'espace de recherche [91]. C'est pourquoi dans les expérimentations de ce chapitre, nous avons codé les problèmes de test avec des chaînes binaires et avons fait spécialement référence aux deux codages les plus connus CS et CG.

Dans cette section, le changement de représentation est considéré comme un réglage de paramètres préliminaire de manière séquentielle. Par conséquent, la difficulté et les travaux essentiels sont de découvrir la meilleure stratégie d'alternance entre CS et CG afin d'améliorer les performances des AEs. En premier lieu, nous avons étudié la possibilité d'un double codage en utilisant des techniques séquentielles telles que *Periodic-EA*, *Aperiodic-EA*, *LocalOpt-EA*, *HomogPop-EA* et *SteadyGen-EA*.

L'idée pour *Periodic-EA* est d'alterner entre deux codages donnés pour le même nombre de générations ($period$). Le paramètre $period$ requiert un ajustement fin pour un problème donné.

Aperiodic-EA diffère de *Periodic-EA* tout en sélectionnant, avant chaque étape d'alternance, une période arbitraire ($aperiode$) d'intervalle [$minP : maxP$]. $minP$ représente la période minimale et $maxP$ la période maximale. Le paramètre $aperiode$ n'exige pas une adaptation coûteuse parce que la mise en place d'un intervalle est plus facile et moins sensible qu'un simple paramètre lorsque l'on passe d'une fonction de test à une autre.

LocalOpt-EA consiste à changer un codage lorsque le meilleur individu d'une population est un optimal local. L'idée était de tenter une alternance entre diverses représentations du fait qu'un optimum local dans un codage n'est pas certainement un optimum local dans un autre codage. Cela permettra probablement d'échapper à l'obstacle créé par un optimum local et donc obtenir de meilleurs résultats. Cette proposition ne requiert aucun paramètre et ensuite aucun ajustement mais elle augmente de manière significative le temps d'exécution par le fait de traiter un grand nombre d'évaluations de fonction à chaque génération.

Dans le cadre de *LocalOpt-EA*, nous avons étudié le nombre et la position d'optima locaux, pour la fonction [F6] de Schaffer (cf. Section 2.5.1). L'étude portait sur les deux codages CS et CG par exploration approfondie de l'espace de recherche. Nous définissons un double optimum local comme une solution qui est un optimum local dans les deux codages utilisés. Pour la fonction [F6], le nombre relevé d'optima locaux était de 6652 pour CS et 7512 pour CG. Il y a moins de doubles optima locaux partagés entre CS et CG et le nombre relevé est de 2048. Les positions (x, y) des optima locaux sont indiqués dans la Figure 2.1.

L'idée pour *HomogPop-EA* est de changer la représentation lorsque la population atteint une phase d'homogénéité, ce qui révèle son incapacité à améliorer les résultats outre mesure. Les critères d'homogénéité sont mesurés par l'écart-type des fitness dans la population en comparaison avec un nombre réel donné ($\varepsilon \approx 0$). Aussi, en alternant le codage, un certain degré de diversité est maintenu entre les individus ce qui aide à bien explorer l'espace de recherche. Le paramètre ε est très sensible et nécessite d'être réglé pour chaque problème.

Dans *SteadyGen-EA*, l'alternance est réalisée lorsque la valeur de la meilleure fitness n'est pas modifiée pour un nombre donné de générations ($steadyGen$). Ceci permet de maintenir l'amélioration de la capacité de fitness durant la recherche. Le paramètre $steadyGen$ n'est pas sensible lors de l'ajustement pour un problème donné.

L'algorithme principal commun à toutes ces stratégies consiste à exécuter un AE standard pour une génération avec un codage donné. Dans la suite, il consiste à tester la condition particulière de la proposition (par exemple, tester si le meilleur individu est un optimum local pour *LocalOpt-EA*) ; si elle est vraie, alors il convient d'alterner sur l'autre codage et de convertir la représentation des individus dans ce codage. Le cycle d'alternance continue jusqu'à ce qu'un nombre maximum de générations $maxGen$ soit atteint.

Pour simplifier les algorithmes des stratégies séquentielles, des procédures communes ont été utilisées. Pour une population donnée pop, des représentations données codage, $codage1$ et $codage2$, et des nombres donnés $steadyGen$ et $maxGen$, ces procédures peuvent être résumées comme suit :

- **Genérer_Population_Initiale**() : génère une population initiale de manière aléatoire.
- Exécuter_AEStandard1(pop, $codage$) : exécute un AE standard pour une génération avec une population pop et une représentation $codage$.
- **Alterner_Codage**($codage1$, $codage2$) : permute la représentation du problème entre $codage1$ et $codage2$ et renvoie le codage correspondant au dernier codage modifié.
- **Convertir_Population**(pop, $codage$) : convertit la représentation des individus de pop en une nouvelle représentation $codage$.
- **Est_maxGen**($maxGen$) : retourne la valeur "vrai" si l'algorithme s'est exécuté entièrement pour un nombre donné de générations $maxGen$, et "faux" dans le cas contraire.

Les propositions de double codage en série peuvent être définies comme suit :

- *Periodic-EA* (cf. Algo 2) : L'alternance est réalisée si un AE standard s'est exécuté pour un nombre donné de générations $periode$ avec un codage donné. Une procédure booléenne **Est_Période**($periode$) est utilisée pour tester la période. Elle renvoie la valeur "vrai" si l'algorithme s'est opéré pour une $periode$ de générations, et "faux" dans le cas contraire.

- *Aperiodic-EA* (cf. Algo 3) : Identique à *Periodic-EA* sauf qu'un nombre arbitraire $aperiode$ vient de remplacer la valeur fixe de $periode$. Une nouvelle valeur de la variable $aperiode$ est choisie dans l'intervalle [$minP : maxP$] avant chaque étape de changement de représentation.

- *LocalOpt-EA* (cf. Algo 4) : L'alternance est réalisée si le meilleur individu de la population est un optimum local. Une procédure booléenne **Est_LocalOpt(Meilleur_Indi**(pop)) est utilisée pour tester l'optimum local. Elle renvoie la valeur "vrai" si le meilleur individu de pop est un optimum local, et "faux" dans le cas contraire. Une sous-routine prédéfinie **Meilleur_Indi**(pop) est utilisée pour obtenir le meilleur individu de pop.

- *HomogPop-EA* (cf. Algo 5) : L'alternance est réalisée si l'écart-type de la population est inférieur ou égal à un seuil donné ε. Une procédure booléenne **Est_HomogPop**(pop, ε) est utilisée pour tester le degré d'homogénéité. Elle renvoie la valeur "vrai" si l'écart-type de pop est inférieur ou égal à ε, et "faux" dans le cas contraire.

- *SteadyGen-EA* (cf. Algo 6) : L'alternance est réalisée si la valeur de la meilleure fitness de la population n'a pas été changée pour un nombre donné de générations $steadyGen$. Une procédure booléenne **Est_SteadyGen**(pop, $steadyGen$) est utilisée pour tester la stagnation de la meilleure fitness. Elle renvoie la valeur "vrai" si la valeur de la meilleure fitness de pop n'a pas été améliorée pour $steadyGen$ générations et "faux" dans le cas contraire.

Algorithme 2 *Periodic-EA*

Définir $codage1$, $codage2$ et $periode$

$codage \leftarrow codage1\ OU\ codage2$

$pop \leftarrow$ **Genérer_Population_Initiale**()

répéter

    répéter

        Exécuter_ AEStandard1(pop, $codage$)

    jusqu'à Est_Période($periode$)

    $codage \leftarrow$ **Alterner_Codage**($codage1, codage2$)

    Convertir_Population(pop, $codage$)

jusqu'à Est_maxGen($maxGen$)

Algorithme 3 *Aperiodic-EA*

Définir $codage1$, $codage2$, $minP$ et $maxP$

$codage \leftarrow codage1\,OU\,codage2$

$pop \leftarrow$ **Genérer_Population_Initiale**()

répéter

    $aperiode \leftarrow \mathrm{Random}[minP:maxP]$

    répéter

        Exécuter_ AEStandard1(pop, $codage$)

    jusqu'à Est_Période($aperiode$**)**

    $codage \leftarrow \mathrm{Alterner\_Codage}(codage1, codage2)$

    Convertir_Population(pop**,** $codage$**)**

jusqu'à Est_maxGen($maxGen$**)**

Algorithme 4 *LocalOpt-EA*

Définir $codage1$, $codage2$

$codage \leftarrow codage1\,OU\,codage2$

$pop \leftarrow$ **Genérer_Population_Initiale**()

répéter

    répéter

        Exécuter_ AEStandard1(pop, $codage$)

    jusqu'à Est_LocalOpt(Meilleur_Indi(pop**))**

    $codage \leftarrow \mathrm{Alterner\_Codage}(codage1, codage2)$

    Convertir_Population(pop**,** $codage$**)**

jusqu'à Est_maxGen($maxGen$**)**

Algorithme 5 *HomogPop-EA*

Définir $codage1$, $codage2$ et ε
$codage \leftarrow codage1\,OU\,codage2$
$pop \leftarrow$ **Genérer_Population_Initiale**()
répéter
  répéter
    Exécuter_ AEStandard1(pop, $codage$)
  jusqu'à Est_HomogPop(ε**)**
  $codage \leftarrow$ **Alterner_Codage(**$codage1, codage2$**)**
  Convertir_Population(pop, $codage$**)**
jusqu'à Est_maxGen($maxGen$**)**

Algorithme 6 *SteadyGen-EA*

Définir $codage1$, $codage2$ et $steadyGen$
$codage \leftarrow codage1\,OU\,codage2$
$pop \leftarrow$ **Genérer_Population_Initiale**()
répéter
  répéter
    Exécuter_ AEStandard1(pop, $codage$)
  jusqu'à Est_SteadyGen($steadyGen$**)**
  $codage \leftarrow$ **Alterner_Codage(**$codage1, codage2$**)**
  Convertir_Population(pop, $codage$**)**
jusqu'à Est_maxGen($maxGen$**)**

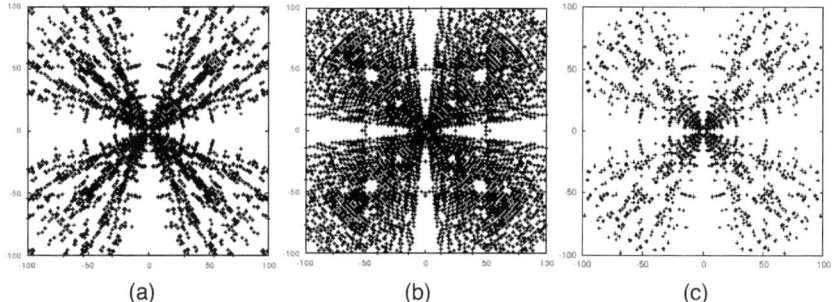

(a)   (b)   (c)

FIGURE 2.1 – Nombre et position d'optima locaux pour la fonction de Schaffer [F6] en utilisant les deux codages CS et CG. Dans (a), les optima locaux pour CG. Dans (b), les optima locaux pour CS. Dans (c), les doubles optima locaux relativement à CS et CG.

2.4 Technique de SM-EA

Dans la section 2.4.1, on fournira une initiation à la nouvelle méthode. Dans la section 2.4.2, on introduira la méthodologie de travail et l'implémentation de notre contribution. Dans cette section, le changement de représentation est considéré comme un réglage de paramètres préliminaire de manière parallèle.

2.4.1 Initiation

Les agents (sous-populations) sont les entités, dans le sens littéral, qui agissent ou ont le pouvoir d'agir au nom de leur concepteur. Parmi les caractéristiques basiques et importantes des agents, on peut citer : l'autonomie, la proactivité et la collaboration, surtout lorsque les agents sont conçus dans le but d'ajuster les paramètres de l'algorithme au problème [143].

Un agent autonome fonctionne de manière à avoir un mécanisme et un comportement d'auto-activation. La collaboration est une caractéristique très importante chez un agent qui le dissocie aussi d'un système expert. La collaboration permet à l'agent de communiquer avec d'autres agents dans l'environnement pour satisfaire ses propres objectifs ou retirer des informations de l'environnement.

C'est ainsi qu'est née notre première idée d'une approche appelée *SM-EA* planifiée sur les fonctions des agents. Cette nouvelle technique est implémentée dans un modèle de changement dynamique de codage dans le but de trouver une solution à la situation causée par l'influence des représentations sur les performances des algorithmes évolutionnaires.

De cette manière, on essaie de faire une sorte de ressemblance entre les agents et les différentes sous-populations de la méthode *SM-EA*. Cela aide à montrer les avantages que peut apporter l'existence de plusieurs sous-populations (coopérant entre eux à l'aide d'échanges d'individus) dans un même algorithme.

2.4.2 Méthodologie de travail et implémentation

L'algorithme *SM-EA* est basé sur le rôle de double agent (double codage). Il inclut deux phases principales et leurs fonctions peuvent être résumées comme suit : Dans la première phase, cette technique consiste à générer une population initiale de manière aléatoire (agent initial). Puis, il convient de diviser cette population basique en deux sous-populations (deux agents) et d'obtenir une représentation distincte pour chacune. Nous définissons le terme "régime permanent" pour désigner un état de non amélioration de la meilleure fitness pour un nombre donné de générations.

En premier, deux AEs standard synchrones sont opérés avec les deux sous-populations pour un nombre donné de générations ($startGen$). À ce stade, le régime permanent est calculé automatiquement pour chaque codage. La mesure du régime permanent pour chaque représentation est prise égale à la moyenne de tous les régimes permanents durant l'exécution de l'AE dans cette représentation durant les $startGen$ générations.

Ensuite, lorsque les deux sous-populations ont achevé les $startGen$ générations, l'opération consiste à fusionner tous les individus provenant des deux agents dans une même population ayant le meilleur codage comme représentation. Le meilleur codage est sélectionné relativement à la population ayant la moyenne de fitness la plus élevée.

Subséquemment, un AE standard est appliqué sur la population totale jusqu'à ce qu'un régime permanent soit atteint. Après avoir estimé les valeurs régulières des régimes permanents pour chaque représentation, la seconde phase implique une re-division de la population entière en deux sous-populations ayant chacune un codage différent.

Puis, les deux sous-populations divisées sont opérées en parallèle avec deux AEs standard. De cette manière, l'algorithme peut tirer bénéfice de deux différentes représentations en même temps. D'ailleurs, cette parallèle codification de solutions décrit l'apparition d'une proactivité sur deux niveaux, et l'occurrence d'une évolution à deux échelles simultanément.

Par la suite et après chaque génération, un test pour le régime permanent est nécessaire. Si au moins, l'une des deux sous-populations rencontre un régime permanent correspondant, alors la propriété de collaboration des agents aidera à maintenir la capacité de la fonction de fitness établie durant le processus de recherche. Ainsi, de manière générale, la fusion des deux coexistantes sous-populations en une seule population ayant le meilleur codage comme représentation sera un moyen approprié pour assembler toutes les données développées dans un même agent principal. À ce stade, les meilleurs individus répandus dans la population, les échanges réalisés par les opérateurs génétiques de croisement, et les changements mutationnels mineurs dans les chromosomes permettront de générer de meilleures structures.

Ultérieurement, un AE standard s'exécutera avec la population intégrée jusqu'à ce qu'il dévie vers un régime permanent causé par l'existence d'un ou plusieurs optima locaux, ce qui révèle son incapacité momentanée à mieux faire évoluer les individus. Dans ce cas, la méthode consiste à re-diviser l'agent principal en deux sous-agents. Cette idée simple est induite par le fait que les agents nouvellement créés auront respectivement une autonomie suffisante pour se reformer et invertir leur modèle invariable. De cette manière, il est possible que l'une des deux sous-populations soit capable de surpasser l'optimum local. Ce concept permettra à la population de survivre et ensuite retrouver une direction précise afin de bien couvrir l'espace de recherche.

Le cycle Diviser-et-Fusionner continue jusqu'à ce qu'un nombre maximum de générations ($maxGen$) soit atteint (cf. Algo 7). Le schéma représentant le processus intégral de *SM-EA* est illustré dans la Figure 2.2. Les paramètres d'algorithme ne requièrent pas de réglage fin pour chaque problème. Seulement, la valeur de $startGen$ doit être assez grande afin de bien estimer les mesures de régime permanent pour chaque codage.

Pour optimiser l'algorithme de *SM-EA*, des procédures standard ont été utilisées. Pour des populations pop, $pop1$ et $pop2$ données, des représentations données $codage$, $codage1$ et $codage2$, et des nombres donnés $steadyGen$ et $maxGen$, ces procédures peuvent être résumées comme suit :

- Diviser(pop, $pop1$, $pop2$) : prend pop et la divise en deux sous-populations $pop1$ et $pop2$.
- **Estimer_RégPerm**($codage$, $startGen$) : estime la valeur de régime permanent pour la représentation correspondante à $codage$. Ce régime est équivalent à la moyenne de tous les régimes permanents rencontrés tout en exécutant un AE standard avec $codage$ pour les $startGen$ générations.
- **Sélectionner_MeilleurCodage**($pop1$, $codage1$, $pop2$, $codage2$) : calcule les moyennes de fitness de $pop1$ et $pop2$ et renvoie le codage correspondant à la population qui possède la moyenne de fitness la plus élevée.
- Fusionner($pop1$, $pop2$, pop) : prend $pop1$ et $pop2$ et les fusionnent en une population entière pop.

2.5 Mise en place des expériences

Dans toutes les expériences faites ci-dessous, nous avons utilisé la Bibliothèque EO (inscrite dans le cadre de calcul évolutionnaire) pour coder les algorithmes testés et les fonctions objectif dans un code conforme à la norme ANSI-C++. La Bibliothèque de référence EO est disponible sur le site officiel de développement EO[3].

3.

Algorithme 7 *SM-EA*

Définir $codage1$, $codage2$ et $startGen$
$codage \leftarrow codage1\,OU\,codage2$
$pop \leftarrow$ **Genérer_Population_Initiale**()
Diviser(pop, $pop1$, $pop2$)
répéter
  Exécuter_ AEStandard1($pop1$, $codage1$)
  Exécuter_ AEStandard1 ($pop2$, $codage2$)
jusqu'à Est_Période($startGen$)
$steadyGen1 \leftarrow$ **Estimer_RégPerm**($codage1, startGen$)
$steadyGen2 \leftarrow$ **Estimer_RégPerm**($codage2, startGen$)
$codage \leftarrow$ **Sélectionner_MeilleurCodage**($pop1, codage1, pop2, codage2$)
Convertir_Population($pop1$, $codage$**)**
Convertir_Population($pop2$, $codage$**)**
Fusionner($pop1$, $pop2$, pop**)**
répéter
  Exécuter_ AEStandard1 (pop, $codage$)
jusqu'à Est_SteadyGen(pop, $steadyGen$ **de(**$codage$**))**
répéter
  Diviser(pop, $pop1$, $pop2$**)**
  Convertir_Population($pop1$, $codage1$**)**
  Convertir_Population($pop2$, $codage2$**)**
  répéter
    Exécuter_ AEStandard1($pop1$, $codage1$)
    Exécuter_ AEStandard1($pop2$, $codage2$)
  jusqu'à Est_SteadyGen($pop1$, $steadyGen1$**) OU Est_SteadyGen(**$pop2$, $steadyGen2$**)**
  $codage \leftarrow$ **Sélectionner_MeilleurCodage**($pop1, codage1, pop2, codage2$)
  Convertir_Population($pop1$, $codage$**)**
  Convertir_Population($pop2$, $codage$**)**
  Fusionner($pop1$, $pop2$, pop**)**
  répéter
    Exécuter_ AEStandard1(pop, $codage$**)**
  jusqu'à Est_SteadyGen (pop, $steadyGen$ **de(**$codage$**))**
jusqu'à Est_maxGen($maxGen$**)**

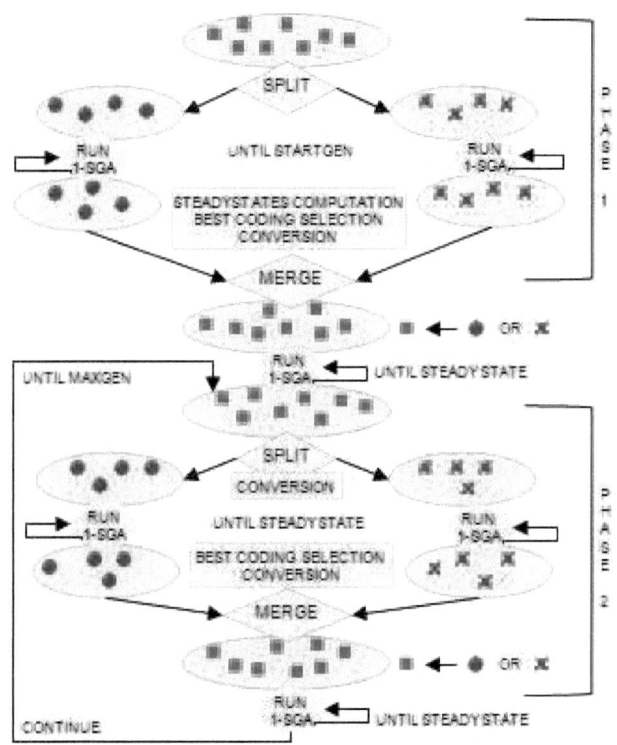

FIGURE 2.2 – Schéma général de *SM-EA*.

2.5.1 Problèmes de test

Étant donné la nature de notre étude et en tenant compte des fonctions de test les plus problématiques et les plus complexes, nous avons retenu un total de cinq fonctions d'optimisation. Le Tableau 2.1 résume les définitions de ces fonctions à valeurs réelles non contraintes. Les fonctions choisies sont des problèmes de minimisation et montrent différents degrés de complexité. Néanmoins, elles ont été sélectionnées en raison de leur facilité de calcul et de leur utilisation répandue, ce qui devrait faciliter l'évaluation des résultats.

La première fonction de test, Rosenbrock [F2], a été proposée par De Jong. Elle est unimodale (c.-à-d. elle ne contient qu'un seul optimum) et est considérée comme difficile car elle possède une crête très étroite. La pointe de la crête est très aigue et contourne une parabole. Les algorithmes qui ne sont pas capables de découvrir des directions correctes ne performent pas bien dans ce problème. Rosenbrock [F2] a le minimum global au point $(1,1)$ [37].

La seconde fonction, Schaffer [F6], a été conçue par Schaffer. C'est un exemple de fonction multimodale (c.-à-d. contenant plusieurs optima locaux mais seulement un optimum global) qui est connue d'être un problème complexe aux AEs à cause du nombre de minima locaux et du grand intervalle de recherche. Schaffer [F6] a le minimum global à $(0,0)$ et ils existent plusieurs minima nuisibles autour de ce point [37].

La troisième fonction, Rastrigin [F7], est un modèle typique d'une fonction hautement multimodale non linéaire. C'est un problème assez difficile pour les AEs en raison du vaste espace de recherche et du grand nombre de minima locaux. Elle a une complexité de O(n ln(n)), où n est le nombre de paramètres de fonction. Ce problème contient des millions d'optima locaux dans l'intervalle considéré. Rastrigin [F7] a le minimum global à $(0,...,0)$, c.-à-d. dans un coin unique de l'espace de recherche [37].

La quatrième fonction, Griewangk [F8], est aussi une fonction multimodale non linéaire. Elle a une complexité de O(n ln(n)), où n est le nombre de paramètres de fonction. Les termes de la sommation produisent une parabole et les optima locaux sont au-dessus du niveau de la parabole. Les dimensions du rayon de recherche augmentent en fonction du produit, ce qui entraîne une réduction du nombre des minima locaux. Plus nous augmentons le rayon de recherche, plus la fonction est aplatie. Généralement parlant, cette fonction, bien que très difficile, est appropriée pour tester les performances des AEs principalement parce que le produit crée des sous-populations qui sont fortement co-dépendantes dans les modèles AEs en parallèle. Griewangk [F8] a le minimum global à $(0,0)$ [37].

La cinquième fonction, Schwefel [F9], est également une fonction multimodale non linéaire. Elle plus facile que Rastrigin [F7] et est caractérisée par un second meilleur minimum qui est éloigné de l'optimum global. Dans cette fonction, V est le négatif du minimum global, qui est ajouté à la fonction de manière à déplacer le minimum global à zéro, pour commodité. La valeur exacte de V dépend de la précision du sys-

TABLE 2.1 – Fonctions objectif.

Nom	Expression	Intervalle	Dimension
$[F2]$	$f_2(x) = 100(x_1^2 - x_2)^2 + (1 - x_1)^2$	$[-2.048 : 2.048]$	2
$[F6]$	$f_6(x) = 0.5 + \frac{\sin^2(\sqrt{x_1^2 + x_2^2}) - 0.5}{(1 + 0.001(x_1^2 + x_2^2))^2}$	$[-100 : 100]$	2
$[F7]$	$f_7(x) = 200 + \sum_{i=1}^{20}(x_i^2 - 10\cos(2\pi x_i))$	$[-5.12 : 5.12]$	20
$[F8]$	$f_8(x) = 1 + \sum_{i=1}^{10}(\frac{x_i^2}{4000}) - \prod_{i=1}^{10}(\cos(\frac{x_i}{\sqrt{i}}))$	$[-600 : 600]$	10
$[F9]$	$f_9(x) = 10V + \sum_{i=1}^{10}(-x_i \sin(\sqrt{|x_i|}))$	$[-500 : 500]$	10

tème ; pour nos expériences $V = 418.9829101$. Schwefel [F9] a le minimum global à $(420.9687, ..., 420.9687)$ [37].

La plupart des algorithmes ont des difficultés pour converger près du minimum de ces fonctions particulièrement à des niveaux élevés de dimensionnalité (c.-à-d. dans une forme de boîte noire où l'algorithme de recherche ne doit pas nécessairement présumer (assumer) une indépendance des dimensions). Ceci est dû au fait que la probabilité de faire progresser l'algorithme diminue rapidement lorsque l'on approche du minimum.

2.5.2 Réglage des paramètres

Dans les propositions déjà définies, un AE simple est utilisé avec les valeurs standards de paramètre recommandées pour les applications AEs basées sur une représentation en chaînes binaires.

Plus spécifiquement, les principaux paramètres en commun sont :

- Générateur pseudo-aléatoire : Générateur Uniforme.
- Mécanisme de sélection : Sélection de Tournoi.
- Mécanisme de croisement : Croisement 1-Point.
- Mécanisme de mutation : Mutation Bit-Flip.

- Modèles de remplacement : a) Remplacement Générationnel. b) Remplacement d'Élitisme.
- Critères de d'arrêt d'algorithme : les exécutions s'arrêtent lorsqu'un nombre maximum de générations est atteint.

Le reste des paramètres appliqués est indiqué dans le Tableau 2.2 avec : $maxGen$ pour un nombre maximum de générations avant l'arrêt de l'algorithme, $popSize$ pour la taille de population, $vecSize$ pour la taille de la chaine binaire (solution), $tSize$ pour la taille de sélection de tournoi, $pCross$ pour le taux de croisement, $1-PointRate$ pour le taux de croisement 1-Point, $pMut$ pour le taux de mutation, $pMutPerBit$ pour le taux de mutation Bit-Flip ($1/vecSize$).

En outre, les valeurs des paramètres des nouvelles propositions sont presque toujours identiques pour chaque fonction avec une petite différence évoquée par la complexité du problème. Les valeurs des paramètres spécifiques ont été déterminées de manière récurrente (en mode déconnecté) dans des longueurs d'intervalles fixes.
Dans *Periodic-EA* et *Aperiodic-EA*, les valeurs $periode$ et $aperiode$ ($[minP:maxP]$) ont changé dans l'intervalle $[25:100]$ avec un pas de 5.
Dans *HomogPop-EA*, la valeur ε a varié de 0.1 à 5.0 avec un pas de 0.1.
Dans *SteadyGen-EA*, la valeur $steadyGen$ a changé dans l'intervalle $[5:50]$ avec un pas de 5.
Dans *SM-EA*, la valeur $startGen$ a changé dans l'intervalle $[100:500]$ avec un pas de 50.
Des tests suffisants ont été effectués pour pouvoir attribuer des valeurs adéquates à chaque paramètre spécifique. Tel qu'il a été commenté et après un grand nombre de tests, nous avons découvert que les modifications de ces valeurs de paramètres dans des longueurs d'intervalles fixes affectent peu les résultats finaux de chaque proposition, ce qui a accéléré un peu notre plan d'action. Le meilleur réglage de paramètre entre ceux testés est donné dans le Tableau 2.2.

2.5.3 Description des tests et observations numériques

Nombres réels et calcul de la fitness

Dans toutes ces expérimentations, le codage binaire standard et le codage de Gray sont utilisés dans les stratégies de double codage. En principe, ils existent plusieurs types de codage de Gray, mais on a adopté dans ces tests le codage de Gray le plus standard. On fournit ci-dessous la manière de convertir du codage de Gray en codage standard et vice versa.

Les nombres réels sont représentés par des chaînes binaires d'une longueur $n*N$, où n est la dimension du problème et N est le nombre de bits nécessaires pour représenter chaque paramètre de fonction. N est choisi pour avoir une précision suffisante sur la majorité des nombres réels inclus dans l'espace de recherche spécifique. Dans ce cas, les premiers N bits représentent le premier paramètre, les seconds N bits représentent le second paramètre, et ainsi de suite. Étant donné un paramètre de fonction x

TABLE 2.2 – Jeu de paramètres utilisés.

Paramètres	[F2]	[F6]	[F7]	[F8]	[F9]
$maxGen$	3500	3500	3500	3500	3500
$popSize$	100	100	100	100	100
$vecSize$	40	80	200	200	150
$tSize$	2	2	4	2	2
$pCross$	0.6	0.6	1.0	0.75	0.6
$1\text{-}PointRate$	1.0	1.0	1.0	1.0	1.0
$pMut$	1.0	1.0	1.0	1.0	1.0
$pMutPerBit$	0.025	0.0125	0.0077	0.0035	0.006
$period$	50	40	25	30	10
$[minP:maxP]$	[25 :75]	[25 :70]	[20 :50]	[20 :70]	[10 :20]
ε	5.0	0.1	5.0	2.5	1.0
$steadyGen$	35	25	5	25	5
$startGen$	250	500	100	250	250

représenté par les N bits, si x a une représentation en codage binaire standard, alors la valeur réelle x est calculée comme suit :

$$x = a + \frac{b-a}{2^N - 1} \sum_{i=0}^{N-1} x_i 2^i$$

où a et b sont respectivement les bornes inférieures et supérieures de l'intervalle de recherche.

Supposons que la représentation en codage binaire standard d'un réel x est donnée par :

$$s_{k-1}...s_1 s_0$$

et sa représentation en codage de Gray est donnée par :

$$g_{k-1}...g_1 g_0$$

alors nous avons les relations suivantes :

$$g_i = s_{i+1} \oplus s_i$$

et

$$s_i = s_{i+1} \oplus g_i$$

qui permettent la conversion d'une représentation à une autre ($CS \leftarrow CG$ et $CG \leftarrow CS$), en prenant $s_k = 0$ ($\oplus$ est l'opérateur *OU* EXCLUSIF).

En principe : lors du calcul des valeurs réelles des solutions pour chacune des méthodes proposées, la valeur de fitness a été prise égale à la valeur de fonction calculée selon l'expression correspondante fournie dans le Tableau 2.1.

Résultats expérimentaux

En testant les nouveaux algorithmes sur les fonctions objectif, des résultats expérimentaux ont été rapportés afin de décider à propos de la meilleure proposition à retenir. Le Tableau 2.3 présente les résultats statistiques obtenus lors de 200 exécutions et restitués à la dernière génération (génération d'indice 3500). Tous les problèmes, étant à minimiser, ce tableau montre le nombre de générations à l'optimum (**GNTO**) et le taux de succès (**SR** à la fin de 700000 ($200*3500$) exécutions/générations pour chacune des propositions/fonctions, tout en indiquant le score le plus élevé en gras.

La valeur **GNTO** correspond au nombre de générations nécessaires pour atteindre l'optimum global en moyenne sur toutes les exécutions.

La valeur **SR** représente le pourcentage du nombre de fois où la solution optimale est trouvée à la fin de toutes les exécutions.

Dans le Tableau 2.3 : EA signifie un algorithme évolutionnaire standard, $_S$ pour une exécution avec CS, $_G$ pour une exécution avec CG, $_{SG}$ signifie que CS était le codage de début, et $_{GS}$ lorsque CG était le codage de début.

T-Test de Student

Pratiquement, le t-test sert à comparer les moyennes de deux expériences et évalue si elles sont statistiquement différentes l'une de l'autre. Pareillement, il est utilisé pour estimer la différence entre leurs médians relativement à l'écart ou la variabilité de leurs points.

La formule de t-test est donnée par :

$$\frac{\mu_1 - \mu_2}{\sqrt{\frac{\sigma_1^2}{n_1} + \frac{\sigma_2^2}{n_2}}}$$

où μ_1 (respectivement μ_2) est la moyenne des données pour le premier (respectivement le second) algorithme, σ_1 (respectivement σ_2) est l'écart standard des données pour le premier (respectivement le second) algorithme, et n_1 (respectivement n_2) est le nombre total d'exécutions pour les premières (respectivement deuxièmes) expérimentations. Dans notre cas, $n_1 = n_2 = 200$.

En conséquence des expériences réalisées ci-dessus, le t-test a été utilisé pour comparer, à travers toutes les exécutions, les résultats du taux de succès (**SR**) et la moyenne de la meilleure fitness (**MBF**) pour les différentes propositions. Il permet

TABLE 2.3 – Résultats expérimentaux.

Proposition	[F2]		[F6]		[F7]		[F8]		[F9]	
	GNTO	SR%	GNTO	SR%	GNTO	SR%	GNTO	SR%	GNTO	SR%
EA_S	3445	31	3400	37	3500	0	3402	6	3500	0
$SM\text{-}EA_S$	3368	30	3307	48	3379	2	3387	11	3500	0
EA_G	3329	99	3399	43	3343	99	3431	3	3411	94
$SM\text{-}EA_G$	3301	99	3301	52	3309	98	3396	8	3326	97
$SM\text{-}EA$	**3139**	**100**	**3194**	**57**	**2940**	**100**	3203	17	**2025**	**100**
$Periodic\text{-}EA_{SG}$	3390	86	3298	51	**3310**	**98**	3384	5	3314	79
$Periodic\text{-}EA_{GS}$	3374	91	3310	46	3345	80	3392	4	**3307**	**92**
$Aperiodic\text{-}EA_{SG}$	3382	90	3287	51	3321	93	3387	3	3345	89
$Aperiodic\text{-}EA_{GS}$	3363	92	**3253**	**52**	3345	93	3390	3	3361	90
$LocalOpt\text{-}EA_{SG}$	3414	76	3290	49	3398	88	3366	6	3389	93
$LocalOpt\text{-}EA_{GS}$	3397	80	3316	48	3364	95	3370	5	3317	94
$HomogPop\text{-}EA_{SG}$	3480	31	3344	41	3500	0	3412	2	3500	0
$HomogPop\text{-}EA_{GS}$	**3309**	**99**	3351	38	3362	95	3405	3	3384	94
$SteadyGen\text{-}EA_{SG}$	3389	87	3365	46	3347	95	**3324**	**7**	3361	86
$SteadyGen\text{-}EA_{GS}$	3377	88	3299	51	3339	98	3353	4	3378	82

TABLE 2.4 – Résultats de t-test : Comparaison entre SM-EA et les autres algorithmes.

SM-EA Comparé à	[$F2$]		[$F6$]		[$F7$]		[$F8$]		[$F9$]	
	SR	ABF	SR	ABF	SR	ABF	SR	ABF	SR	ABF
EA_S	21	10	4.1	5.1	50	25	3.6	11	50	47
$SM\text{-}EA_S$	21	8.7	1.9	2.6	98	24	1.8	0.5	50	42
EA_G	1.5	1.1	2.9	4.5	1.5	1.1	4.8	9.3	3.6	2.5
$SM\text{-}EA_G$	1.5	1.1	1.1	3.1	2.1	1.6	2.8	3.1	2.5	1.5
Periodic-EA_{SG}	5.8	5.1	1.3	2.1	2.1	0.3	3.9	3.9	7.3	3.2
Periodic-EA_{GS}	4.5	4.3	2.3	2.7	7.1	6.8	4.4	4.4	4.1	3.9
Aperiodic-EA_{SG}	4.8	4.2	1.3	2.1	3.9	3.2	4.8	5.1	4.9	2.2
Aperiodic-EA_{GS}	4.2	1.7	1.1	1.7	3.9	2.7	4.8	3.3	4.8	1.9
LocalOpt-EA_{SG}	7.9	4.6	1.7	2.7	5.3	4.8	3.6	3.3	3.9	1.5
LocalOpt-EA_{GS}	7.1	5.1	1.9	2.7	3.3	2.3	3.9	5.8	3.6	2.6
HomogPop-EA_{SG}	21	10	3.3	3.4	50	25	5.3	6.1	50	47
HomogPop-EA_{GS}	1.5	1.1	3.9	4.7	3.3	1.1	4.8	5.5	3.6	2.5
SteadyGen-EA_{SG}	5.5	4.9	2.3	3.1	3.3	2.5	3.2	4.1	5.8	2.4
SteadyGen-EA_{GS}	5.3	4.7	1.3	1.5	2.1	1.4	4.4	6.1	6.7	2.9

ainsi d'évaluer la différence entre leurs moyennes relatives aux résultats d'écart ou de variabilité. En regardant le Tableau 2.3 qui montre clairement les performances de SM-EA vis-à-vis des autres propositions, les résultats de t-test ont été considérés (observés) en comparaison entre SM-EA et les autres méthodes. Les valeurs calculées sont affichées dans le Tableau 2.4.

2.5.4 Interprétation des résultats

Une série de techniques de changement dynamique de représentation a été proposée dans ce chapitre (cf. Sections 2.3 et 2.4). Des expériences ont été menées pour cette série sur une classe donnée de problèmes de minimisation. Trouver la bonne stratégie d'alternance entre codage n'est pas une tâche facile, puisque chaque proposition possède des paramètres particuliers et des critères spécifiques. De ce fait, les caractéristiques et la combinaison typique des propriétés représentées par toute méthode ne permettent pas toujours d'établir des relevés de performance généralisables. Afin de faciliter une comparaison empirique de la performance de chaque proposition, nous avons mesuré la progression du taux de succès sur toutes les générations, cela donne une idée claire et permet une information juste sur l'efficacité et l'évolution de chaque méthode.

Pour les propositions de codage double en série, le Tableau 2.3 fournit des résultats qui sont bons selon la mesure de **SR**. De même, les chiffres positionnés sur le côté gauche des Figures 2.3 et 2.4 montrent que chacune de ces propositions a un peu amélioré la performance d'un AE standard pour un problème donné. Au moins, nous pouvons dire qu'elles ont produit des résultats qui sont, au pire, équivalents aux résultats d'exécution d'un AE standard avec une représentation unique non modifiable. Ainsi, cela signifie que leurs performances étaient peut-être affectées par l'attribution de valeurs inexactes à leurs paramètres spécifiques, ou probablement qu'elles étaient affectées par le choix de la population initiale sachant que l'effet de ce critère est parfois dramatique.

D'ailleurs, dans le Tableau 2.3, *SM-EA* a produit des résultats relativement élevés par rapport aux autres algorithmes selon l'évaluation de **SR** et ceci pour toutes les fonctions examinées. Les données expérimentales contenues dans ce tableau suggèrent aussi que, tout en étant possible pour chaque proposition de contrôler avec précision ses paramètres, une très bonne performance peut être obtenue avec une étendue variée de réglages/contrôles de paramètres d'AEs standard. Les chiffres positionnés sur le côté droit des Figures 2.3 et 2.4 montrent, pour chaque fonction exploitée une comparaison entre *SM-EA* et un AE standard en se référant aux valeurs de **SR** sur toutes les itérations. Dans ces figures, les relevés graphiques de *SM-EA* indiquent la progression rapide de **SR** après un petit nombre de générations, ce qui a entraîné une meilleure performance de l'algorithme et a amélioré son exécution durant la recherche de l'optimum. Par ailleurs, *SM-EA* montre son efficacité envers *SM-EA*-SC et *SM-EA*-GC, ce qui prouve clairement l'intérêt d'intégrer et de faire coopérer deux représentations différentes.

Les données expérimentales ont été confirmées en s'appuyant sur les résultats de t-test de Student affichés dans le Tableau 2.4, où $n_1 = (200 - 1)$ et $n_2 = (200 - 1)$. En entrant une valeur t-tableau à 398 degrés de liberté $(n_1 + n_2)$ pour un niveau de signification de 95% $(p = 0.05)$, nous avons trouvé une t-valeur tabulée de 1.96, s'élevant à un niveau de signification plus élevé de 99% $(p = 0.01)$, nous avons détecté une t-valeur tabulée de 2.58. Et pour une plus grande mesure, nous avons augmenté le niveau de signification au plus haut niveau de 99.9% $(p = 0.001)$, nous avons alors obtenu une t-valeur tabulée de 3.29. Les données de t-test calculées dans le Tableau 2.4 ont excédé ces valeurs dans la plupart des cas. Ainsi, la différence entre les moyennes des méthodes comparées est largement significative. De manière évidente, *SM-EA$_{SG}$* a produit de meilleurs résultats que ceux d'autres algorithmes. Ceci peut être interprété par le fait que la coexistence d'un double codage a stimulé la reproduction, la multiplication et l'échange de nouvelles structures entre les populations s'exécutant en parallèle.

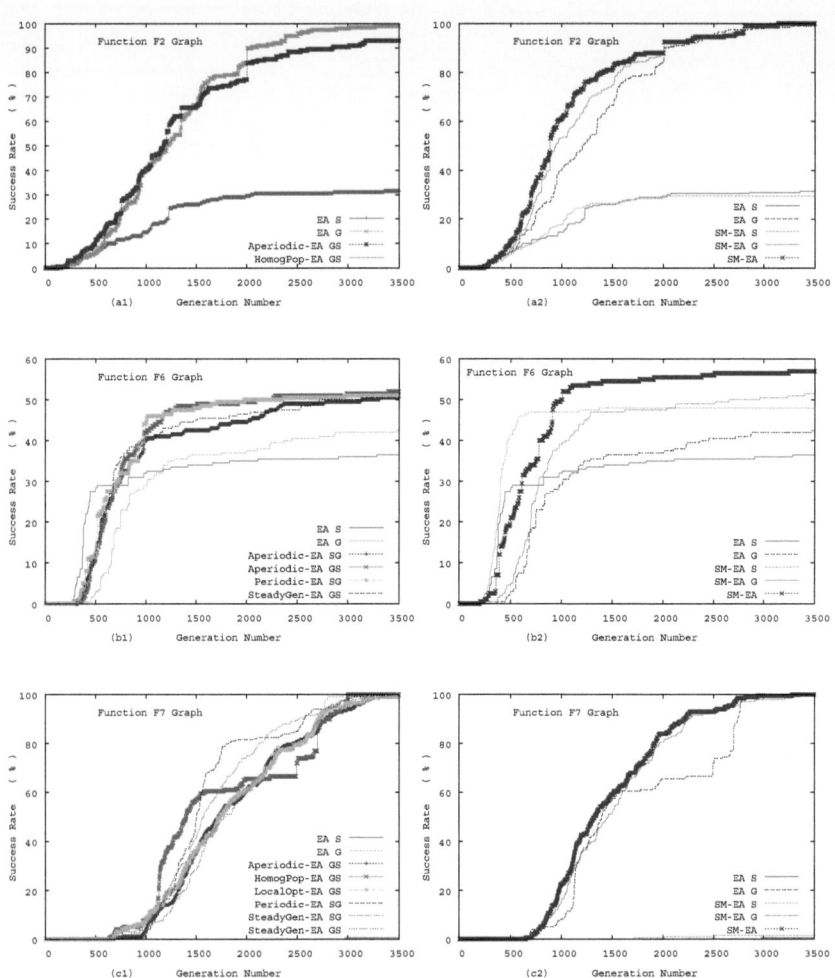

FIGURE 2.3 – Évolution du taux de réussite au cours des générations : Comparaison entre les différentes propositions pour les fonctions [F2], [F6] et [F7].

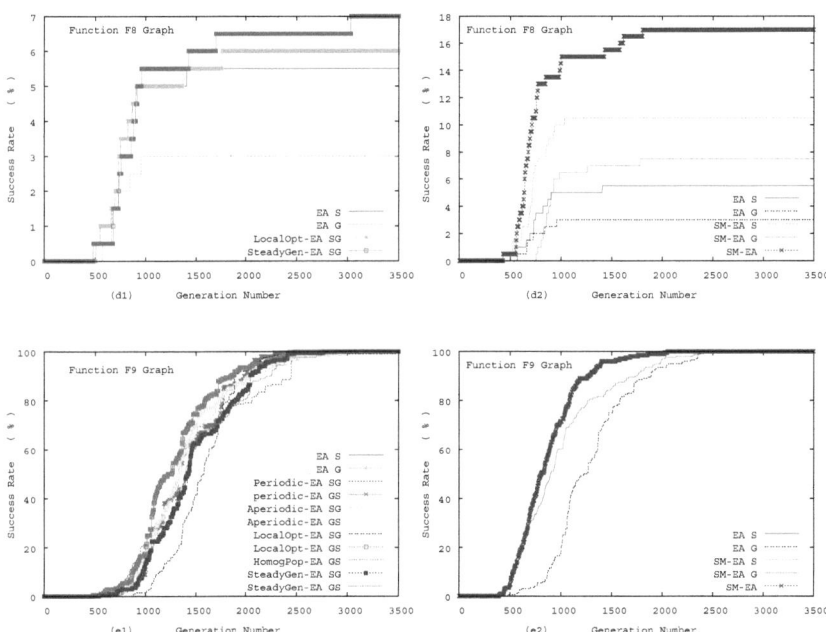

FIGURE 2.4 – Évolution du taux de réussite au cours des générations : Comparaison entre les différentes propositions pour les fonctions [F8] et [F9].

2.6 Application des stratégies de double codage sur l'algorithme CHC

Tel qu'il a été commenté précédemment, les deux facteurs essentiels de la réussite des AEs sont définis par : une "croissance correcte" du processus de recherche et un "bon composite" des blocs de construction. Malheureusement, ces deux facteurs ne sont pas souvent obtenus. Le problème de la rupture de blocs de construction est fréquemment désigné comme le "problème de liaison". De nombreuses tentatives pour éviter la rupture des solutions partielles importantes ont été réalisées.

La première classe de techniques est basée sur l'extraction d'informations du groupe de solutions aptes à générer de nouvelles solutions [12, 96, 98, 99, 100, 97]. La seconde classe de techniques est basée sur le changement de la représentation des solutions dans l'algorithme ou l'évolution des opérateurs de recombinaison parmi les solutions individuelles [58, 59, 60, 76, 13, 66]. Notre recherche est localisée dans la seconde classe de méthodes. Ainsi, nous essaierons de trouver une stratégie pour employer la technique d'apprentissage de liaison dans nos propositions afin de tirer parti de ce mécanisme crucial dans le processus des AEs.

Des travaux précédents [15] ont proposé d'utiliser des représentations dynamiques pour échapper à des optima locaux. Leurs stratégies portaient essentiellement sur l'optimisation des paramètres et impliquaient de commuter la représentation en Gray des solutions lorsque l'algorithme CHC a convergé. Dans cette section, nous explorons les méthodes d'alternance de codage déjà proposées dans les paragraphes précédents, tout en les étendant à l'algorithme CHC. Cela permet de résoudre le problème soulevé du fait que la connaissance de la relation entre les variables de décision n'est pas disponible, et du fait que le codage des solutions en tant que chaînes de caractères fixes est courant dans la pratique des AEs. Ces stratégies seront basées sur la manipulation de la représentation des solutions dans l'algorithme CHC (voir Section 2.6.1), et le changement du schéma de codage de CS à CG ou de CG à CS. Le concept derrière cette idée est de rendre l'interaction entre les composants de solutions partielles moins susceptible d'être rompue par les opérateurs de recombinaison.

Nous ne tentons pas de créer un meilleur algorithme pour résoudre les problèmes d'optimisation de paramètre réel mais plutôt de démontrer que l'implémentation d'un algorithme combinant plusieurs schémas de codage est aussi meilleure que l'utilisation d'un codage unique. Précisément, nous faisons des recherches sur deux progrès possibles des AEs. En premier lieu, nous ajoutons des options à "l'outil" de sélection de représentation ; ainsi cet outil incorpore une représentation dynamique qui couvrira une classe plus étendue de domaines de problèmes et augmentera la flexibilité des opérations d'AEs. En deuxième lieu, nous utilisons cet outil et profiterons de sa capacité à améliorer les performances des AEs, soit en réduisant le nombre d'évaluations de fonction, soit en raffinant la qualité des solutions ou en augmentant (amplifiant) le taux de réussite.

Enfin, les propositions d'intégration de différentes représentations dans un même algorithme ont fourni de meilleurs résultats et ensuite ont montré un niveau d'utilité assez important. Afin de confirmer l'efficacité et les résultats obtenus par ces méthodes, les mêmes stratégies de double codage ont été appliquées à une variante améliorée d'AEs au niveau de performances, l'algorithme CHC (voir Section 2.6.1). Pour simplifier les tests expérimentaux qui suivent et l'exposition des résultats par rapport à l'algorithme CHC, nous avons choisi deux stratégies de représentation dynamique parmi les six déjà proposées plus haut. Ces deux contributions sont *SteadyGen-EA* et *SM-EA* et seront renommées comme suit :

- *SteadyGen-EA* ← *SS-CHC*
- *SM-EA* ← *SM-CHC*

Les significations et définitions des deux méthodes seront les mêmes que précédemment sauf que, dans chacune des méthodes, un CHC classique s'exécute à la place d'un AE standard (voir Figure 2.5).

2.6.1 Algorithme CHC

L'algorithme CHC est un AE non classique qui maintient une population parent de taille $popSize$ [42]. Le CHC accouple des membres de la population parent de manière aléatoire pour la phase de reproduction. Une fois quel accouplement est fait, la reproduction est permise si et seulement si la distance Hamming entre les deux parents est supérieure à une valeur de seuil, produisant ainsi une population enfant de taille $childSize$. L'opérateur de croisement uniforme (HUX pour Heterogeneous Uniform Crossover) est utilisé pour s'assurer que chaque enfant est à une distance Hamming maximale des parents [42]. À partir des ($popSize + childSize$) individus, le meilleur $popSize$ nombre d'individus est sélectionné pour former la population parent de la génération suivante. Le CHC garantit la survie des meilleurs individus rencontrés durant la recherche. Le CHC utilise également un mécanisme de re-démarrage si la population parent reste inchangée pendant un certain nombre de générations. Durant un re-démarrage, une population contenant des $popSize$ copies du meilleur individu est construite ; toutes sauf une copie font l'objet d'une mutation étendue avec un taux de divergence ($divRate$) donné. Le critère d'arrêt de l'algorithme CHC est basé sur le nombre maximum d'évaluations de fonction ($maxEval$) défini par l'utilisateur.

2.6.2 Environnement des tests

L'objectif principal de l'algorithme *SS-CHC* est d'exécuter un simple CHC avec une représentation donnée pour une génération et ensuite d'évaluer la meilleure fitness et de comparer sa valeur avec celle de la génération précédente. Si la valeur de la meilleure fitness n'a pas été modifiée pour un nombre donné de générations ($steadyGen$), une phase appelée "régime permanent", alors les individus de la population entière sont convertis dans l'autre représentation. Le cycle d'alternance continue jusqu'à ce qu'un nombre maximum d'évaluations de fonction ($maxEval$) soit atteint.

Le schéma général de *SS-CHC* est donné dans la Figure 2.5 (a).

La Figure 2.6 (a) montre un exemple illustrant le cycle d'alternance pour une population initiale donnée testée sur la fonction de double somme de Schwefel [P5] (cf. Section 2.6.3). Tel qu'il a été observé, il existait un nombre suffisant d'alternances entre CS et CG, ce qui a accéléré la vitesse de convergence à l'optimum global. En particulier, il y avait un nombre de 6479 évaluations de fonction pour CS distribuées sur 6 phases, et de 9344 évaluations pour GC distribuées sur 7 phases, et ce pour un total de 15823 évaluations.

Par ailleur, l'algorithme *SM-CHC* consiste à diviser la population initiale en deux sous-populations et à exécuter deux CHC parallèles avec deux représentations différentes (deux états différents). Après chaque génération, un test pour un régime permanent est nécessaire. Si au moins, l'une des deux sous-populations rencontre un régime permanent pour un nombre donné de générations ($steadyGen$), alors les deux sous-populations sont fusionnées dans une même population ayant le meilleur codage comme représentation. Le meilleur codage est sélectionné relativement à la sous-population ayant la moyenne de fitness la plus élevée. Le cycle Diviser-et-Fusionner continue jusqu'à ce qu'un nombre maximum d'évaluations de fonction ($maxEval$) soit atteint. Le schéma général de *SM-CHC* est donné dans la Figure 2.5 (b).

La Figure 2.6 (b) montre un exemple illustrant le cycle de multi-agents pour une population initiale donnée testée sur la fonction [P5]. Comme on a pu l'observer, il existait un nombre suffisant de phases de division-et-fusion entre CS et CG, ce qui a intensifié le processus de localisation de l'optimum global durant la recherche. Plus spécifiquement, il y avait un nombre de 10500 évaluations de fonctions avec deux sous-populations segmentées séparées sur 6 phases, et de 5400 évaluations avec une population unifiée séparée sur 5 phases ; de l'autre côté, il y avait un nombre de 6950 évaluations pour CS réparti sur 8 régions, et de 8950 évaluations pour CG répandu sur 9 régions, et ce pour un total de 15900 évaluations.

Dans toutes les expériences faites ci-dessous, nous avons utilisé la Bibliothèque EO pour coder les algorithmes testés et les fonctions objectif dans un code conforme à la norme ANSI-C++.

2.6.3 Problèmes de test

Un jeu de neuf fonctions de référence à valeurs réelles non restreintes a été utilisé pour examiner l'effet de double codage sur les techniques CHC proposées. Les expressions de ces fonctions sont données dans le Tableau 2.5. Elles sont toutes des problèmes de minimisation et possèdent différents degrés de complexité. Aussi, nous avons étendu les expérimentations pour inclure un groupe de trois problèmes du monde réel dans le but de mieux soutenir nos hypothèses. La description de ces problèmes est fournie en détail dans les sous-paragraphes suivants. Ils sont tous des problèmes de minimisation et sont considérés comme des problèmes d'optimisation difficiles.

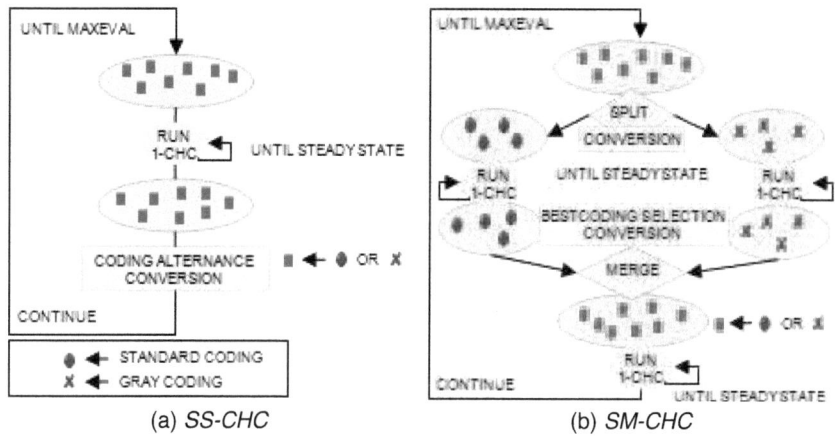

FIGURE 2.5 – Schémas des deux algorithmes *SS-CHC* et *SM-CHC*.

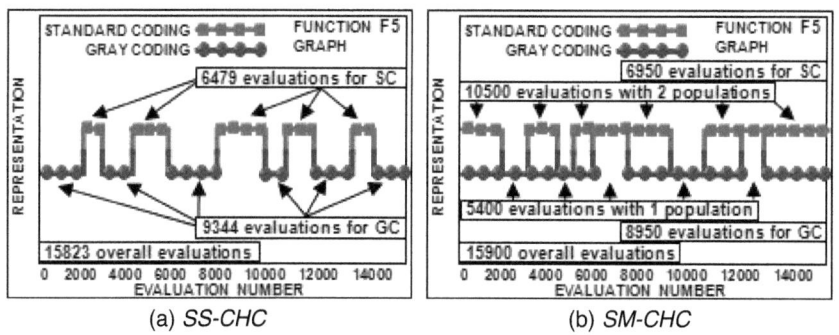

FIGURE 2.6 – Exemples d'exécution des deux nouvelles variantes de l'algorithme CHC.

Les fonctions de test à valeur réelle sont résumées ci-dessous :

Ackley [P1] : Il s'agit d'une fonction multimodale avec un nombre élevé d'optima locaux et est échelonnable dans la dimension du problème [1]. [P1] a une valeur de fonction minimale de 0 et le minimum global est situé à $(0, ..., 0)$ (cf. Figure 2.7 (a)).

Bohachevsky [P2] : Il s'agit d'une fonction multimodale et séparable en ceci que l'optimum global peut être repéré en optimisant chaque variable indépendamment. [P2] a une valeur de fonction minimale de 0 et le minimum global est situé à $(0, ..., 0)$ (cf. Figure 2.7 (b)).

Foxholes [P3] : Ceci est un exemple de fonction avec plusieurs optima locaux [35]. Plusieurs algorithmes d'optimisation standard restent coincés dans la première crête qu'ils trouvent. [P3] a une valeur de fonction minimale de 0.998004 (cf. Figure 2.7 (c)).

Rosenbrock's Valley [P4] : Cette fonction d'optimisation classique est aussi connue sous le nom de "Fonction de Banane" [35]. L'optimum global se trouve dans une vallée plane, longue, étroite et de forme parabolique. La découverte de la vallée est évidente, toutefois la convergence vers la solution optimale est difficile. De ce fait, ce problème a été utilisé répétitivement pour évaluer la performance des algorithmes d'optimisation. [P4] a une valeur de fonction minimale de 0 et le minimum global est situé à $(1, ..., 1)$ (cf. Figure 2.7 (d)).

Schwefel Double Sum [P5] : C'est une fonction de double sommation identifiée comme un problème de test unimodal. [P5] a une valeur de fonction minimale de 0 et le minimum global est situé à $(0, ..., 0)$ (cf. Figure 2.7 (e)).

Five Variable [P6] : Il s'agit d'une fonction à cinq variables et est considérée comme un exemple de fonction objective multimodale, réputée difficile à optimiser.

Ten Variable [P7] : Il s'agit d'une fonction à dix variables difficile à optimiser. Le minimum est obtenu de manière évidente lorsque les cinq premières variables égalent 1 et les dernières cinq variables égalent 10. La valeur de fonction pour ce cas est de $1e - 05$. Cette fonction peut être évidente pour nous mais l'ordinateur (ou l'algorithme) ne voit pas de raccourcis et recherche la solution minimale en aveugle.

Quartic [P8] : C'est une simple fonction unimodale sans bruit [35]. [P8] a une valeur de fonction minimale de 0 et le minimum global est situé à $(0, ..., 0)$ (cf. Figure 2.7 (f)).

Sphere [P9] : Ceci est un exemple de fonction continue, fortement convexe et unimodale. Elle sert de cas de test pour la vélocité de convergence et est bien connue et largement utilisée dans tous les champs des AEs. [P9] a une valeur de fonction minimale de 0 et le minimum global est situé à $(1, ..., 1)$ (cf. Figure 2.7 (g)).

La plupart de ces fonctions sont connues pour être des problèmes durs pour les AEs à cause du grand nombre de minima locaux et du vaste espace de recherche. La majorité des algorithmes ont des difficultés à converger près de l'optimum de ces fonctions notamment à des niveaux élevés de dimensionnalité.

Afin de poursuivre les expérimentations, les jeux d'essai du monde réel sont décrits ci-dessous :

Systèmes de Problème d'Équations Linéaires [P10] : Le problème peut être énoncé comme résolvant les éléments d'un vecteur X, étant donnés la matrice A et le vecteur B dans l'expression $AX = B$ [44]. La fonction d'évaluation utilisée pour ces expériences est :

$$[P10] : p_{10}(x) = |\sum_{i=1}^{n}\sum_{j=1}^{n}(a_{ij}.x_j) - b_i|$$

L'intervalle de paramètres est $[-9.0 : 11.0]$. De manière évidente, la meilleure valeur pour cette fonction objective est $P10(x*) = 0$. La liaison inter-paramètre (c.-à-d., la non linéarité) est facilement contrôlée dans les systèmes d'équations linéaires. En effet, leur non linéarité ne se détériore pas en augmentant le nombre de paramètres utilisés et donc ces systèmes peuvent être assez difficiles. Nous avons considéré un exemple de problème à 10 paramètres. Ses matrices sont incluses dans la Figure 2.7 (h).

Problème d'Identification de Paramètre de Sons et de Modulation de Fréquence [P11] : Le problème est de spécifier six paramètres $a_1, \omega_1, a_2, \omega_2, a_3, \omega_3$, du modèle de son et de modulation de fréquence représenté par :

$$y(t) = a_1 sin(\omega_1 t\theta + a_2 sin(\omega_2 t\theta + a_3 sin(\omega_3 t\theta)))$$

où $\theta = (2\pi/100)$. La fonction de fitness est définie comme la sommation des erreurs carrées entre les données évoluées et les données du modèle, comme suit :

$$[P11] : p_{11}(a_1, \omega_1, a_2, \omega_2, a_3, \omega_3) = \sum_{t=0}^{100}(y(t) - y_0(t))^2$$

où les données du modèle sont données par l'équation suivante :

$$y_0(t) = 1.0 sin(5.0 t\theta - 1.5 sin(4.8 t\theta + 2.0 sin(4.9 t\theta)))$$

Chaque paramètre se situe dans l'intervalle $[-6.4 : 6.35]$. C'est un problème multimodal hautement complexe ayant une épistasie élevée avec une valeur minimale donnée par $P11(x*) = 0$ [142].

Problème de Société de Télécommunication [P12] : Dans une certaine zone, il existe n villages, et le $j^{\text{ème}}$ village V_j requiert $W(j)$ lignes téléphoniques. Le coût de la ligne est de $1\$$ par $1km$. La question dans ce problème se synthétise comme suit : Dans quel endroit une compagnie de télécommunication doit établir (installer) une station unique pour couvrir la demande au coût minimum ?

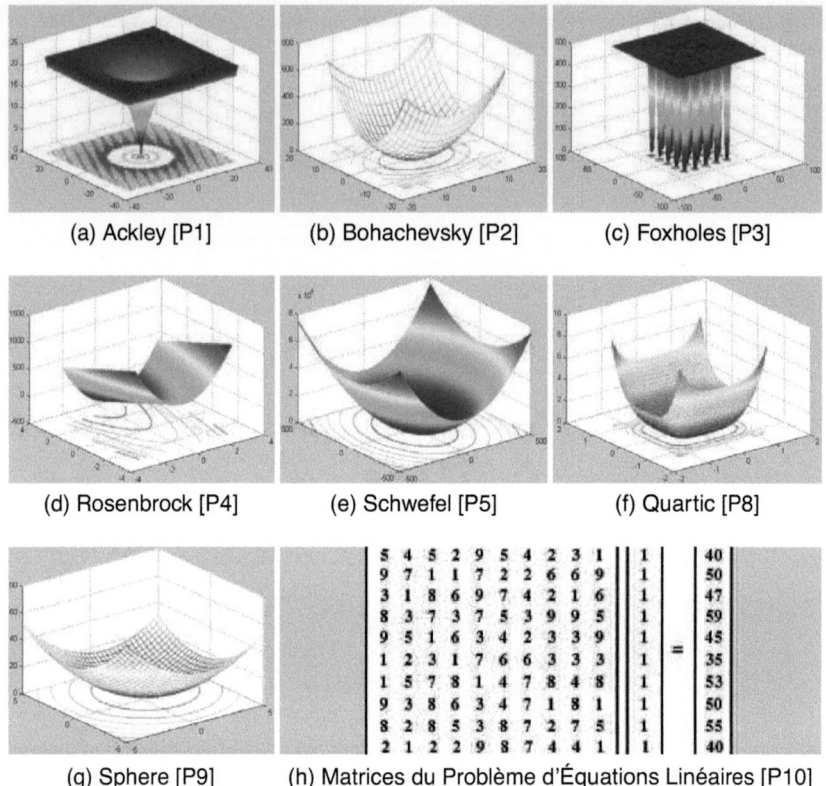

FIGURE 2.7 – Représentation graphique des problèmes de test.

Donc, le problème peut être formulé comme suit : Il y a n points $V_1, ..., V_n$ sur le plan $2D$. Le problème est de minimiser la somme pondérée :

$$W_1.|X - V_1| + ... + W_n.|X - V_n|$$

des distances euclidiennes depuis le point de conception X jusqu'aux points donnés V_i. Ainsi, la fonction d'évaluation utilisée pour ces expériences est la suivante :

$$[P12] : p_{12}(X) = \sum_{i=1}^{n}(W_i.|X - V_i|)$$

où X est un vecteur bi-dimensionnel à optimiser, W_i sont des pondérations non négatives définies par l'utilisateur, et l'intervalle de paramètres est $[-71235.87651 : 71235.87651]$.

TABLE 2.5 – Problèmes de test.

Nom	Expression	Intervalle	Dimension
[P1]	$p_1(x) = -20exp(-0.2\sqrt{\frac{1}{i}\sum_{i=1}^{n} x_i^2})$ $-exp(\frac{1}{i}\sum_{i=1}^{n}(\cos(2\pi x_i))) + 20 + e$	$[-32.678 : 32.678]$	10
[P2]	$p_2(x) = \sum_{i=1}^{n-1}(x_i^2 + 2x_{i+1}^2 - 0.3\cos(3\pi x_i)$ $-0.4\cos(4\pi x_{i+1}) + 0.7)$	$[-15.0 : 15.0]$	10
[P3]	$p_3(x) = \frac{1}{0.002+\sum_{j=1}^{25}(\frac{1}{j+\sum_{i=1}^{n}(x_i-a_{ij})^6})}$	$[-65.536 : 65.536]$	2
[P4]	$p_4(x) = \sum_{i=1}^{n-1}(100(x_{i+1} - x_i^2)^2 + (x_i - 1)^2)$	$[-2.048 : 2.048]$	4
[P5]	$p_5(x) = \sum_{i=1}^{n}\sum_{j=1}^{i} x_j^2$	$[-500.0 : 500.0]$	12
[P6]	$p_6(x) = x_1\sin(x_1) + 1.7x_2\sin(x_1) - 1.5x_3$ $-0.1x_4\cos(x_4 + x_5 - x_1) + 0.2x_5^2 - x_2 - 1$	$[-100.0 : 100.0]$	5
[P7]	$p_7(x) = \frac{x_1 x_2 x_3 x_4 x_5}{x_6 x_7 x_8 x_9 x_{10}}$	$[1.0 : 10.0]$	10
[P8]	$p_8(x) = \sum_{i=1}^{n} ix_i^4$	$[-1.28 : 1.28]$	10
[P9]	$p_9(x) = \sum_{i=1}^{n}(x_i - 1)^2$	$[-5.0 : 5.0]$	10

TABLE 2.6 – Valeurs de paramètres généraux.

Paramètre	Problème											
	[P1]	[P2]	[P3]	[P4]	[P5]	[P6]	[P7]	[P8]	[P9]	[P10]	[P11]	[P12]
$maxEval$	500K	500K	500K	500K	500K	500K	500K	500K	500K	500K	500K	500K
$popSize$	100	100	100	100	100	100	100	100	100	100	50	100
$vecSize$	100	100	20	40	120	50	100	100	100	50	60	200
$divRate$	0.35	0.35	0.35	0.35	0.35	0.35	0.35	0.35	0.35	0.35	0.22	0.35
$steadyGen$	50	50	25	35	50	30	35	50	50	75	50	25

2.6.4 Valeurs de paramètres généraux

Des algorithmes CHC classiques, *SS-CHC* et *SM-CHC* se sont été exécutés avec les valeurs de paramètres standards recommandées par Eshelman [42]. Les propositions *SS-CHC* et *SM-CHC* nécessitaient aussi une assignation de valeur à un seul paramètre ($steadyGen$) qui désigne le nombre de générations durant lesquelles la valeur de la meilleure fitness est restée invariable. Les valeurs de ce paramètre étaient choisies suite à une expérimentation offlines montrant que des valeurs modérées et homogènes sont préférables. Par ailleurs, les valeurs attribuées étaient proches pour chaque fonction avec une petite différence induite par la complexité du problème.

Plus spécifiquement, les principaux paramètres communs à tous les algorithmes sont :

- Générateur pseudo-aléatoire : Générateur Uniforme.
- Critère de fin d'algorithme : Les exécutions s'arrêtent après l'obtention de l'optimum global ou une fois qu'un nombre maximum d'évaluations de fonction ait été atteint.

Le reste des paramètres utilisés dans chacune des méthodes est indiqué dans le Tableau 2.6 avec : $maxEval$ pour le nombre maximum d'évaluations de fonction avant l'arrêt de l'algorithme, $popSize$ pour la taille de population, $vecSize$ pour la taille de chromosome (chaine binaire ou solution), $divRate$ pour le taux de divergence, et $steadyGen$ pour le nombre de générations du régime permanent (invariabilité de la valeur de meilleure fitness).

2.6.5 Résultats

Observations numériques

Des applications expérimentales sont effectuées pour un simple CHC et pour les deux approches *SS-CHC* et *SM-CHC* sur des versions multidimensionnelles des fonctions objectif. Les résultats obtenus sont moyennés sur 200 exécutions pour chaque paire algorithme/problème. Chacune des exécutions est opérée pour un nombre maxi-

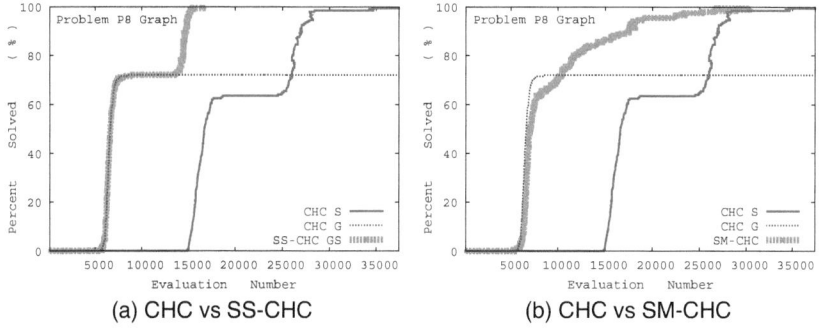

(a) CHC vs SS-CHC   (b) CHC vs SM-CHC

FIGURE 2.8 – Comparaison de l'évolution du pourcent résolu à travers le nombre total d'évaluations.

mum de 500000 évaluations. À la fin de chaque exécution, la valeur de la meilleure fitness et le nombre d'évaluations exploitées sont enregistrés. Nous avons évalué les algorithmes en mesurant leur pourcent résolu (pourcentage du nombre d'exécutions au cours duquel l'algorithme est parvenu à trouver l'optimum global dans les exécutions où l'optimum a été trouvé). Le Tableau 2.7 présente les résultats de chaque problème, avec les scores les plus élevés en gras. Dans ce tableau on a : CHC_S représente un CHC classique avec CS comme codage des solutions, CHC_G représente un CHC classique avec CG comme codage des solutions, $SS\text{-}CHC_{SG}$ représente un $SS\text{-}CHC$ avec CS comme codage de départ, $SS\text{-}CHC_{GS}$ représente un $SS\text{-}CHC$ avec CG comme codage de départ, et $SM\text{-}CHC$ représente un $SM\text{-}CHC$ avec les deux codages en parallèle CS et CG.

T-Test de Student

En conséquence des expériences réalisées avec l'algorithme CHC, le t-test a été utilisé pour comparer, à travers toutes les exécutions, les résultats du pourcent résolu dans le cas où deux algorithmes ont deux valeurs différentes de pourcent résolu, ou les résultats de moyenne d'évaluations dans le cas où deux algorithmes ont la même valeur de pourcent résolu mais deux valeurs différentes de moyennes d'évaluations. En tenant compte du Tableau 2.7, qui montre clairement les performances de *SS-CHC* et de *SM-CHC* vis-à-vis d'un simple CHC, les valeurs du t-test ont été calculées en comparaison entre CHC et *SS-CHC* d'un côté, et entre CHC et *SM-CHC* de l'autre côté. Dans ce but, les meilleurs records enregistrés ont été sélectionnés pour chaque paire d'algorithmes comparés. Les résultats obtenus sont affichés dans le Tableau 2.8.

2.6.6 Interprétation des résultats

Nous avons étudié les performances de *SS-CHC* et *SM-CHC* relativement à un simple CHC sur une large gamme de problèmes d'optimisation. Les résultats du Ta-

TABLE 2.7 – Résultats empiriques.

Problème	Mesure	Algorithme				
		CHC_S	CHC_G	$SS\text{-}CHC_{SG}$	$SS\text{-}CHC_{GS}$	SM-CHC
[P1]	Pourcent Résolu	100%	93%	100%	100%	**100%**
	Moyenne Évaluations	15974	4911	5363	5401	**5356**
[P2]	Pourcent Résolu	100%	91.5%	100%	100%	**100%**
	Moyenne Évaluations	16095	5376	5855	5996	**5757**
[P3]	Pourcent Résolu	100%	100%	**100%**	100%	100%
	Moyenne Évaluations	4709	1328	**1304**	1329	1344
[P4]	Pourcent Résolu	99%	29.5%	**100%**	100%	100%
	Moyenne Évaluations	159557	323429	**140693**	148869	144229
[P5]	Pourcent Résolu	100%	80%	**100%**	100%	100%
	Moyenne Évaluations	18548	6021	**7421**	7793	7688
[P6]	Pourcent Résolu	47%	100%	100%	100%	**100%**
	Moyenne Évaluations	13283	6476	6428	6473	**6423**
[P7]	Pourcent Résolu	100%	100%	100%	100%	**100%**
	Moyenne Évaluations	3721	5328	3700	3719	**3648**
[P8]	Pourcent Résolu	100%	72%	100%	**100%**	100%
	Moyenne Évaluations	19409	6554	9309	**8975**	9507
[P9]	Pourcent Résolu	100%	100%	**100%**	100%	100%
	Moyenne Évaluations	15780	5340	**5200**	5275	5300
[P10]	Pourcent Résolu	35.5%	34%	**47%**	45%	44%
	Moyenne Évaluations	245990	222003	**202000**	203500	204796
[P11]	Pourcent Résolu	1.5%	28%	**36%**	35%	33%
	Moyenne Évaluations	305092	328669	**278853**	290812	315788
[P12]	Pourcent Résolu	13%	53.5%	96.5%	97.5%	**97.5%**
	Moyenne Évaluations	5262	3268	3591	3578	**3553**

TABLE 2.8 – Résultats de t-test : Comparaison entre un simple CHC et les autres algorithmes.

Algorithmes Comparés	Problème											
	[P1]	[P2]	[P3]	[P4]	[P5]	[P6]	[P7]	[P8]	[P9]	[P10]	[P11]	[P12]
CHC vs **SS-CHC**	30.61	28.35	1.138	2.14	24.48	0.69	1.426	20.86	1.99	2.35	1.737	12.23
CHC vs **SM-CHC**	30.67	28.83	−0.71	1.71	22.71	0.72	4.95	18.2	0.57	1.74	1.13	12.23

bleau 2.7 montrent les valeurs du pourcent résolue et la moyenne du nombre d'évaluations nécessaires pour atteindre le minimum global. Ces données peuvent fournir une mesure appropriée de la qualité du processus d'optimisation lui-même. Les résultats présentés dans ce tableau décrivent des améliorations dans plusieurs aspects de la performance de l'algorithme CHC quoiqu'ils soulèvent aussi des questions positives et constructives concernant le fonctionnement des nouvelles propositions.

Le Tableau 2.7 indique des observations intéressantes sur ces expériences. Tel qu'il a pu être observé, la vitesse de convergence est l'un des principaux critères indiquant l'intérêt de *SS-CHC* et de *SM-CHC* par rapport à un CHC classique. De manière distincte, les performances de ces deux méthodes sont encourageantes car elles atteignent la zone faisable raisonnablement vite et produisent des résultats relativement satisfaisants. Les données de ce tableau apportent aussi la conclusion que ces nouvelles méthodes sont plus avantageuses lorsque le problème est complexe et multimodal. Par conséquent, *SS-CHC* et *SM-CHC* semblent être des techniques très utiles pour résoudre des problèmes d'optimisation difficiles et constituent de bonnes alternatives lorsque les autres techniques échouent.

Autant, le nombre d'évaluations de fonction requis pour trouver la solution optimale a été réduit d'un facteur 3 pour la plupart des problèmes de test, à travers l'utilisation d'un réglage approprié des paramètres. De même, nous avons découvert que le pourcent résolu était amélioré pour la plupart des problèmes dans lesquels la performance de CHC était très minime. Ces progrès de performance sont le résultat de l'application d'une représentation dynamique dans un mécanisme incorporant la manipulation de divers codages dans un même algorithme.

En outre, les résultats présentés dans le tableau 2.7 montrent que $SS\text{-}CHC_S$ surpasse, pour plusieurs problèmes, les autres algorithmes en particulier $SS\text{-}CHC_G$, ce qui indique que l'idée d'adopter le codage binaire standard au début de l'exécution peut être une stratégie recommandée, démontrant tout à fait que le CS est capable de repérer fréquemment la zone où se trouve l'optimum global.

Les Figures 2.8 (a) et (b) montrent le progrès du pourcent résolu au cours du nombre total d'évaluations, et ce pour la fonction Quartic [P8]. Les résultats graphiques affichés dans ces figures montrent que *SS-CHC* et *SM-CHC* atteignent très rapidement une solution acceptable relativement à un CHC classique.

Les résultats expérimentaux sont confirmés en utilisant les résultats du t-test de Student dans le Tableau 2.8, où $n_1 = (200-1)$ et $n_2 = (200-1)$. En entrant une valeur t-tableau à 398 degrés de liberté $(n_1 + n_2)$ pour un niveau de signification de 95% ($p = 0.05$), nous trouvons une t-valeur tabulée de 1.96. Les données de t-test calculées dans le Tableau 2.8 excèdent ces valeurs dans la plupart des cas, ainsi la différence entre les moyennes des algorithmes comparés est remarquablement significative. De manière évidente, *SS-CHC* et *SM-CHC* produisent bien des résultats qui sont aussi meilleurs que ceux d'un simple CHC. Cela est dû au fait que la coexistence d'un double codage a stimulé la production et la diffusion de solutions/structures prometteuses entre les populations s'exécutant en parallèle.

2.7 Synthèse du chapitre

Tel qu'il a été discuté, les algorithmes évolutionnaires fournissent un excellent cadre conceptuel, pour une optimisation inspirée par la nature. Mais les questions théoriques et les considérations algorithmiques évoquées dans ce chapitre suggèrent qu'un AE standard avec un codage unique statique ne parvient pas parfois à converger vers la solution souhaitée dans un nombre défini de générations. Cet état est connu sous le nom de "insuccès" d'un AE dans la tâche d'optimisation. Ceci peut être dû au fait que la sélection d'une représentation qui ne s'accorde pas avec la fonction de fitness d'un problème peut rendre ce problème complexe et donc plus difficile à résoudre pour un AE. Dans ce cas, un mauvais choix de codage peut entraîner des informations de liaison vagues et inutiles pour une tâche d'optimisation. Par ailleur, la même représentation peut contribuer à des informations de liaison restreintes et fondamentales pour une autre tâche d'optimisation.

Par ailleur, Les AEs permettent de s'approcher d'une solution acceptable mais ne semblent pas réaliser les ajustements nécessaires pour se rapprocher d'une solution presque optimale à une solution optimale. D'autres algorithmes tels que CHC peuvent être utilisés pour faire ces ajustements. L'unique défaut de CHC est la consommation d'un grand nombre d'évaluations de fonction pour atteindre l'optimum. Cela est dû au fait qu'il diminue le rythme de convergence afin de maintenir une diversité génétique, et tente de retarder/éviter une convergence prématurée.

Dans ce chapitre, nous avons tenté de provoquer une interaction entre deux représentations différentes, le codage binaire standard (CS) et le codage de Gray (CG). Cela peut aider à transformer la représentation du paramètre binaire du problème, et ensuite à éviter de compromettre sa difficulté. Cela est possible parce que CS et CG produisent tous deux toutes les représentations possibles et ont tous deux beaucoup d'avantages pour la recherche car ils codent l'ensemble de toutes les solutions possibles.

Cependant, nous avons commencé par formuler des stratégies séquentielles de double codage de manière dynamique pour étudier l'interaction fondamentale tout en alternant entre diverses représentations. Nous avons également présenté une implémentation parallèle et pratique des AEs pour un *SM-EA* en tant qu'une nouvelle stratégie de double codage symétrique. Dans cet objectif, nous avons essayé d'améliorer les limites sur la convergence des AEs en profitant de l'opération simultanée de deux codages différents dans des sous-populations distribuées. Cette notion permet d'exploiter la majorité de représentations possibles pouvant être obtenues par les deux codifications.

Pour les stratégies séquentielles, l'alternance entre CS et CG a fourni une communication fluide et homogène entre les deux représentations. Cette idée permettait à chacun des deux codages d'"'assister" l'autre et de le remplacer lorsque ce dernier ne pouvait pas procéder à la tâche d'obtention de meilleurs résultats. À ce niveau, la succession chronologique de divers codages était utile pour trouver des solutions prometteuses.

Pour les stratégies parallèles, les cycles de "division-et-fusion" effectués après un régime permanent, probablement causé par le fait que les blocs de construction ne sont toujours pas découverts, ont servi à construire de nouvelles structures qui étaient immédiatement utilisées pour produire éventuellement de meilleurs individus. À ce stade, la capacité d'échange de codage contribuait bien à découvrir les blocs de construction.

Dans l'ensemble, les résultats sont encourageants et la confirmation sur d'autres problèmes de test est souhaitable. L'utilisation d'un double codage en optimisation peut être un bon moyen d'améliorer le domaine d'apprentissage de liaison, ou vice-versa, les informations de liaison peuvent contribuer à l'amélioration des techniques de double codage. Par conséquent, la compréhension du lien et du parallèle entre le système biologique et l'algorithme évolutionnaire est potentiellement utile pour comprendre le rôle et l'importance de la sélection de représentation et de l'apprentissage de liaison.

Sur la base de cette étude, les sujets suivants nécessitent une recherche approfondie :

- Dans ce présent travail, CS et CG ont été appliqués aux nouvelles propositions. Toutefois, tout autre type de codage et tout autre nombre de représentations peuvent être appliqués aux stratégies séquentielles et parallèles. De même, il sera possible d'utiliser un codage multiple en *SM-EA* dans le domaine de la programmation génétique, dans lequel il existe des AEs plus avancés (stratégies d'évolution, État-de-l'Art AEs, etc.) et différents types de représentations (en arborescence, linéaire, etc.), afin d'utiliser la représentation la plus adaptée à un problème spécifique.

- Une recherche ultérieure dans les chapitres suivants permettra de mieux appréhender la nature des améliorations de performance, et par conséquent de comprendre la dynamique et le fonctionnement des approches conçues dans le cadre de double codage.

— En dernier lieu, ces mesures nous laissent avec de précieuses perceptions concernant l'utilité de regrouper divers types de codages pour la représentation des solutions en collaboration dans un AE standard. Les algorithmes proposés dans ce chapitre peuvent "choisir" et utiliser la représentation appropriée en fonction d'un problème d'optimisation spécifique, ce qui peut souligner l'utilisation importante du double codage pour la liaison des données dans les AEs.

— Dans le but d'améliorer nos approches surtout le *SM-EA*, nous devons mieux cerner ce que cette méthode traite réellement lors de son fonctionnement. Nous devons également mieux comprendre et approfondir nos connaissances sur la spécification parallèle de *SM-EA* et de la réaction des sous-populations avec les opérateurs génétiques. Cela peut nous permettre de généraliser cette approche dans un cadre plus puissant où chaque sous-population sera désignée par un état différent. L'évolution de *SM-EA* dans cette direction sera présentée en détail dans le chapitre suivant. On espère que ça contribuera à améliorer les performances optimales de cette méthode.

Chapitre 3

Algorithme Évolutionnaire à États pour l'Optimisation Difficile

Comme il a été discuté dans les chapitres précédents, le réglage automatique des paramètres dans les algorithmes évolutionnaires est un des principaux problèmes envisagés lors de la conception d'un algorithme efficace pour résoudre des problèmes d'optimisation particuliers.

L'idée de l'évolution peut être utilisée pour mettre en oeuvre l'auto-adaptation des paramètres de l'algorithme évolutionnaire. Les paramètres à ajuster peuvent être codés dans les chromosomes et aussi subir une mutation. Les meilleures valeurs de ces paramètres conduisent à de meilleurs individus qui, à leur tour, sont plus susceptibles de survivre et de produire une descendance, et ensuite de propager ces valeurs de paramètres. Dans cette perception, on introduit la notion d'état dans les algorithmes évolutionnaires. Un état peut symboliser n'importe quel composant de l'AE ainsi que n'importe quel paramètre ou valeur de paramètre de l'algorithme. De cette façon, on peut imaginer une évolution au niveau des états de l'algorithme (paramètres à ajuster), de la taille de population ou des valeurs de paramètres à ajuster.

De façon générale, un paramètre ou valeur de paramètre peut fonctionner très bien au début de l'exécution d'un AE, mais s'avérer être inutile et trompeur au milieu ou à la fin de l'exécution. Donc, un concept intéressant sera d'intégrer plusieurs paramètres ou valeurs de paramètres dans une approche où l'échange/transmission de données/informations à travers l'espace de solutions aidera à faire mieux évoluer la recherche. De la sorte, on vise dans le présent travail à incorporer plusieurs états, donc plusieurs types ou valeurs de paramètre, dans un même algorithme afin de bénéficier des avantages que chacun peut porter.

Tout en conservant le même concept que dans les chapitres précédents, nous présentons ici un nouvel algorithme évolutionnaire basé sur la théorie de grouper (assembler) plusieurs états simultanément. Nous l'appellerons algorithme évolutionnaire à états (*SEA* pour States based Evolutionary Algorithm) du fait qu'il sera capable d'associer (combiner) d'une part différents AEs afin d'en choisir/favoriser le meilleur automatiquement, et d'autre part, il profite de l'exécution de chacun des AEs durant le processus d'optimisation.

L'étude présentée dans ce chapitre donne des arguments théoriques de l'efficacité du SEA. Elle conclut par une large discussion sur des applications éventuelles de cet algorithme dans de différents domaines.

3.1 Introduction

Les algorithmes évolutionnaires sont fondés sur une population de recherche de solutions potentielles d'un problème d'optimisation. Ils itèrent un opérateur de sélection qui favorise l'exploitation et des opérateurs stochastiques qui favorisent l'exploration. Un AE est un cadre général qui a été révélé comme une technique efficace de résolution de grandes classes de problèmes d'optimisation. Les opérateurs stochastiques ou de sélection doivent être choisis et leurs paramètres doivent être réglés de façon à être efficaces sur le problème à résoudre.

Ainsi, l'une des principales difficultés pour un utilisateur ou concepteur d'AEs consiste à choisir de tels opérateurs et ensuite à fixer leurs paramètres de façon adéquate. Ce choix doit être fait en fonction du problème d'optimisation comme le suggère le théorème "No Free Lunch" [162, 161, 129, 74] pour l'optimisation combinatoire : tous les algorithmes ont la même performance moyenne sur l'ensemble des problèmes d'optimisation sur un espace fini, et ensuite, sur tous les problèmes aucun algorithme ne vaut mieux qu'une recherche aléatoire.

Plus généralement, les composants d'un AE tels que les opérateurs stochastiques et la représentation (le codage des solutions) sont également des éléments clés dans la conception des AEs [124, 125]. Le problème pourrait être difficile pour un type de composants et non pas pour un autre [127]. Il est difficile de décider quel type de composants est le meilleur pour un AE et ensuite pour un problème d'optimisation particulier.

Deux moyens sont utilisés pour faire un tel choix. Une première méthode pratique consiste à comparer les performances d'un nombre limité de types de composants. Bien sûr, il n'est pas toujours possible d'utiliser cette méthode car son temps d'exécution est considérable. La seconde est plus théorique et étudie le problème en mode hors connexion (offline en anglais) par un certain nombre de mesures statistiques sur le paysage de fitness, et puis déduit la difficulté à partir de ces statistiques. Les mesures utilisées sont la corrélation de la fitness-distance (FDC), l'auto-corrélation de la fitness, le nombre d'optima locaux, la mesure de l'évolvabilité avec le nuage de fitness, la densité des états, le degré de la distribution neutre, etc.

En outre, on peut imaginer qu'un type particulier de composants peut être utile au début de la recherche mais pas à la fin. En revanche, lorsque le problème d'optimisation est dépendant du temps, les paramètres doivent être ajustés pendant le processus d'optimisation. Nous généralisons ce problème pour le choix d'une bonne représentation, d'un bon algorithme, d'un bon taux de mutation et beaucoup d'autres paramètres et composants.

C'est la raison pour laquelle nous introduisons la notion d'état à chaque solution. L'état peut être défini en fonction de la représentation, l'algorithme, le taux de mutation ou d'autres éléments de l'AE. Afin de choisir le meilleur état, nous développons un nouvel algorithme qui s'exécute en parallèle. Il sera basé sur la notion d'états et sera appelé algorithme évolutionnaire à états (*SEA* pour States based Evolutionary Algorithm). Cet algorithme utilise tous les états au cours du processus d'optimisation dans le but de bénéficier de la puissance et des avantages de chacun d'eux. Dans cette approche, chaque état est choisi en fonction de ses performances afin de développer des stratégies de changement dynamique d'états.

Ce chapitre sera développé comme suit : Dans la section 3.2, l'algorithme évolutionnaire à états est présenté en détail. Dans la Section 3.3, une analyse du concept adaptatif du *SEA* est décrite de manière détaillée. La section 3.4 montre des applications potentielles du *SEA*. Dans la section 3.5, une discussion sur l'algorithme est présentée. On conclue le chapitre en présentant une application directe du *SEA* sur une classe de problèmes d'optimisation difficiles.

3.2 Algorithme évolutionnaire à états

Puisque le SEA sera utilisé pour résoudre une variété de problèmes d'optimisation, on commencera à présenter le problème d'optimisation en détail dans la section 3.2.1. Puisque l'état peut être défini en fonction de la représentation, l'algorithme, le taux de mutation ou d'autres éléments de l'AE, on définit également dans cette section les opérateurs de changement d'état. Ces opérateurs seront appliqués à un problème d'optimisation dans l'algorithme évolutionnaire à états. Dans la section 3.2.2, on introduira le principe ainsi que les étapes fondamentales de l'algorithme du SEA.

3.2.1 Problème d'optimisation

Nous définissons un problème d'optimisation à partir de p différents espaces de recherche. $\forall k = 1, ..., p$, l'espace de recherche $(\mathcal{S}_k, f_k)$ est un couple d'un ensemble de solutions $\mathcal{S}_k$ et une fonction $f_k : \mathcal{S}_k \to \mathbb{R}$. Bien sûr, le cas classique (ordinaire) dans l'optimisation est lorsque $p = 1$. Lorsque $p > 1$, on dit qu'il existe différentes façons de coder le même problème d'optimisation, où $\mathcal{S}_k$ est l'une des représentations (ou codages) possibles des solutions de la tâche à optimiser.

Ces espaces de recherche définissent le "même" problème d'optimisation avec les "mêmes" solutions représentées différemment selon les codages utilisés. Chaque solution doit conserver la même valeur de fitness en cas où elle change de représentation, c'est-à-dire il doit y avoir toujours pour chaque solution $s_k \in \mathcal{S}_k$ une solution correspondante (homologue) $s_l \in \mathcal{S}_l$, où $\mathcal{S}_l$ est un autre espace de recherche, ayant la même valeur de fitness.

Plus formellement, la correspondance entre les solutions est définie par un ensemble d'opérateurs de changement d'état de $\mathcal{S}_k$ à $\mathcal{S}_l$. Cet ensemble est déterminé par les fonctions $ChangeState_{kl} : \mathcal{S}_k \to \mathcal{S}_l$ de la manière suivante :

$$\forall k,\ \forall l,\ \forall s_k \in \mathcal{S}_k,\ f_l(ChangeState_{kl}(s_k)) = f_k(s_k) \qquad (3.1)$$

Les opérateurs de changement d'état (ChangeState pour ChangerEtat) sont des opérateurs qui modifient l'état d'une solution sans modifier sa valeur de fitness.

Il est possible d'avoir une condition plus faible sur les opérateurs de changement d'état, où la valeur de fitness reste la même (inchangée) seulement quand la composition du double changement d'état, en amont et en aval (en avant et vers l'arrière), est appliquée sur les solutions :

$$\forall k,\ \forall l,\ \forall s_k \in \mathcal{S}_k,\ f_k(s_k) = f_k(ChangeState_{kl}(ChangeState_{lk}(s_k))) \qquad (3.2)$$

Dans ce cas, la valeur de fitness de la "même" solution pourrait être un peu différente dans chaque espace de recherche et il serait donc difficile de décider laquelle est la plus correcte. Pour éviter ce problème de différentes valeurs de fitness, nous pouvons définir la fitness des solutions d'une manière multi-objective dans l'espace $\mathbb{R}^p$:

$$\forall s_k \in \mathcal{S}_k,\ F_k(s_k) = (f1(ChangeState_{k1}(s_k)), ..., fl(ChangeState_{kl}(s_k)), ...fp(ChangeState_{kp}(s_k)))$$

L'opérateur $ChangeState_{kk}$ sera ainsi l'identité de $\mathcal{S}_k$.

En conséquence, la plus faible condition de l'étape précédente fournit la Condition 3.1 pour les fonctions de fitness multi-objectives :

$$f_k = f_l \circ ChangeState_{kl} \qquad (3.3)$$

Dans la suite de ce chapitre et dans le but de simplifier les notations et garder l'idée principale de l'algorithme évolutionnaire à états, les problèmes d'optimisation que nous allons considérer seront toujours mono-objectifs, mais il est possible d'étendre l'algorithme et les résultats théoriques aux problèmes multi-objectifs avec une condition de fitness plus faible comme celle que nous venons de démontrer dans cette section (Condition 3.1).

Le problème d'optimisation possède alors l'espace de recherche global $(\mathcal{S}, f)$ défini par l'union des espaces de recherche $(\mathcal{S}_k, f_k)$, $k = 1, ..., p$:

$$\mathcal{S} = \cup_{k \in [1,p]} \mathcal{S}_k$$

Et la fonction d'optimisation $f : \mathcal{S} \to \mathcal{S}$ est définie par la fonction de fitness suivante sur l'ensemble $\mathcal{S}_k$:

$$\forall s \in \mathcal{S},\ f(s) = f_k(s)\ lorsque\ s \in \mathcal{S}_k$$

L'ensemble des solutions optimales $\mathcal{S}_{opt}$ est l'ensemble des solutions de $\mathcal{S}$ avec une meilleure valeur de fitness :

$$\mathcal{S}_{opt} = \{s_{opt} : \forall s \in \mathcal{S},\ f(s) \leq f(s_{opt})\}$$

Par conséquent, résoudre un problème d'optimisation consiste à trouver l'ensemble des solutions optimales $\mathcal{S}_{opt}$ relativement à ce problème.

3.2.2 Algorithme du SEA

Pour définir l'algorithme évolutionnaire à états (*SEA*), nous supposons disposer de n algorithmes évolutionnaires EA_i (EA pour Evolutionary Algorithm), $\forall i \in [1, n]$. Chaque EA_i ($i = 1, ..., n$) est un opérateur stochastique basé sur une population de solutions définie sur l'un des p espaces de recherche $(\mathcal{S}_k, f_k)$:

$$\forall i \in [1, n],\ EA_i : \mathcal{S}_i^q \rightarrow \mathcal{S}_i^q$$

où $\mathcal{S}_i^q$ est une population de taille q d'éléments de $\mathcal{S}_i$, et $\forall i,\ \mathcal{S}_i \subset \mathcal{S}_k : k \in [1, p]$.

Dans la pratique, chaque EA_i ($i = 1, ..., n$) pourrait avoir sa propre représentation des solutions, mais également ses propres opérateurs de sélection et de variation (croisement et mutation), et bien sûr son propre réglage de paramètres. Les EA_i ($i = 1, ..., n$) pourraient être définis quelle que soit la taille de la population.

À chaque solution de la population d'un *SEA* est affecté un état particulier représenté par un nombre entier entre $[1, n]$, où n est le nombre des états du *SEA*. Le *SEA* exécute un algorithme évolutionnaire simple EA_i ($i = 1, ..., n$) sur la sous-population de solutions ayant le même état i. La dynamique des états, c'est-à-dire le nombre de solutions dans chaque état, est réalisée à l'aide de trois opérateurs. Le premier est l'opérateur de sélection classique qui favorise les solutions ayant les plus grandes valeurs de fitness, favorisant ainsi les états les plus appropriés pour la recherche. Le deuxième est un opérateur stochastique, appelé opérateur de changement d'état (décrit précédemment), qui change l'état des solutions aléatoirement. Cet opérateur est appliqué d'une manière uniforme à toutes les solutions de la population, c'est-à-dire il y a une équiprobabilité de passer de n'importe quel état du SEA à n'importe quel autre état. Notons qu'il ne change pas la fitness des solutions mais uniquement leurs états. Le troisième est un autre opérateur "Darwinien". C'est un opérateur de remplacement générationnel standard qui échange quelques anciennes solutions avec des nouvelles, favorisant encore une fois les solutions les meilleures.

Un bon état dans le SEA peut être considéré comme l'état le plus adéquat à la recherche pour un problème donné. C'est un état qui s'accorde bien à la structure de la fitness et qui rend le système plus robuste tout en cherchant la solution optimale.

Le principe du *SEA* est de "choisir" le bon état tout en gardant les autres états dans le "pool", en fonction des valeurs de fitness des solutions actuelles en se servant de ces trois opérateurs. Le *SEA* pourrait ainsi ajuster les tailles des sous-populations des EA_i ($i = 1, ..., n$) afin d'avoir une distribution optimale du nombre de solutions dans chaque état. En outre, le choix d'une distribution optimale est adaptative durant l'exécution du *SEA* : aucune statistique sur les états n'est calculée pour sélectionner un "meilleur" état ; par contre, ce choix est effectué de façon implicite à l'aide des opérateurs de sélection sur la fitness, de changement d'état et de remplacement (voir Section 3.3).

Pour réaliser un compromis entre l'exploitation des "meilleurs" états et l'exploration des autres états, une sorte de perturbation des états est également introduite dans l'algorithme par l'utilisation de l'opérateur de changement d'état ($ChangeState$). L'exploitation d'un état dans un SEA se fait par l'affectation d'une population de taille assez importante à cet état. L'exploration de l'ensemble des états d'un SEA s'effectue par l'intermédiaire de l'opérateur $ChangeState$ qui rend possible la transition de n'importe quel état à n'importe quel autre état du SEA. Cela est fait d'une manière uniforme et permet ainsi de conserver un nombre minimum de solutions dans chaque état afin de maintenir une diversité de paramètres/valeurs de paramètres. Par conséquent, le *SEA* favorise l'état le plus approprié tout en gardant les autres états actifs. C'est la principale différence entre le *SEA* et d'autres hyperheuristiques : le *SEA* n'est pas considéré comme étant un méta-optimisateur des états. En quelque sorte, l'évolution bénéficierait de chaque état et de son AE associé au lieu de simplement et uniquement choisir le meilleur.

Donc l'intérêt du SEA se résume dans le fait qu'il va y avoir émergence d'une sous-population plus importante : c'est parce que le mécanisme du SEA produit plus souvent de meilleures solutions provenant des "meilleurs états" que les autres états "moins bons". L'Algorithme 8 fournit les principales étapes du *SEA*, et la Figure 3.1 son organigramme (schéma).

Algorithme 8 Algorithme Évolutionnaire à États (*SEA*)

   Initialiser($population$)

   tant que Continuer($algorithme$) **faire**

     $population \leftarrow$ **Selection**($population$)

     $(pop_1, \ldots, pop_n) \leftarrow$ **Split**($population$)

     pour tout $i = 1, \ldots, n$ **faire**

        $pop_i \leftarrow$ **EA**$_i$(pop_i)

     $enfant \leftarrow$ **Merge**($ChangeState_1(pop_1), \ldots, ChangeState_n(pop_n)$)

     $population \leftarrow$ **Replacement**($enfant, population$)

La taille de la population du *SEA* est donnée par un paramètre. L'initialisation de la population se fait suivant deux phases principales. Dans la première phase, nous appliquons une procédure d'initialisation standard qui génère, au hasard, l'ensemble de solutions du *SEA*. Dans la deuxième phase, un état est attribué à chaque solution de la population.

Une itération de l'algorithme est la succession des opérateurs stochastiques basés sur une population : Selection (sélection), Split (division), EA_i, $ChangeState$ (changement d'état), Merge (fusion) et Replacement (remplacement).

L'opérateur Selection crée une population de solutions, favorisant celles avec de meilleures fitness dans la population courante, sans aucune considération de leurs états.
L'opérateur Split divise la population en n sous-populations suivant les états des solutions. Chaque sous-population sera composée de toutes les solutions ayant le même état.
L'opérateur EA_i est un algorithme évolutionnaire correspondant à l'ensemble des solutions qui existent dans l'état d'indice i. Chaque EA_i ($i = 1,...,n$) est appliqué à cette sous-population. Les tailles des sous-populations sont donc dynamiques ; elles ne sont pas définies par l'algorithme EA_i mais par le nombre de solutions existantes dans chaque état.
Ensuite, l'opérateur $ChangeState$ est appliqué uniformément à chaque sous-population, modifiant au hasard l'état des solutions. Supposons qu'une solution donnée $s \in \mathcal{S}_k$ change d'état en $\mathcal{S}_l$, alors s est déplacée de $\mathcal{S}_k$ en $\mathcal{S}_l$ avec l'opérateur $ChangeState_{kl}$.
L'opérateur Merge fusionne les n sous-populations dans une population unique afin de procéder à l'étape de remplacement des solutions.
L'opérateur Replacement est un opérateur de remplacement générique. Il crée une nouvelle population pour la prochaîne itération à partir des sous-populations de tous les EA_i ($i = 1,...,n$) et de l'ancienne population de solutions. Là encore, l'opération de remplacement ne prend pas en compte les états des solutions, mais juste leurs valeurs de fitness.

La sélection des états se fait indirectement et conformément aux valeurs de fitness des solutions actuelles. Si les solutions appartenant à un état donné sont meilleures que celles des autres états, l'opérateur Selection choisira le plus souvent de telles solutions et, par conséquent, la taille de la sous-population de l'état correspondant devrait croître relativement au progrès (à l'amélioration) qu'il a mené à l'évolution. La sélection sur les états est donc implicite.

Indirectement, l'opérateur Selection retient plus de "bonnes" solutions dans la population au fur et à mesure de son application. Dans la section suivante, les résultats théoriques confirmeront cet effet.

3.3 Analyse détaillée du SEA

L'idée de l'évolution peut être utilisée pour implémenter une auto-adaptation des paramètres dans l'algorithme. Ici les paramètres à adapter sont codés dans les chromosomes et subissent une mutation. Les meilleures valeurs de ces paramètres codés mènent à de meilleurs individus qui à leur tour ont plus de chance de survivre et de produire des descendances, et ainsi de propager ces meilleures valeurs de paramètre. Dans ce contexte, le *SEA* est basé sur un ensemble d'heuristiques de bas niveau faciles à implémenter et responsables à mener l'algorithme dans un système adapta-

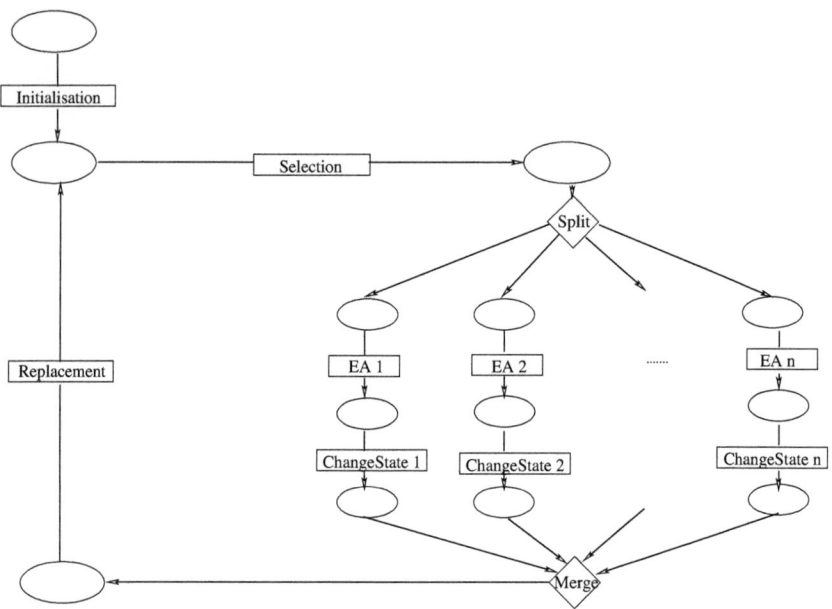

FIGURE 3.1 – Schéma du *SEA* avec n états : les ellipses représentent des populations/sous-populations de solutions, les rectangles symbolisent des opérateurs stochastiques/spécifiques qui changent la population de solutions, et les losanges représentent les opérateurs qui n'affectent pas les solutions mais soit divisent ou fusionnent la/les population(s).

tif. Il est considéré comme une méthode générique et facile à développer qui devrait produire des solutions de qualité acceptable. Ceci a été montré à travers plusieurs applications du SEA à une diversité de problèmes d'optimisation. Ces applications ont montré qu'il était un choix judicieux d'utiliser cette méthode parallèle pour configurer/ajuster les paramètres à la structure du problème [18, 20].

par ailleur, il est courant pour plusieurs familles d'AEs de manipuler la population comme un simple pool d'individus, c.-à-d. il existe juste une compétition globale pour la reproduction et la survie, et l'accouplement est possible entre deux individus de la même population. Au contraire, la plupart des AEs parallèles suggérés dans la littérature utilisent une sorte de disposition spatiale pour les individus et parallélise ensuite les unités résultantes dans un "pool" de processeurs. À ce stade, il faut souligner que le SEA, par nature, est une approche pouvant être parallélisée (les deux étapes du SEA, EA_i et le changement d'état, peuvent être exécutées en parallèle). Les algorithmes associés à chaque état peuvent être facilement distribués sur des machines différentes ; ceci peut considérablement réduire le coût de calcul et le temps CPU d'exécution, et donc augmente les performances de l'algorithme. En général, ce modèle (exécuté ou non sur des processeurs séparés) est habituellement plus rapide et plus performant qu'un AE standard en raison d'une recherche séparée dans plusieurs régions de l'espace de solution.

Dans cette section, nous allons décrire l'évolution de la taille de population, puis nous exposerons en détail la dynamique du SEA. On étudiera tous ces concepts dans les sous-sections suivantes. Précisément, l'évolution de la taille de population est donnée dans la section 3.3.1. La méthodologie du SEA est présentée dans la section 3.3.2. La dynamique du SEA est montrée dans la section 3.3.3. Le système adaptatif du SEA est décrit dans la section 3.3.4. À la fin de cette étude, l'approche génétique du SEA est étendue avec la possibilité d'affecter une notion de voisinage aux états de l'algorithme, ce qui entraîne une nouvelle stratégie efficace dirigée par la topologie d'états. Plus particulièrement dans la section 3.3.5, on introduira un cas particulier du SEA où l'interaction entre les différents états – effectuée par l'application de l'opérateur de changement d'état – sera guidée par une topologie d'états basée sur un voisinage probabiliste.

3.3.1 Évolution de la taille de population

Dans la nature, il est observé que les variations spectaculaires de la taille de population ont un impact considérable sur l'évolution. Une taille variable de population peut promouvoir la variation génétique durant la recherche de structures prometteuses [108]. Ainsi, une population soigneusement conçue suivie d'un régime de redimensionnement dynamique peut améliorer les performances de l'algorithme grâce à un équilibrage produit au niveau de l'exploration/exploitation de l'espace de recherche [49].

En plus de faire un bon choix de paramètres d'AE tels que le taux de mutation et de croisement et beaucoup d'autres, la taille de la population doit également être choisie avec soin. Si la taille de la population est trop petite, l'algorithme ne peut pas explorer suffisamment l'espace des solutions et en conséquence il ne sera pas capable de trouver de bonnes solutions. Si la taille de la population est trop élevée, l'évolution peut s'avérer trop rapide pour le mécanisme de sélection et la convergence vers une population quasi/non-optimale s'avère inévitable [85].

Une relation prédominante entre la taille de la population et la variation génétique a été remarquée dans littérature des algorithmes évolutionnaires. Par exemple, de plus grandes populations sont plus stables et le rythme d'accepter de nouvelles variations phénotypiques est très lent. Dans les petites populations, toutefois, le changement de phénotype peut arriver relativement vite, mais ces populations ont un risque plus élevé d'extinction en raison de la diversité génétique limitée. Donc, dans la plupart des cas, les variations génétiques sont plus susceptibles d'être perdues à cause d'une taille fixe de population durant toutes les phases de la recherche [49].

Pour étudier l'effet d'une taille variable de population, on essaie d'implémenter un modèle parallèle dans lequel une évolution dynamique de la taille de population est evoquée. Le *SEA* est un cadre à travers lequel l'occasion d'étudier le comportement de taille variable de population dans un unique algorithme est donnée. Il est basé sur l'idée de co-évolution de plusieurs sous-populations simultanément. Il peut non seulement régler la taille de la population de façon dynamique pour accroître la diversité des gènes et d'éviter une convergence prématurée, mais aussi améliorer la qualité des solutions obtenues par l'algorithme. Ceci peut conduire à une progression de fitness et une préservation des variations génétiques dans la population. Nous espérons alors que l'évolution spectaculaire de la taille de population dans le *SEA* permette d'accélérer l'évolution et améliorer les performances de l'algorithme.

Pour poursuivre l'étude sur le *SEA*, nous allons étudier l'évolution de la taille de population dans chaque état, juste après un changement de la valeur de fitness. On peut supposer alors que, avant la brusque modification de la valeur de fitness, les moyennes de fitness des populations dans chaque état sont équivalentes, et qu'ensuite la taille de la population de chaque état a convergé.

L'innovation dans un ou plusieurs états, à l'itération T, peut être interprétée par le fait qu'il y a eu une évolution de la moyenne de fitness dans ces états. Comme c'est déjà décrit précédemment, l'opérateur de sélection ne modifie pas les tailles des populations. À ce moment, les AEs parallèles ($EA_i, i \in [1, n]$) transforment la fitness des solutions dans chaque état. De même, les opérateurs de changement d'état permuent l'état des solutions telles qu'elles étaient juste avant l'itération T, car ils ne tiennent pas compte de la fitness des solutions.

Ainsi, à l'itération $T + 1$, la taille de la population dans chaque état garde toujours la valeur limite, mais la moyenne de fitness dans chaque état serait certainement modifiée. L'opérateur de sélection change la taille de la population selon la valeur de fitness des solutions. À ce moment là, les algorithmes évolutionnaires pourraient modifier la fitness des solutions mais non pas la taille des populations. Les opérateurs de changement d'état modifient de nouveau (à l'itération $T+2$,) la taille de la population dans chaque état. Au pas de temps $T+2$, la taille de la population dans chaque état est alors changée.

On espère donc que la taille de la population de l'état le plus approprié à la fitness du problème – qui est capable de trouver de meilleures solutions – augmente après un saut de fitness. En d'autres termes, on s'attend à ce que, si l'AE de l'état i (EA_i) fait accroître la moyenne de fitness, alors la taille de la population de l'état i augmentera en même temps. De cette manière, on peut dire que le *SEA* "favorise" le "meilleur" état en lui attribuant une taille de population assez importante et pratiquement plus large que celle des autres états moins "performants".

3.3.2 Méthodologie du SEA

Pratiquement, une instance du *SEA* à n états comporte les différentes étapes suivantes :

Tout d'abord, le processus d'initialisation de la population est réalisé en suivant les trois phases suivantes. Dans la première phase, nous appliquons une procédure d'initialisation standard. Dans la seconde phase, un état est attribué à chaque solution générée. Dans la troisième phase, nous appliquons l'opérateur d'initialisation correspondant à chaque état.

Ensuite, une itération de l'algorithme est la succession des opérateurs stochastiques basés sur une population : sélection, division, EA_i, changement d'état, fusion et remplacement.

L'opérateur de sélection crée une population, favorisant des solutions avec de meilleures adaptations de la population actuelle sans considération d'état.
L'opérateur de division est un opérateur utilitaire qui ne fait rien d'autre que de diviser la population en n sous-populations en fonction des états des solutions. Chaque sous-population est composée des solutions ayant le même état.
Puis, l'AE ($EA_i, i \in [1, n]$) correspondant à l'état des solutions est appliqué à chaque sous-population. Les EA_i ($i = 1, ..., n$) sont indépendants et ne prennent pas en compte les résultats des autres EA_i exécutés en parallèle. Les tailles des sous-populations ne sont pas définies par un paramètre de l'algorithme évolutionnaire mais plutôt par le nombre de solutions existant dans chaque état.
L'opérateur/les opérateurs de changement d'état est/sont appliqué(s) à chacune des sous-populations EA_i, changeant de manière aléatoire l'état des solutions.
L'opérateur de fusion est un opérateur utilitaire qui ne fait rien d'autre que de fusionner les n sous-populations en une seule population afin de poursuivre l'étape de modification d'état des solutions.
L'opérateur de remplacement est un opérateur de remplacement générique dans l'utilisation des AEs. Il crée, pour la période suivante d'itérations, une nouvelle population selon la population de tous les EA_i ($i = 1, ..., n$) et l'ancienne population des solutions. De même, la procédure de remplacement ne prend pas en compte les états des

solutions mais juste leurs valeurs de fitness.

3.3.3 Dynamique du SEA

Pratiquement, dans les populations des AEs ayant connu un rétrécissement considérable durant les différentes phases d'exécution de l'algorithme, une dérive génétique aléatoire aura de plus grands effets sur la préservation des variations génétiques. En conséquence, la diversité génétique est limitée dans ces populations. Ainsi, une population avec une taille considérablement réduite peut s'éteindre si elle ne va pas survivre ou dans certains cas, peut augmenter en taille et en diversité de nouveau si elle améliore ses capacités à survivre et à se reproduire. La croissance importante d'une population peut aussi affecter son évolution. Elle peut être la force majeure d'entraînement d'une nouvelle évolution adaptative. Plusieurs études indiquent qu'une taille de population croissante peut fournir le potentiel pour des innovations adaptatives rapides si une population est hautement adaptative à l'environnement évolutionnaire courant [93, 71, 49]. Ainsi, des fluctuations significatives dans la taille de la population peuvent beaucoup contribuer à l'évolution.

Pour cette raison, une taille de population dynamique/adaptative a attiré des intérêts majeurs dans la programmation évolutive. Nous pensons alors qu'un AE nécessite des états différents pour les différentes phases de sa recherche, par conséquent la taille de la population de chaque état ne doit pas être constante mais doit être ajustable. Un raisonnement cohérent est appliqué dans le *SEA* pour accorder plus d'opportunité de recherche aux états appropriés en détectant la capacité de recherche de l'état. Nous utilisons de ce fait un raisonnement logique et simple pour ajuster la taille de la population de chaque état qui soit facile à construire et ensuite à comprendre. Nous définissons donc la taille de la population de chaque état en fonction de sa contribution et de sa réussite dans la recherche. En d'autres termes, ceci est effectué selon un incrément accumulatif des valeurs de fitness qui existent dans cet état.

En principe, un *SEA* à n états correspond à un assemblage de n AEs en parallèles, EA_i ($i = 1, ..., n$). Chaque solution de la population du *SEA* est affectée à un état représenté par un nombre entier entre $[1, n]$. Le *SEA* exécute l'EA_i sur la sous-population de solutions qui ont le même état i. La dynamique d'état, c-à-d. le nombre de solutions dans chaque état, est réalisée par trois opérateurs.

Le premier est l'opérateur de sélection "Darwinien" favorisant les solutions avec les valeurs de fitness les plus élevées, favorisant ainsi les états les plus appropriés.

Le second est un opérateur de variation stochastique, appelé opérateur de changement d'état qui change de manière aléatoire l'état des solutions. Il ne change pas la fitness des solutions mais seulement leurs états.

Le troisième est l'opérateur de remplacement "Darwinien" qui échange certaines solutions précédentes par de nouvelles solutions et encore une fois favorisant les solutions les plus appropriées.

Ainsi, le *SEA* peut régler le nombre de solutions dans chaque état afin d'obtenir une distribution optimale. Le principe majeur du *SEA* réside dans le choix des états dans la population selon l'adaptation des solutions appliquant un opérateur de sélection standard tels que ceux utilisés couramment dans le domaine des AEs. Aucune statistique sur les états n'est calculée pour sélectionner le "meilleur" état convenant le mieux à la recherche. Pour maintenir un compromis entre l'exploitation du "meilleur" état et l'exploration des autres états, certains types de perturbations des états sont aussi introduits dans l'algorithme par l'utilisation de l'opérateur de changement d'état. Par conséquent, le *SEA* favorise l'état le mieux approprié tout en maintenant les autres états dans le "pool".

C'est ceci qui crée la différence majeure entre notre approche et les autres hyper-heuristiques : le *SEA* n'est pas considéré comme un méta-optimiseur pour les états. De cette manière, le processus profitera de chaque état et de son AE associé au lieu de choisir le meilleur. Subséquemment, la sélection d'une distribution optimale est auto-adaptative durant l'exécution tel qu'il est observé durant les expériences (cf. Section 4.5) et elle est effectuée par les opérateurs dédiés de sélection, changement d'état et remplacement.

3.3.4 Système adaptatif du SEA

Il existe une distinction importante entre les schémas adaptatifs et les schémas adaptatifs. En cela, les mécanismes de l'assignement de crédit et de mise à jour de différents paramètres d'algorithme sont entièrement implicites, c.-à-d., ils représentent la sélection et les opérateurs de variation du cycle évolutionnaire lui-même. Une grande majorité des travaux sur l'adaptation ou l'auto-adaptation des paramètres d'AEs concerne les opérateurs de variation : mutation et recombinaison (croisement). Un mécanisme adaptatif pour le contrôle de la mutation dans un AE de chaîne binaire est donné par Back [8]. Cette technique consiste à étendre les chromosomes avec 20 bits additionnels qui, tous ensemble, codent la propre probabilité de mutation de l'individu.

Le contrôle de paramètre adaptatif se produit dans le *SEA*, de manière à ce qu'il y ait une sorte de réaction suite à la recherche qui serve de données d'entrée au mécanisme utilisé pour déterminer la direction ou la magnitude du changement du paramètre. L'affectation de la valeur du paramètre peut impliquer un assignement de crédit, basé sur la qualité des solutions découvertes par différents opérateurs/paramètres, de manière à ce que le mécanisme de mise à jour puisse distinguer entre les mérites des stratégies concurrentes. Bien que l'action ultérieure du *SEA* puisse déterminer si oui ou non la nouvelle valeur persiste ou se propage dans la population, le point important à noter est que le mécanisme de mise à jour utilisé pour contrôler les valeurs de paramètre est fourni de manière externe, plutôt que de faire partie du cycle évolutionnaire "standard".

Cependant dans le *SEA*, la procédure qui détermine implicitement combien d'individus existent dans chaque état fonctionne de manière adaptative en utilisant des informations sur le statut de la recherche. En particulier, les opérateurs de changement d'état et de sélection jouent un rôle très important en ajustant dynamiquement la taille de la population dans chacun des sous-algorithmes du *SEA*. En général, le schéma de dimensionnement de la population du *SEA* peut améliorer la performance tout en équilibrant les capacités de recherche et la qualité des solutions.

En plus, les paramètres opérationnels dans le *SEA* contrôlent l'équilibre entre l'exploitation (en utilisant au mieux les matériaux génétiques dans la population) et l'exploration (en recherchant de meilleurs gènes). Ces paramètres peuvent être finement ajustés en pratique et ont plusieurs degrés d'efficacité – certains opérateurs peuvent s'avérer critiques pour l'efficacité de l'algorithme et d'autres non. L'opérateur-clé de mutation a une performance générale qui a tendance à rester dépendante du problème et même dépendante de la population initiale et des différentes étapes de l'exécution. Dans ce but, on propose d'utiliser le *SEA* pour régler/contrôler dynamiquement la valeur de ce paramètre selon la fitness du problème. De nouvelles instances du *SEA* sont développées dans les sections suivantes en se basant sur ce concept.

3.3.5 Opérateur de changement d'état dirigé par la topologie d'état

Dans la description du *SEA* introduite dans les sections précédentes, l'opérateur de changement d'état est appliqué uniformément à tous les états. Cela signifie que tout état peut être remplacé par n'importe quel autre état de manière aléatoire. Dans cette section, nous proposons une nouvelle stratégie pour l'opérateur de changement d'état dans le *SEA*. Cette technique peut être appliquée lorsqu'il est possible d'avoir une notion de voisinage (notion de distance) entre les états. Elle peut être aussi appliquée lorsque c'est possible de classer les états suivant un ordre prédéfini où chacun des états sera affecté un rang donné. Par exemple, on peut calculer les distances entre les différents états lorsque les états sont representés par des nombres entiers ou réels.

Cette nouvelle topologie sera considérée comme une mutation d'état basée sur un voisinage probabiliste. De la sorte, cette stratégie sera appliquée à des solutions arbitraires afin de changer leurs états en suivant une certaine topologie d'états établie sur la notion de distance entre états. En supposant que tous les états sont virtuellement positionnés sur un anneau orienté, les migrations d'individus seront autorisées/préférées, avec de grandes chances, à leurs états voisins. Elles seront aussi permises, avec des probabilités mineures, aux états distants.

Plus précisément, supposons que n est le nombre d'états dans le *SEA*. Supposons aussi que $E = e_1, ..., e_n$ est un ensemble fini d'éléments de cardinalité n où chaque élément e_j désigne un état donné j. Pour effectuer le changement d'état, nous associons à chaque état i un ensemble fini d'éléments $E_i = E - e_i$ de cardinalité $(n-1)$ $\forall i \in [1:n]$. Chaque élément e_j de E_i a une valeur de coût $C_i(e_j) = |j - i|$. Explicitement, $C_i(e_j)$ est égal à la différence absolue entre j et i $\forall j \in E_i$.

Alors une fois qu'un état donné i est soumis à l'opérateur de changement d'état, le mécanisme de sélection de tournoi standard, avec une taille de tournoi égale à $(n/2)$, est appliqué à E_i. Il est bien entendu présumé qu'on effectue une sélection dans un problème de minimisation. Ainsi $(n/2)$ éléments seront sélectionnés uniformément en fonction de l'opérateur robuste de tournoi. Le meilleur élément commun entre eux ayant le coût le plus faible sera rendu par cette opération. L'état associé à cet élément sera le nouvel état qui remplacera l'ancien état i. Par exemple, supposons que e_k est retourné par l'opérateur de sélection, alors l'état k remplacera l'état i. Par conséquent, nous pouvons supposer qu'à chaque fois qu'un état donné i fait l'objet d'une mutation, les états voisins de i auront plus de chance et seront plus à même (plus appropriés) de remplacer i que les états distants ou extrêmement éloignés.

Supposons que nous ayons une population pop de taille N où f_k représente la fitness de l'individu de rang k. Supposons aussi qu'on va appliquer une sélection de tournoi à cette population avec une taille de tournoi t. Dans Back [9], la probabilité p_k pour l'individu de rang k d'être sélectionné par la sélection de tournoi est définie comme suit :

$$p_k = N^{-t}((N-k+1)^t - (N-k)^t)$$

Et cela dans l'hypothèse où les individus de pop sont ordonnés selon leurs valeurs de fitness croissantes : $f_1 \leq f_2 \leq \ldots \leq f_N$. Suivant cette théorie, nous pouvons déterminer la probabilité de transition de l'état i à l'état j $\forall i, j \in [1:n]$. $\forall i \in [1:n]$, E_i sera considéré comme une population de taille $N = n-1$ où $f_k = C_i(e_k)$ représente la fitness de l'individu de rang k. Si deux individus de rang a et b respectivement ont la même valeur de fitness, il leur sera assigné une probabilité égale de transition $p_{ab} = (p_a + p_b)/2$.

De toute façon, cette nouvelle stratégie d'appliquer l'opérateur de changement d'état aide à bien explorer l'espace des états. On suppose alors que l'existence de petits voisinages se chevauchant entre eux puisse contribuer avantageusement à l'exploration de l'espace de recherche, dû au fait que de bonnes solutions seront propagées de manière homogène dans la topologie d'états sous-jacente. On espère ainsi que le *SEA* puisse être encore plus productif en exploitant cette nouvelle topologie.

3.4 Applications potentielles du SEA

Le *SEA* peut être appliqué dans différents domaines et selon plusieurs contextes. Nous pouvons ainsi citer quelques exemples d'applications du *SEA* :

- Le concept de double codage (codage binaire standard / codage de Gray) peut être utilisé sur une variante de fonctions d'optimisation. La représentation des solutions sera modifiée en alternance d'une manière parallèle.

- La Programmation Génétique (GP pour Genetic Programming) à états : une idée est d'avoir une variété de codages du problème (linéaire / cartésien / GP en arbre), et ensuite de changer la représentation selon des stratégies de changement de codage à définir par l'utilisateur.

– La Recherche à Voisinage Variable (VNS pour Variable Neighborhood Search) : une idée consiste à utiliser différents ordre de visite des voisinages dans un même algorithme. Le *SEA* pourrait être ce cadre (chaque état représente un différent ordre d'application des voisinages) qui maintient le changement de voisinages dans un contexte dynamique.

– Le réglage automatique des paramètres : une application importante du *SEA* pourrait se traduire en abordant le problème de réglage/contrôle des paramètres. Le *SEA* est capable d'incorporer une diversité de plusieurs composants d'un AE. Grâce à sa fluidité, il pourra choisir le meilleur d'entre ces composants, tout en gardant les autres en cours d'exécution. Par conséquent, le *SEA* sera capable d'accommoder la recherche à la structure du problème.

– La résolution des problèmes dépendants du temps – on les appelle parfois des problèmes d'optimisation dynamique – pourrait être une application efficace du *SEA*. Si l'on suppose que le problème d'optimisation est presque périodique, c'est-à-dire le problème reste le même ou presque le même après une période de temps, certains travaux [74] ont proposé de disposer d'une mémoire pour sauvegarder une série de meilleures solutions qui ont été acquises durant des générations antérieures. Ces techniques détectent les changements du problème et elles se servent d'une mémoire qu'elles n'utilisent que si un changement se produit. D'autre part, si l'on peut supposer que la fonction fitness varie continuellement, un système adaptatif tel que le *SEA* pourrait être employé pour prédire la prochaîne position de l'optimum global.

3.5 Discussions générales sur le SEA

Comme il a été montré précédemment, le *SEA* pourrait être utilisé dans un environnement dynamique ; si l'on suppose qu'un changement du problème se produise moins souvent ou d'une façon moins forte lorsque l'algorithme est en fin de convergence vers l'optimum global. Ainsi, deux paramètres stochastiques seraient nécessaires. Le premier paramètre aiderait dans le cas d'une convergence lente vers l'optimum global. Le second aiderait dans le cas d'un grand changement dans le problème. Cela pourrait mener à trouver, dans une autre région de l'espace de recherche, l'optimum global.

De ce fait, un opérateur stochastique serait associé à chaque état :
Lorsque la fitness créée par l'opérateur faible est supérieure à celle créée par l'opérateur fort, la taille de la population est plus grande et l'algorithme converge lentement vers l'optimum global. Quand un changement de problème survient, les valeurs de fit-

ness produites par le faible opérateur sont inférieures ou égales à celles produites par l'autre, ou bien la probabilité de trouver de meilleures solutions avec le fort opérateur est plus élevée.

Ainsi, la taille de la population du plus fort opérateur augmente et l'algorithme automatiquement adapte la recherche au meilleur opérateur (à l'opérateur le plus convenable). Bien sûr, on peut évoquer l'ajout d'une mémoire à ces algorithmes, si cela s'avère nécessaire pour le problème.

Généralement, un état dans le *SEA* peut représenter n'importe quel élément de l'algorithme évolutionnaire standard. Il peut désigner la représentation des solutions, l'opérateur de sélection, l'un des opérateurs génétiques, les taux de sélection, de mutation ou de croisement, ou n'importe quel autre élément. L'état d'un *SEA* pourrait également être un algorithme de métaheuristique. On peut citer dans ce domaine : les stratégies d'évolution, les techniques de programmation génétiques, la recherche à voisinage variable, et bien d'autres.

En principe, l'état des solutions appartenant à la sous-population d'un *SEA* ayant la meilleure fitness est le plus souvent choisi par l'opérateur de sélection. Cela ne signifie pas que l'espace de recherche d'un tel état est "plus facile" ; il serait possible, à l'instant t, de prélever des échantillons de solutions avec des valeurs de fitness compétentes alors que la totalité de l'espace de recherche est inaccessible. Des travaux postérieurs sont essentiels afin d'étudier l'effet du changement d'état, et ensuite de considérer la réaction du *SEA* envers le sous-échantillonnage (la sous-division) de l'espace de recherche par l'algorithme. Dans ce cas, la distribution sur une grille est possible avec certains noeuds dans le but de fusionner la population entière.

Une question très importante se pose dans le fonctionnement d'un *SEA* : Pourquoi ne pas utiliser un grand nombre d'états dans le cas où la convergence vers le meilleur état est très lente. Comment préciser ce nombre d'états ? C'est une question fondamentale dans l'application du *SEA* sur des problèmes d'optimisation difficile. Un tel algorithme devrait s'appliquer dans un domaine où il existe une certaine connaissance expérimentale de la structure du problème. Comme cela est déjà expliqué, éventuellement un nombre minimal d'états est souvent recommandé parce que cela nécessite un coût faible de calcul. Maintenant, des algorithmes spécifiques existent et les ingénieurs de recherche peuvent choisir comment les associer sans se préoccuper de concevoir tous les paramètres spécifiques.

3.6 Applications du SEA sur des problèmes d'optimisation difficiles

Dans cette section, nous introduirons une première application du *SEA* sur une classe de problèmes d'optimisation difficiles. Du fait qu'il a été prouvé dans les chapitres précédents que la représentation des solutions ou la sélection du meilleur codage est très importante pour l'efficacité des AEs, nous utiliserons un *SEA* à deux états (2-*SEA*) où l'état sera lié à la représentation. Cette stratégie consistera à coupler deux représentations et différents opérateurs de changement d'état. 2-*SEA* possèdera deux espaces de recherche identiques mais des opérateurs de changement d'état différents.

Dans la suite des expériences, nous analyserons l'évolvabilité (les effets phénotypiques) de ces opérateurs et les avantages qu'ils peuvent apporter à la recherche. De même, nous représenterons les données obtenues dans un schéma graphique particulier appelé Nuage Adaptatif (NA). Ce schéma permet d'étudier le rapport de performance entre solutions voisines proportionnellement à un opérateur de variation local.

Les résultats montrent que la manière de passer d'un codage à un autre, et non seulement le choix de la meilleure représentation ni la représentation elle-même, est très rentable et doit être prise en compte afin de mieux concevoir et donc améliorer les performances des AEs.

Afin de procéder à la présentation de l'étude faite dans cette partie, nous faisons un petit rappel sur les définitions de quelques notions fondamentales qui seront utilisées dans les sous-sections correspondantes. Toutes ces définitions sont répertoriées en bref dans les sous-paragraphes suivants.

Evolvabilité

L'évolvabilité est considérée comme "la capacité de l'opérateur de variation locale à produire des solutions de meilleure performance que les solutions initiales". Altenberg [5, 151, 6] précise que l'évolvabilité est une mesure de performance au niveau local qui s'intéresse à la distribution de performance des solutions produites par un opérateur. Nous définissons donc l'évolvabilité d'une solution s relative à un opérateur de recherche local comme la distribution de probabilité des performances des solutions obtenues par cet opérateur.

Nuage Adaptatif

Le Nuage Adaptatif (NA) permet d'étudier la corrélation de performance entre solutions voisines relativement à un opérateur de recherche local. L'idée d'analyser la corrélation de performance n'est pas nouvelle comme nous avons pu le voir dans la définition de la Corrélation Parents/Enfants et évolvabilité.

3.6.1 Problème de liaison de données et de représentation

Dans un algorithme évolutionnaire, la recherche est dictée par la représentation du domaine et des opérateurs de recherche sur cette représentation. Dans ce domaine, la recherche opère souvent en modifiant les bits des solutions précédemment évalués dans l'espace de recherche. Comprendre comment les bits interagissent entre eux dans la représentation, lors de la définition de la valeur de la fonction est essentiel pour comprendre la fonction à optimiser. Cette interaction est appelée liaison épistatique. Deux positions dans la chaîne sont liées de manière épistatique si l'effet de changer l'allèle (valeur) à une position donnée dépend de l'allèle sur l'autre position. Pareillement, un groupe d'allèles est lié de manière épistatique si l'effet de changer l'allèle à une position donnée dépend des allèles sur toutes les autres positions du groupe [27, 69].

Le choix de la représentation des solutions est donc une étape absolument fondamentale et un point hautement décisif à prendre en considération dans le fonctionnement des AEs. Un problème peut être difficile pour une représentation et facile pour une autre [91, 154]. C'est alors une tâche complexe de découvrir quel schéma de codage convient pour un problème spécifique avant de faire des tests. Une représentation peut avoir un très bon comportement au commencement de l'exécution et un mauvais comportement à la fin de l'exécution [124, 94, 19].

En outre, le biais de la recherche durant le processus génétique dépend du problème, de la structure de l'espace de recherche, du mécanisme de sélection et des opérateurs génétiques de croisement et mutation. Pour chaque problème il existe un grand nombre de codages possibles. Il est souvent possible de suivre le principe d'alphabets minimaux lors du choix du codage pour un AE, mais il peut être plus difficile de suivre simultanément le principe de blocs de constructions significatifs. C'est parce que notre intuition sur l'espace du problème peut ne pas bien se traduire dans les espaces codés en binaire ou en d'autres types de codage [141, 123].

Dans ce chapitre, le "problème de liaison de données" sert à justifier pourquoi on a choisi la représentation des solutions comme un paramètre/élément d'AEs à régler. En effet, la représentation (codage des solutions) influence dramatiquement sur le sujet de "liaison de données" et spécifiquement sur la manière de conserver/multiplier une croissance correcte des blocs de construction dans les structures des individus de la population. Plus particulièrement, il existe deux manières possibles d'aborder le problème de la conception de codage pour des blocs de construction significatifs :

– Faire une recherche assez longue et fastidieuse dans les codages possibles tout en recherchant une solution et essayer d'appliquer le codage choisi.

– Incorporer une variété de schémas de codage simultanément et changer la représentation de solutions d'un codage à un autre durant le processus d'optimisation.

Le premier choix utilise des opérateurs de réarrangement, comme l'inversion, qui essaient de rechercher et d'appliquer le meilleur codage tout en cherchant la solution. Le second choix contribue à bien explorer l'espace de recherche et à augmenter le nombre de blocs de construction considérés significatifs dans la chaîne de solution. Le reste de cette partie explore, développe et illustre la seconde approche tout en utilisant une instance du *SEA*.

Dans la suite, une exécution d'un *SEA* avec n états sera équivalente à l'exécution de n AEs en parallèle dans lesquels chaque EA_i $(i = 1, ..., n)$ possèdera son propre réglage de paramètre (cf. Figure 3.1). Dans ces exécutions, l'état sera lié à la représentation et les opérateurs de changement d'état serviront à convertir le codage des solutions. Le principe essentiel du *SEA* est de choisir le bon état en fonction des valeurs de fitness des solutions et non pas directement en fonction de leurs états, tout en se servant d'un opérateur de sélection classique. De cette façon, le *SEA* favorise le codage dont la population de solutions a la moyenne de fitness la plus élevée. Dans ce cas, le choix du codage dépend de l'évolvabilité de ce codage juste après la modification de la représentation. En d'autres termes, il dépend de l'évolvabilité de l'opérateur de changement d'état (conversion de codage) qui peut être résumée comme sa capacité à "promouvoir" les opérateurs génétiques à engendrer des solutions prometteuses à partir des anciennes. Par conséquent, la conception des opérateurs de changement d'état qui peuvent mener à une moyenne de fitness bien échelonnée et une évolvabilité assortie serait une approche adéquate pour résoudre le problème des AEs causé par l'enjeu de liaison de données et de représentation.

Les expériences ultérieures sont réalisées dans le but de prouver que même si les représentations utilisées pour coder les solutions sont identiques, la manière de modifier la représentation d'un codage à un autre est aussi importante et utile que la sélection du meilleur codage.

3.6.2 Représentations redondantes

Les représentations redondantes sont de plus en plus appliquées dans le calcul évolutif et semblent affecter de manière positive les performances des AEs [125]. Elles utilisent un nombre plus élevé d'allèles pour coder les informations phénotypiques dans le chromosome que le nombre d'allèles essentiel pour construire le phénotype.

Un codage redondant aléatoire n'a pas d'influence a priori sur les mesures caractéristiques du paysage de fitness et ne peut pas faire progresser l'exécution d'un AE. Introduire de la neutralité de façon "aveugle" doit donc être évité. Par contre, un codage redondant qui est introduit d'une manière intelligente et cohérente à la structure du problème pourrait améliorer les performances d'un AE.

Dans le cas de la programmation évolutionnaire, les codages binaires utilisés sont fortement redondants et conduisent parfois à des paysages neutres, mais cela ne semble pas être un obstacle pour obtenir de bonnes performances.

Les travaux précédents dans [125] expliquaient comment la synonymie d'une représentation influence la recherche génétique. Puis un modèle de redimensionnement de la population est développé pour des représentations redondantes de manière synonyme. Ce modèle est basé sur l'hypothèse que la représentation adoptée peut affecter la population initiale.

Parmi les représentations redondantes les plus connues, nous pouvons mentionner une structure particulière désignée sous le nom de codage binaire en blocs (BBC). Elle est conçue sur l'hypothèse de décomposer la chaîne binaire de solution en un nombre fini de blocs ayant chacun une longueur fixe déterminée (décidée) par l'utilisateur avant que l'opération d'un AE commence [69, 154]. En principe, l'utilisation des composites de blocs en codage binaire possède la propriété de maintenir les génotypes et les phénotypes bien équilibrés (cf. Section 3.6.2).

L'étude dans cette partie porte sur le concept de coupler, dans un *SEA*, deux représentations binaires en blocs identiques mais deux manières différentes de changement de représentation. Les représentations utilisées pour coder les individus dans la population seront identiques par le fait qu'elles auront le même espace de recherche, la même structure de voisinage et les mêmes valeurs de fitness pour les individus ayant des solutions équivalentes. Chacun des deux codages utilisés représentera un état différent du *SEA*.

Dans l'objectif de garder une sorte de diversité génétique durant la recherche, on propose deux moyens différents de conversion de codage. Le premier tend à augmenter le nombre de zéros "$0s$" dans la solution binaire par le fait que chaque bit sera codé en tant qu'une sous-chaîne binaire composée d'un bloc de bits ayant le nombre maximum de "$0s$". Le second tend à augmenter le nombre de uns "$1s$" dans la solution binaire par le fait que chaque bit sera codé en tant qu'une sous-chaîne binaire composée d'un bloc de bits ayant le nombre maximum de "$1s$".

On espère que les opérateurs de conversion de codage proposés ci-dessus n'introduisent pas de la neutralité de façon "aveugle" ; par contre qu'ils soient effectifs pour la recherche. On espère également qu'ils soient assez intelligents pour augmenter l'évolvabilité des opérateurs de variation génétiques et les "inciter" à produire de meilleures solutions.

Codage binaire en blocs

Le codage binaire en blocs, BBC, est l'ensemble de toutes les solutions possibles $\{0,1\}^{nk}$ où n est le nombre de blocs et k est la taille du bloc. Soit w une chaîne binaire codée en BBC, alors w sera composée d'un jeu de blocs binaires w_j où chacun est de longueur k $\forall j \in [0, n-1]$ (cf. Figure 3.2). Le décodage de w en binaire standard renvoie une chaîne binaire x de longueur n. Cette procédure peut être définie par le mappage de vote binaire. Chaque bloc dans w sera remplacé par un bit dans x. La valeur de chaque bit dans x est déterminée par "le vote à la majorité des valeurs" dans le bloc correspondant.

Pratiquement, un problème d'optimisation binaire requiert une représentation qui soit en corrélation avec la forme de la fonction de fitness. Dans cet objectif et puisqu'un bit peut avoir la valeur "0" ou "1", nous définissons deux variantes de changement de représentation d'un codage binaire à un autre. La première est assignée à maximiser le nombre de "$0s$" dans la chaîne binaire en transformant chaque bit en un bloc binaire contenant le plus grand nombre possible de "$0s$" relativement à la taille du bloc (cf. Figure 3.2). La seconde est assignée à maximiser le nombre de "$1s$" dans la chaîne binaire en transformant chaque bit en un bloc binaire contenant le plus grand nombre possible de "$1s$" relativement à la taille du bloc (cf. Figure 3.2).

BBC est un groupe infini de schémas de codage binaire en variant seulement la taille du bloc. Le codage binaire standard est l'élément basique de ce groupe ayant une taille de bloc égale à 1. Ce schéma de codage est censé introduire une forme de redondance intelligente qui peut être avantageuse à la codification du chromosome et appropriée à la structure de la fitness. Il est ainsi supposé d'amplifier la capacité des opérateurs de reproduction à fournir des résultats plus acceptables.

Opérateurs de codification en BBC

Supposons que nous ayons une chaîne binaire x de longueur n que nous voulons encoder en BBC avec une taille de bloc égale à k générant aussi une nouvelle chaîne binaire w. Tel qu'il a été mentionné plus haut, deux opérateurs de codage sont disponibles pour changer la représentation du codage binaire standard en BBC. Le premier, enc_0, maximise le nombre de "$0s$" et le second, enc_1, maximise le nombre de "$1s$" dans la chaîne binaire.
Ainsi, $\forall i \in \{0,1\}$, l'opérateur enc_i peut être défini comme suit :

$$enc_i : \{0,1\}^n \to \{0,1\}^{nk}$$

$$enc_i(x) = w = w_0 w_1 ... w_{n-1}$$

où $\forall j \in [0, n-1]$ on a :

$$w_j = \begin{cases} i^k & si\ x_j = i \\ i^{\frac{k-1}{2}} \bar{i}^{\frac{k+1}{2}} & si\ x_j = \bar{i} \end{cases}$$

où $\bar{i}$ est le bit complémentaire de i.
Deux exemples démonstratifs sont illustrés dans la Figure 3.2.

Opérateur de décodage de BBC

Supposons que nous ayons une chaîne binaire w composée de n blocs ayant chacun une taille égale à k. Si nous voulons décrypter w en codage binaire standard, une nouvelle chaîne binaire x sera générée en utilisant l'opérateur de décodage de BBC, dec. La procédure de décryptage de BBC en codage binaire standard est basée sur une fonction prédéfinie, maj, utilisée pour évaluer chaque w_j dans $w \forall j \in [0, n-1]$. maj est une routine spécifiée par "le vote à la majorité des valeurs de bits" dans la chaîne binaire et peut être définie comme suit :

$$maj : \{0,1\}^k \to \{0,1\}$$

$$maj(u) = \begin{cases} 0 & si \ |u|_0 > |u|_1 \\ 1 & \textit{sinon} \end{cases}$$

où $|u|_0$ respectivement $|u|_1$ représente le nombre de "$0s$" respectivement de "$1s$" dans u.
Alors l'opérateur dec peut être défini comme suit :

$$dec : \{0,1\}^{nk} \to \{0,1\}^n$$

$$dec(w) = x = x_0 x_1 ... x_{n-1}$$

où $\forall j \in [0, n-1]$ on a :

$$x_j = maj(w_j)$$

Deux exemples démonstratifs sont illustrés dans la Figure 3.2.

Opérateurs de conversion de BBC

Il existe plusieurs façons de changer la représentation des solutions d'un schéma BBC en un autre schéma BBC. Nous résumons ci-dessous une liste de deux opérateurs de conversion de BBC. Ce sont des procédures qui sont responsables de changer l'état, ici la représentation, d'une solution d'un codage à un autre sans modifier sa valeur de fitness.
Ainsi, nous avons :

$$\forall j \in S, \ \forall x \in \Omega, \ f(x) = f(conv_j(x))$$

où S est l'espace d'état, Ω l'espace de recherche, f la fonction de fitness, et $conv_j$ l'opérateur de conversion vers l'état j. Dans notre cas, $conv_0$ correspond à l'opérateur qui maximise le nombre de "$0s$" et $conv_1$ correspond à l'opérateur qui maximise le nombre de "$1s$" dans la chaîne binaire.

Supposons que nous ayons une chaîne binaire w codée en BBC et composée de n blocs ayant chacun une taille égale à k. Si nous souhaitons modifier la représentation de w en une forme de redondance qui augmente le nombre de "is" ($i \in 0, 1$) dans la chaîne binaire tout en gardant la même taille de bloc, une nouvelle chaîne binaire w' sera générée en suivant deux étapes principales. La première consiste à déchiffrer w en codage binaire standard produisant ainsi une nouvelle chaîne binaire x de longueur n. La deuxième étape consiste à coder x en BBC tout en appliquant l'opérateur enc_i produisant ainsi une nouvelle chaîne binaire w' de longueur nk.
Ainsi, $\forall i \in \{0,1\}$ l'opérateur $conv_i$ peut être défini comme suit :

$$conv_i : \{0,1\}^{nk} \to \{0,1\}^{nk}$$

$$conv_i(w) = w' = enc_i(dec(w))$$

Deux exemples démonstratifs sont illustrés dans la Figure 3.2.

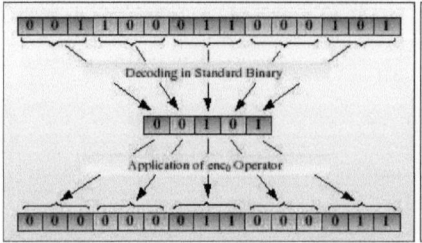 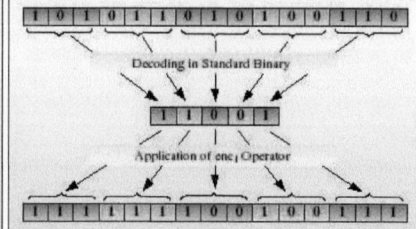

FIGURE 3.2 – Pour deux chaînes binaires données w et w' avec un nombre de blocs égal à 5 et une taille de bloc égale à 3 pour les deux représentations, nous montrons le décodage en binaire standard puis l'application de l'opérateur enc_0 respectivement enc_1.

Rôle et importance de BBC

Certaines classes de problèmes d'optimisation peuvent bénéficier de l'application des deux opérateurs de conversion de BBC, $conv_0$ et $conv_1$ dans un algorithme s'exécutant en parallèle. Une stratégie d'AEs basée sur ces deux variantes sert à rendre la représentation des solutions plus adéquate à la fonction de fitness du problème. De même, cette approche permet aux AEs d'explorer des zones non découvertes de l'espace de recherche.

Si nous introduisons la notion d'état à définir selon la représentation dans un *SEA*, alors ce *SEA* peut être cet algorithme évolutionnaire qui intègre un modèle adaptatif pour une représentation dynamique. Par conséquent, la modification de la représentation en un schéma de BBC utilisant $conv_0$ ou $conv_1$ peut maintenir un "*équilibre ponctué*" au niveau du nombre de bits avec "0" et "1" dans la chaîne binaire. Cette fonction est une alternative qui aide à améliorer la performance d'un AE lorsqu'une représentation binaire classique, telle que CS ou CG, "se biaise" le plus souvent vers des bits avec la valeur "0" ou "1".

Par exemple, si la solution ultime d'un problème d'optimisation contient un nombre de "$0s$" supérieur au nombre de "$1s$" dans la chaîne binaire, alors le "cycle" de changement de codage de BBC réalisé dans un *SEA* en appliquant $conv_0$ puis $conv_1$ à des solutions aléatoires peut être utile de la manière qu'il fait augmenter le nombre de bits avec "0" et donc mène, itération après itération, à découvrir l'optimum global.

Le rôle des opérateurs de conversion de BBC peut être considéré comme un intermédiaire effectif entre le codage binaire standard et la structure du problème. Ces médiateurs servent à maintenir une diversité génétique dans la population du fait qu'ils aident à bien explorer de nouvelles régions de l'espace de recherche. L'importance de ces opérateurs réside dans le concept qui les spécifie comme des ajusteurs qui tentent de corriger des bits erronés dans la chaîne binaire tout en remplaçant probablement de fausses valeurs de bits par des vraies valeurs.

Après une profonde observation, les opérateurs de conversion de BBC peuvent être interprétés comme des constructeurs de blocs significatifs. Puisque dans un codage binaire, "0" (respectivement "1") est le bit complémentaire de "1" (respectivement "0"), ainsi $conv_0$ (respectivement $conv_1$) peut être considéré comme l'opérateur de conversion complémentaire de $conv_1$ (respectivement $conv_0$). Dans cette perspective, nous devons remarquer que la valeur de BBC réside dans l'utilisation des opérateurs $conv_0$ et $conv_1$ simultanément dans une méthode qui les attache à interagir/interchanger des données/structures binaires afin de contribuer à la création et non pas à la destruction des blocs de construction particuliers.

3.6.3 Expériences

Nous avons considéré une série d'expériences pour tester l'efficacité du *SEA* et analyser certaines des caractéristiques principales des opérateurs de conversion de BBC. Dans toutes les expérimentations faites ci-dessous, nous avons utilisé la Bibliothèque EO pour coder les algorithmes testés et les fonctions objectives dans un code conforme à la norme ANSI-C++. La Bibliothèque de référence EO est disponible sur le site officiel de développement EO [4].

Fonctions de test

Pour tester la performance du *SEA*, nous avons convenu d'utiliser des problèmes de test standard. Nous examinons particulièrement un jeu de quatre fonctions d'optimisation binaires.

La première, P1, constitue le problème ONEMAX classique. Elle appartient à la classe d'unitation des fonctions de fitness. Les fonctions d'unitation sont des fonctions de fitness où la fitness est une fonction du nombre de "1s" dans une solution $x \in \{1,0\}^l$, où l est la longueur de la solution. Toutes les valeurs de fitness sont non négatives : $u : \{0,1\}^l \to \mathbb{R}^+$. Les deux premières fonctions de fitness données dans le Tableau 3.1 et illustrées dans la Figure 3.3 sont deux exemples de fonctions d'unitation. Elles sont respectivement désignées ONEMAX et NEEDLE, et ont été théoriquement étudiées pour les AEs simples à paramètre fixe par Rowe [126], Wright [165] et Richter et al. [122].

La fonction de fitness ONEMAX a été nommée la "fruity fly" de la recherche sur les AEs [140]. C'est un problème de maximisation qui compte le nombre de "1s" dans la chaîne binaire. P1 est une fonction linéaire neutre avec un optimum global, une chaîne binaire formée entièrement de "1s".

De même, nous avons étendu nos observations pour tester la seconde fonction P2. Il s'agit du problème NEEDLE qui appartient aussi à la classe d'unitation des fonctions de fitness. P2 est une tâche d'optimisation difficile à résoudre pour les AEs classiques, et possède un optimum global, une chaîne binaire formée entièrement de "1s".

4.

NEEDLE est un problème de maximisation linéaire qui peut servir à étudier les propriétés du *SEA* et démontrer l'importance du changement de la représentation en BBC.

Par ailleurs, nous avons appliqué les tests à la troisième fonction P3. Il s'agit du problème ONOFF qui est défini comme une fonction de fitness où l'optimum global est une séquence binaire finie de la forme $1010...10$. La fitness de cette fonction est la distance Hamming normale d'une solution $x \in \{1,0\}^l$ à l'optimum global, où l est la longueur de x. ONOFF est un problème de minimisation typique. Toutes les valeurs de fitness sont non négatives : $u : \{0,1\}^l \to \mathbb{R}^+$, et la valeur de fitness de l'optimum global correspond à une valeur de 0 pour n'importe quelle longueur de la solution.

Dans la chaîne binaire de l'optimum global, tout bit ayant la valeur 1 correspond à l'étiquette ON et tout bit ayant la valeur 0 correspond à l'étiquette OFF. Un exemple de la fonction ONOFF est illustré dans la Figure 3.4 (a) pour une longueur de la solution binaire égale à 4.

Cette fonction devrait avantageusement confirmer nos affirmations sur le concept de changement de la représentation car nous estimons que la solution réelle de la forme $1010...10$ serait une tâche vraiment complexe pour les opérateurs de conversion de BBC. Par conséquent, les opérateurs $conv_0$ et $conv_1$ devraient avoir une égale opportunité d'être appliqués durant la recherche de l'optimum global qui contient un nombre égal consécutif de "$0s$" et "$1s$".

Les expériences sont étendues pour inclure la fonction P4. Il s'agit du problème d'ALTERNATION qui compte le nombre de discontinuités entre les bits consécutifs dans la chaîne binaire [29]. Elle est considérée comme un problème de maximisation difficile à résoudre pour un AE standard. Elle dépend du nombre total de séquences 10 ou 01 dans une chaîne binaire et non pas de la position des permutations. Ainsi, elle est définie sur la distribution binomiale de l'espace induite par les permutations. En conséquence, la fonction ALTERNATION a les propriétés suivantes :

– Tous les points avec le même nombre de permutations ont la même valeur de fitness.
– Une symétrie par rapport à la valeur de bit, à savoir $f(x) = f(\bar{x})$, où $x \in \{1,0\}^l$ est une chaîne binaire de longueur l, et $\bar{x}$ est son bit complémentaire.
– Selon la propriété citée ci-dessus, le coefficient de corrélation de distance Hamming de fitness est égale à zéro.

Un exemple graphique de la fonction ALTERNATION est illustré dans la Figure 3.4 (b) pour une longueur de la solution binaire égale à 4. Ce problème fournit un outil intéressant pour rapporter les caractéristiques du *SEA*. Il peut être également utilisé pour analyser les dimensions des opérateurs enc_0 et enc_1 par le fait qu'il comprend deux optima globaux différents dus à sa symétrie. Le premier optimum est de la forme $1010...10$ et le second est de la forme $0101...01$.

Contrairement aux trois premiers problèmes, P4 est un problème non linéaire dans lequel une forme d'épistasie est contenue dans la structure de la solution car les bits sont étroitement liés entre eux. Les chances d'appliquer les opérateurs $conv_0$ et $conv_1$ doivent être équivalentes pour que le *SEA* réussisse son trajet.

TABLE 3.1 – Fonctions de test.

Reference	Nom	Définition
P1	ONEMAX	$f_1(s) = |s|_1$
P2	NEEDLE	$f_2(s) = \begin{cases} l & si\ |s|_1 = l \\ 1 & sinon \end{cases}$
P3	ONOFF	$f_3(s) = HDO(s)$
P4	ALTERNATION	$f_4(s) = ND(s)$

Les définitions de tous ces problèmes sont résumées dans le Tableau 3.1 où l est la longueur d'une solution donnée s, $|s|_1$ le nombre de "$1s$" dans s, $HDO(s)$ la distance Hamming de s à l'optimum global, et $ND(s)$ le nombre de discontinuités entre les bits consécutifs dans s.

Soit w une solution donnée encodée en BBC, f et f' deux fonctions de fitness telles que $f : \{0,1\}^n \to \mathbb{R}^+$ et $f' : \{0,1\}^{nk} \to \mathbb{R}^+$. Pour calculer la valeur de fitness de w, $f'(w)$, tout d'abord nous déchiffrons w en codage binaire standard générant ainsi une nouvelle chaîne binaire x. Ensuite, la valeur de fitness de x, $f(x)$, est prise égale à la valeur de la fonction correspondante définie dans le Tableau 3.1. Subséquemment, nous obtenons l'égalité suivante : $f' = f \circ dec$.

Paramètres du SEA

Puisqu'un *SEA* lui-même a plusieurs options en termes de son implémentation, il est nécessaire de noter le choix des paramètres utilisés dans ces expériences.

En premier lieu, le nombre d'états a été fixé à 2, chaque état étant lié à une représentation de BBC. En effet, les représentations des solutions dans les deux états sont identiques (elles ont le même espace de recherche, la même structure de voisinage et les mêmes valeurs de fitness pour les solutions semblables) mais deux manières différentes de changement de représentation seront appliquées par l'intermédiaire de $conv_0$ et $conv_1$. Chacun de ces opérateurs sera attribué à un état du *SEA*. Ce choix était explicite dans l'intention d'intégrer une stratégie de double codage qui peut aider à localiser la solution optimale lors de la conversion de codage de quelques solutions aléatoires dans la population.

Une instance du *SEA* est alors développée en utilisant deux AEs parallèles pour les deux états. Elle est dénotée par 2-*SEA* où chaque AE est exécuté pour un nombre

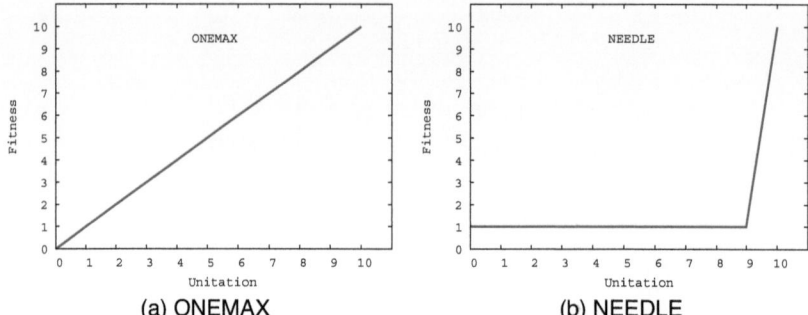

FIGURE 3.3 – Représentations graphiques des fonctions d'unitation ONEMAX et NEEDLE. Les problèmes sont illustrés pour des chaînes binaires de taille 10. L'axe des x représente le nombre de "$1s$" dans la chaîne binaire. L'axe des y représente la fitness des solutions.

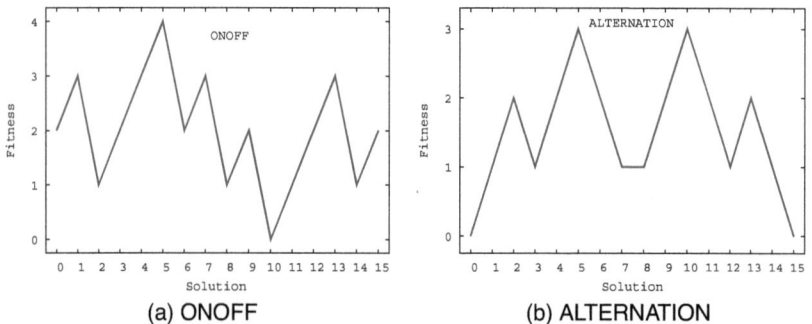

FIGURE 3.4 – Représentations graphiques des deux fonctions ONOFF et ALTERNATION. Les problèmes sont illustrés pour des chaînes binaires de taille 4 (donc $16 = 2^4$ solutions possibles peuvent être générées). L'axe des x représente la valeur réelle de la solution codée en binaire standard. L'axe des y représente la fitness des solutions.

donné d'itérations avant que la phase de fusion ne se produise dans le cycle de vie de l'algorithme.

Le paramètre suivant est le taux de changement/mutation d'état. Puisque la représentation est directement liée à l'algorithme dans ces expérimentations, alors une mutation d'état signifie que la représentation des solutions est modifiée en un autre codage. Dans la suite, le taux de changement d'état sera identique dans tous les états et sera noté par $pMutState$ au lieu de c. Ce paramètre peut être facilement modifié sans trop affecter les résultats finaux. La valeur de ce paramètre est fixée d'après les expériences décrites ultérieurement dans la Section 3.6.3.

2-*SEA* a un autre paramètre particulier : k pour la taille de bloc. Cette variable sera identique dans les deux états de l'algorithme. La valeur utilisée pour ce paramètre a été choisie suite au résultat d'une expérimentation préalable rapportée dans la Section 3.6.3.

Les meilleurs réglages de paramètre parmi ceux testés pour toutes les fonctions objectives sont donnés dans le Tableau 3.3.

Valeurs de paramètres généraux

Afin de donner un tableau juste et équitable pour la comparaison d'un AE simple avec 2-*SEA*, les paramètres communs entre ces deux algorithmes ont été maintenus les mêmes. Puisque 2-*SEA* est composé de deux AEs parallèles, un AE standard et 2-*SEA* ont été exécutés avec les paramètres recommandés par Goldberg [58, 59, 60] (cf. Tableau 3.2). En général, l'ensemble de tous les autres paramètres et leurs attributs respectifs sont indiqués dans le Tableau 3.3 avec : $maxGen$ pour un nombre maximum de générations avant l'arrêt de l'algorithme, $popSize$ pour la taille de population, $vecSize = nk$ pour la taille de la chaîne binaire (solution), $tSize$ pour la taille de sélection de tournoi, $pCross$ pour le taux de croisement, $pMut$ pour le taux de mutation, $pMutPerBit$ pour le taux de mutation Bit-Flip ($1/vecSize$).

Ce tableau affiche les valeurs de paramètres pour les quatre problèmes de test. Il faut noter que pour les trois premiers problèmes la taille de population a été définie égale à 100, et pour le dernier problème cette valeur a été fixée à 10. Ceci reflète le fait que la fonction ALTERNATION requiert plus d'exploitation que d'exploration dû à un attracteur trompeur se trouvant à mi-distance de l'optimum global. Ce choix est bien vérifié et est totalement compatible avec le choix d'une faible valeur de $pMutPerBit$ pour la même fonction. Également, une mutation minime permet à l'algorithme de découvrir de manière régulière et récursive de bonnes directions vers l'optimum dans l'intervalle de recherche.

Résultats expérimentaux

Dans les deux sous-sections suivantes, nous présentons des expériences qui ont été réalisées dans deux objectifs différents. La première sert à étudier l'interaction/dépendance des paramètres de 2-*SEA* et BBC, et ensuite à analyser les opérateurs de conversion

TABLE 3.2 – Valeurs de paramètres généraux.

Paramètre	Attribut
Générateur pseudo-aléatoire	Générateur Uniforme
Mécanisme de sélection	Sélection de Tournoi
Mécanisme de croisement	Croisement 1-Point
Mécanisme de mutation	Mutation Bit-Flip
Modèle de remplacement 1	Remplacement Générationnel
Modèle de remplacement 2	Remplacement d'élitisme
Critères de d'arrêt d'algorithme	Nombre Maximum de Générations

TABLE 3.3 – Meilleures valeurs de paramètres.

Paramètre	P1	P2	P3	P4
$maxGen$	3000	3000	3000	30000
$popSize$	100	100	100	10
$vecSize$	1900	1900	300	300
$tSize$	2	2	2	2
$pCross$	0.6	0.6	0.6	0.6
$pMut$	1.0	1.0	1.0	1.0
$pMutPerBit$	0.9	0.9	0.05	0.05
$pMutState$	1.0	1.0	0.85	0.7
k	19	19	3	3

de BBC. La deuxième permet de tester l'importance de changer la représentation et d'établir une comparaison entre la performance de 2-*SEA* et un AE classique.

Dépendance des paramètres de 2-*SEA* et BBC

Dans cette section, nous présentons des expériences destinées à examiner plusieurs aspects du *SEA* en interaction avec les opérateurs de conversion de BBC. Nous aimerions savoir dans quelle mesure le changement de la représentation, à l'aide $conv_0$ et $conv_1$, peut "aider" et "faire avancer" 2-*SEA* durant la recherche. En outre, nous aimerions découvrir comment les paramètres de 2-*SEA* et BBC interagissent entre eux.

En premier lieu, il est essentiel de mentionner que les paramètres $pMutState$ et $pMutPerBit$ jouent un rôle important dans le fonctionnement de 2-*SEA*, et leurs valeurs affectées sont décisives par rapport au résultat final. Précisément, $pMutState$ fixe le taux de conversion de codage de solutions arbitraires dans la population. Or, nous utilisons $conv_0$ et $conv_1$ comme deux opérateurs de conversion pour le même espace de recherche défini par BBC. Par conséquent, chacun de ces deux opérateurs possède une évolvabilité différente juste après le changement de la représentation. Alors du fait que l'évolvabilité d'un opérateur de conversion, et avec lui $pMutState$, est incidente à l'application d'opérateurs génétiques et à la probabilité de renverser un bit, $pMutPerBit$, dans la chaîne binaire, nous explorerons la relation entre les paramètres $pMutState$ et $pMutPerBit$. Dans ce but, nous calculerons la proportion de solutions résolues correctement par 2-*SEA* qui correspond au taux de réussite en pourcentage.

Dans la première expérience, les valeurs $pMutState$ et $pMutPerBit$ changent dans un intervalle $[0.0 : 1.0]$ avec un pas de 0.05. Cette expérience est effectuée sur chacune des fonctions objectives tout au long de 100 exécutions indépendantes. Les représentations graphiques des variations de fitness relativement à $pMutState$ et $pMutPerBit$ sont données dans la Figure 3.5. Une simple lecture de ces chiffres montre qu'un taux élevé de conversion de codage est nécessaire pour toutes les fonctions afin que 2-*SEA* produise des résultats positifs. Ceci reflète l'importance extrême et l'utilité de changer la représentation durant la recherche. Par ailleurs, la Figure 3.5 indique qu'un taux élevé de mutation Bit-Flip est requis pour les problèmes P1 et P2, et un taux bas de mutation Bit-Flip est requis pour les problèmes P3 et P4, afin que 2-*SEA* puisse rendre des résultats acceptables. En tant que synthèse élémentaire sur les données obtenues, nous pouvons dire que les problèmes P3 et P4 requièrent des effets de mutation de bas niveau. Cela étant en rapport avec la structure ordonnée des optima globaux qui nécessitent une faible contribution des opérateurs génétiques afin de pouvoir réarranger les bits dans leurs positions régulières.

Par ailleurs, BBC a un autre paramètre-clé : k pour la taille de bloc. La deuxième expérience est réalisée pour déterminer la valeur de ce paramètre pour chaque fonction de test. En premier lieu, nous avons fixé la longueur de la solution à une valeur de $n = 100$, ce qui signifie que le nombre de blocs dans la chaîne binaire sera égal à 100. Dans ce cas, la valeur de fitness de l'optimum global sera égale à 100 pour les fonctions d'unitation, 0 pour le problème P3 et 99 pour le problème P4. De même, nous avons fixé les valeurs des paramètres $pMutState$ et $pMutPerBit$ respectivement à 1.0 et 0.9 pour les fonctions d'unitation. Les problèmes P3 et P4 ont une valeur de $pMutState$ égale à 0.85 respectivement 0.7 et une valeur de $pMutPerBit$ égale à 0.05 pour tous les deux. Ce test a été réalisé sur toutes les fonctions objectives tout au long de 100 exécutions indépendantes.

Pour les fonctions d'unitation, les enregistrements graphiques affichés dans la Figure 3.6 montrent qu'une grande taille de bloc est nécessaire pour que 2-*SEA* puisse produire des résultats significatifs dans un nombre minimum d'itérations. Ceci peut s'expliquer, du fait que pour les problèmes linéaires classiques, une évolvabilité optimale est liée à une longueur maximale de chaîne binaire et donc à une taille de bloc assez large (élevée).

Par ailleur, les problèmes P3 et P4 requièrent une petite taille de bloc pour permettre à 2-*SEA* de générer des solutions de haute qualité. Ceci peut être interprété qu'une petite valeur de $pMutPerBit$, et avec elle une évolvabilité d'ordre minime, permet d'éviter des effets disruptifs sur la solution et en conséquence peut aider à ajuster la structure des solutions de manière progressive/heuristique dans un nombre minimal de générations.

Comparaison de performances : 2-*SEA* vs.AE standard

En tenant compte de la nature stochastique de 2-*SEA*, nous calculons la performance moyenne de 100 exécutions indépendantes de 2-*SEA* sur chaque fonction objective. L'optimum global étant égal à 100 pour P1 et P2, 0 pour P3 et 99 pour P4, le Tableau 3.4 (respectivement la Figure 3.7) affiche les résultats numériques (respectivement les enregistrements graphiques) des expériences. Pour les deux algorithmes, 2-*SEA* et AE standard (EA), le Tableau 3.4 affiche deux mesures principales pour chaque problème de test. La première est le taux de réussite ($SR\%$) qui représente le pourcentage du nombre d'exécutions dans lesquelles l'algorithme a réussi à trouver l'optimum global. La deuxième est le nombre de générations à l'optimum ($GNTO$) qui représente la moyenne du nombre d'itérations nécessaire afin que l'algorithme atteigne l'optimum global.

Étude d'évolvabilité de $conv_0$ et $conv_1$ par Nuage d'Adaptation

Pour prouver les résultats obtenus, nous devons d'abord démontrer l'utilité d'appliquer les opérateurs de conversion de codage. Ainsi, pour dévoiler certaines caractéristiques de BBC et étudier l'évolvabilité de $conv_0$ et $conv_1$, nous avons fait un simple test sur le problème ONEMAX dénoté Représentation Graphique par Nuage d'Adaptation [147, 149].

Nous avons démarré notre test avec un nombre fixe de solutions arbitraires générées uniformément à partir d'un germe donné (seed en anglais). Dans une première étape, nous avons appliqué une mutation Bit-Flip standard à chacune de ces solutions et évalué leurs valeurs de fitness respectives ($f(m)$).

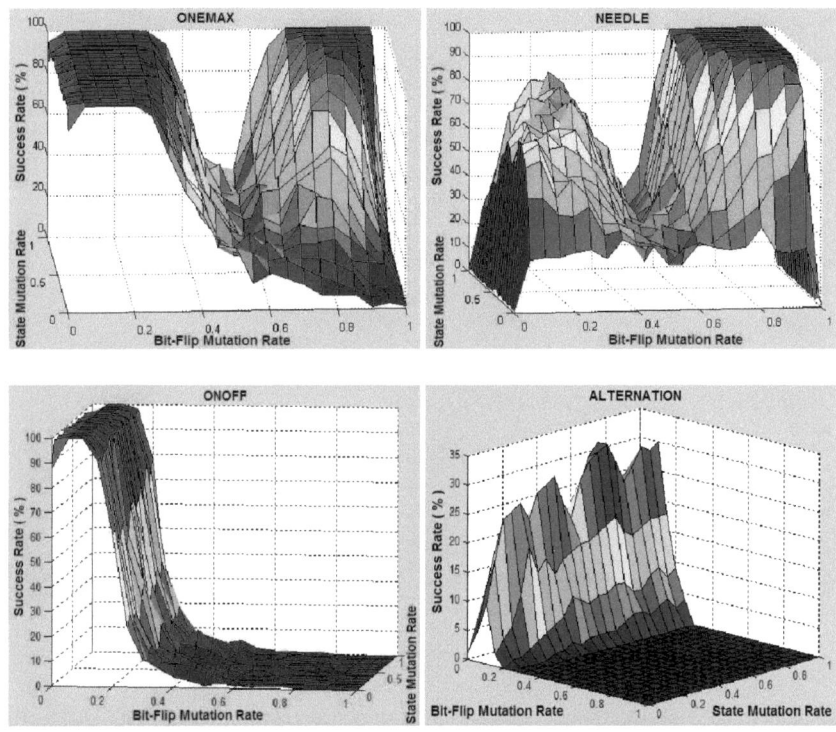

FIGURE 3.5 – Étude des fluctuations du taux de réussite relativement aux variations du taux de changement d'état et du taux de mutation Bit-Flip. Les valeurs $pMutState$ et $pMutPerBit$ varient de 0.0 à 1.0 avec un pas de 0.05 pour toutes les fonctions objectives. Les valeurs de taux de réussite obtenues varient de 0% à 100%.

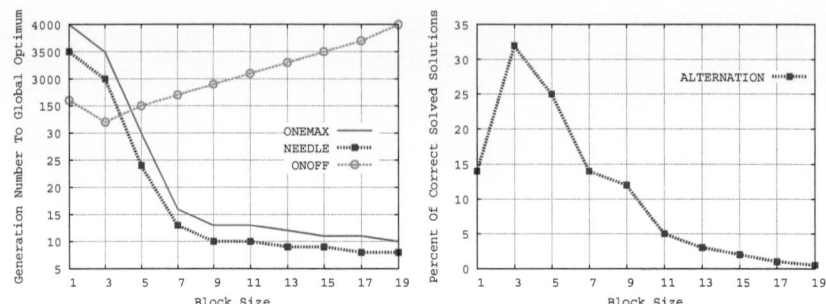

FIGURE 3.6 – Pour les meilleures valeurs de $pMutState$ et $pMutPerBit$: On trace le nombre d'itérations requis pour atteindre l'optimum global relativement à la taille de bloc pour les problèmes P1, P2 et P3. De même, on trace le pourcentage des solutions résolues relativement à la taille de bloc pour le problème P4.

TABLE 3.4 – Résultats expérimentaux.

Problème	Mesure	Algorithme	
		EA	2-SEA
P1	$SR\%$	100	100
	$GNTO$	128	10
P2	$SR\%$	3	100
	$GNTO$	3000+	8
P3	$SR\%$	100	100
	$GNTO$	579	84
P4	$SR\%$	4	32
	$GNTO$	30000+	30000+

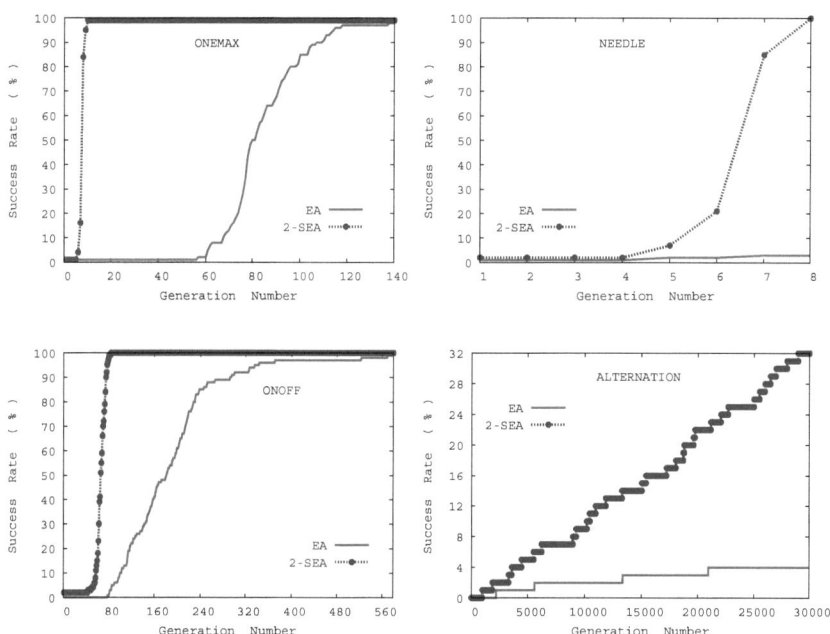

FIGURE 3.7 – Comparaison de performance entre 2-*SEA* et un AE standard : On trace le pourcentage des solutions résolues à travers le nombre d'itérations requis pour atteindre l'optimum global. Une moyenne de ces enregistrements a été calculée sur 100 exécutions indépendantes pour chaque problème de test.

Lors de l'étape suivante, nous avons appliqué deux types de conversion de codage à ces solutions initiales, le premier est accompli à l'aide de l'opérateur $conv_1$ et le second à l'aide de l'opérateur $conv_0$.
Ensuite, nous avons appliqué une mutation Bit-Flip standard à chacune de ces solutions et évalué leurs valeurs de fitness respectives ($f(m \circ conv_1)$ et $f(m \circ conv_0)$).

Au cours d'une étape suivante, nous avons appliqué deux types de "cycle" de conversion de codage aux mêmes solutions aléatoires prises auparavant, dans lesquels chaque "cycle" est considéré comme deux conversions de codage consécutives (application de $conv_0$ et $conv_1$ en amont et en aval).
Le premier "cycle" est effectué en appliquant successivement $conv_1$, une mutation Bit-Flip, $conv_0$, une mutation Bit-Flip, puis une évaluation des valeurs de fitness correspondantes ($f(m \circ conv_1 \circ m \circ conv_0)$).
Inversement, le second "cycle" est effectué en appliquant successivement $conv_0$, une mutation Bit-Flip, $conv_1$, une mutation Bit-Flip, puis une évaluation des valeurs de fitness correspondantes ($f(m \circ conv_0 \circ m \circ conv_1)$).

Ce test élémentaire a été réalisé sur 100 solutions arbitraires, ayant chacune une longueur de 1900 bits, une valeur extrême de k égale à 19, un nombre de blocs égal à 100. Par conséquent, la solution optimale est une chaîne binaire formée entièrement de "$1s$" avec une valeur de fitness égale à 100. L'opérateur de mutation Bit-Flip traditionnel a été appliqué durant toutes les étapes avec un taux de mutation de Bit-Flip égal à 0.25. La comparaison des résultats obtenus est illustrée dans la Figure 3.8.

En principe, le nuage adaptatif permet d'étudier la corrélation de performance entre une solution et l'image de cette solution par un opérateur de recherche local. Il permet également d'estimer la valeur moyenne de la performance d'une solution après avoir appliqué un opérateur de recherche local et de connaître le comportement moyen de l'itération de cet opérateur à court terme [147, 149].

Une interprétation graphique de la Figure 3.8 (gauche) indique que les valeurs de fitness des solutions qui ont été soumises à $conv_1$ et ensuite à l'opérateur de mutation Bit-Flip sont supérieures à celles des solutions qui ont été simplement soumises à une mutation Bit-Flip et à celles des solutions qui ont été soumises à $conv_0$ et ensuite à l'opérateur de mutation Bit-Flip.
Autant, la Figure 3.8 (droite) montre que les valeurs de fitness des solutions qui ont été soumises à $conv_0$ puis à $conv_1$ et ensuite à l'opérateur de mutation Bit-Flip sont supérieures à celles des solutions qui ont été simplement soumises à une mutation Bit-Flip et à celles des solutions qui ont été soumises à $conv_1$ puis à $conv_0$ et ensuite à l'opérateur de mutation Bit-Flip.
Puisque pour le problème ONEMAX, plus le nombre de "$1s$" dans la chaîne augmente plus la valeur de fitness correspondante augmente, la Figure 3.8 montre distinctement que $conv_1$ est l'opérateur de conversion le plus approprié et est celui qui a contribué clairement à produire des résultats supérieurs.

Enfin, le graphique des fitness des solutions illustré par un Nuage d'Adaptation (voir

Figure 3.8) montre une influence positive/significative des opérateurs de conversion de BBC sur la productivité des opérateurs génétiques. Nous pouvons conclure que le "cycle" de conversion de codage a induit une évolvabilité bien adéquate à la structure du problème. En plus, les résultats de test supposent que le dernier opérateur de conversion de BBC appliqué est celui qui influence le plus le résultat final. Les représentations graphiques des variations de fitness relativement à $pMutState$ indiquées dans la Figure 3.5 montrent qu'un taux de changement d'état élevé est nécessaire pour que 2-*SEA* produise des résultats positifs. Cela justifie le rôle fondamental du "cycle" de conversion de codage de BBC et son influence constructive sur la performance de 2-*SEA*. Ce concept permet de réformer/recréer les blocs de construction significatifs. Nous pouvons aussi affirmer que l'évolvabilité d'un opérateur de conversion de codage est plus bénéfique pour la performance des AEs après le changement de la représentation.

3.6.4 Discussions sur les Résultats et Synthèse sur le SEA

Dans cette partie, nous avons appliqué le *SEA* sur divers problèmes d'optimisation. Le *SEA* était basé sur le concept du changement de la représentation durant la recherche. Les intermédiaires basiques pour appliquer cette action étaient les opérateurs de conversion de BBC, $conv_0$ et $conv_1$.

Plusieurs travaux précédents avaient le but était de sélectionner un codage correct durant le processus d'optimisation et ensuite de l'appliquer au problème. Ces techniques sont très utiles et efficaces pour la recherche. Une autre constatation peut être déduite de notre étude et nos expériences. Les résultats des tests présentés dans le Tableau 3.4 et la Figure 3.7 montrent bien l'importance et l'utilité de changer la représentation de plusieurs solutions aléatoires. Le *SEA* est une approche qui incorpore une telle stratégie de conversion qui mène à une représentation dynamique et productive.

En outre, les résultats expérimentaux affichés dans le Tableau 3.4 et la Figure 3.7 sont incomparables et montrent l'avancement de 2-*SEA* par rapport à un AE standard. Ils montrent clairement comment 2-*SEA* a trouvé l'optimum global dans un nombre minimal de générations pour les trois premières fonctions alors que l'AE standard a atteint l'optimum global des problèmes ONEMAX et ONOFF dans un nombre largement supérieur d'itérations et a échoué de détecter l'optimum des problèmes NEEDLE et ALTERNATION pour la majorité des exécutions (pour un large pourcentage de populations initiales).

Pour le problème déceptif P4, le changement de la représentation avec un taux de changement d'état approprié a amené le processus de recherche dans 2-*SEA* à remettre/restituer chaque bit dans sa position correcte relativement à ses voisins. Par contre, de bonnes combinaisons ne peuvent pas être réalisées assez rapidement parce que les bits de la solution intégrale sont étroitement liés entre eux. Conséquemment, les résultats obtenus pour 2-*SEA* sont significativement différents de ceux d'un AE classique pour toutes les fonctions objectives, ce qui montre que le changement

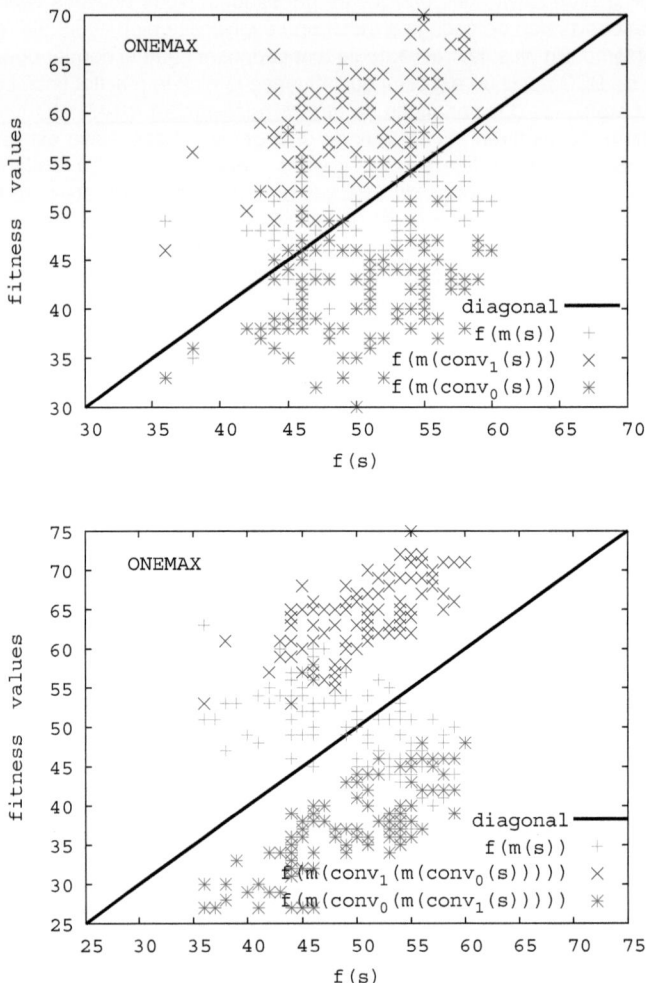

FIGURE 3.8 – Nuages de fitness représentant l'influence des opérateurs de conversion de BBC sur la productivité des opérateurs génétiques : Pour le problème ONEMAX, on trace différents types de valeurs de fitness pour 100 solutions arbitraires. L'axe des x représente la fitness des solutions initiales ($f(m)$). L'axe des y représente la fitness des solutions après l'application des opérateurs de conversion de BBC et l'opérateur de mutation Bit-Flip ($f(m(conv))$).

de représentation est d'une grande importance dans l'opération des AEs.

Une direction future suggère aussi que d'autres implémentations du *SEA* peuvent toujours être améliorées en réduisant les paramètres définis par l'utilisateur et en les rendant automatiquement ajustables en fonction des mesures extraites du processus.

Au cours de recherches ultérieures, nous devons comprendre correctement les propriétés basiques de BBC et bien reconnaître son évolvabilité fondamentale évoquée par les opérateurs génétiques. De cette manière, nous pourrons proposer d'autres types d'opérateurs de conversion de BBC afin de rendre la représentation plus dynamique durant le processus et plus adaptatif à la structure du problème.

Chapitre 4

Auto-adaptation du Taux de Mutation dans l'Algorithme Évolutionnaire à États

Le contrôle de paramètre des AEs pose des problèmes spécifiques parce qu'ils nécessitent le contrôle de plusieurs paramètres pour une recherche efficace. Les AEs sont basés sur une population et le choix d'une population initiale influence beaucoup les résulats finaux. La taille de population d'un AE peut aussi jouer un rôle décisif dans la performance de l'algorithme. L'amélioration de la qualité dépend de plusieurs facteurs, tels que l'estimation d'adaptation, la diversité de population et le taux de convergence. Une approche largement pratiquée pour identifier un bon jeu de paramètres pour une classe particulière de problème est via l'expérimentation. Idéalement, la sélection de paramètre doit dépendre de la disponibilité de ressources – comme des informations sur la fonction de fitness ou des connaissances expérimentales de la structure du problème –, et ainsi un choix rigide ne convient pas.

D'ailleurs, l'application d'un taux de mutation incorrect à des individus dans la population d'un AE peut mener à une convergence trompeuse vers des solutions de qualité médiocre. Par conséquent, le réglage du taux de l'opérateur de mutation est crucial dans le processus des AEs. Ceci est particulièrement vrai pour le problème du sac à dos multidimensionnel (MKP).

Dans le chapitre précédent, un algorithme évolutionnaire à états (*SEA*) a été proposé. Il est considéré comme un cadre automatisé pour le réglage/contrôle de paramètres, qui peut s'adapter en fonction des contraintes spécifiées dans le problème. Il est spécifiquement basé sur le concept des états dans lequel chaque état peut représenter n'importe quel composant d'un AE et les paramètres peuvent ainsi être adaptés dynamiquement durant l'exécution. Les résultats obtenus sont encourageants sur l'ensemble des fonctions objectif. Pour confirmer les résultats et affirmer l'utilité du SEA et les avantages que peut apporter cet algorithme à la recherche, nous avons choisi de tester le SEA sur un problème d'optimisation combinatoire NP difficile tel que le MKP.

Nous proposons alors d'utiliser une instance du *SEA* pour dépasser la difficulté du réglage de paramètres. Dans ce chapitre, nous expliquons comment y parvenir en commençant par examiner si les valeurs du taux de mutation sont meilleures, réglées en avance ou lorsqu'elles sont changées durant l'évolution. Comme c'est déjà montré dans le chapitre précédent, le *SEA* est un algorithme qui manipule de manière dynamique plusieurs AEs en parallèle, chacun ayant sa propre population et ses propres réglages de paramètre. Dans la présente étude, les états du *SEA* correspondent aux différents taux de mutation Bit-Flip.

Les expériences que nous avons menées montrent que le *SEA* peut bénéficier de l'existence de divers taux de mutation durant toutes les étapes de la recherche, puisqu'il est capable d'adapter dynamiquement le taux de mutation en fonction de la structure du problème. Dans ce chapitre, nous avons testé le *SEA* sur différentes instances du MKP. Des résultats expérimentaux montrent que cette approche favorise le taux de mutation Bit-Flip le plus approprié. Par conséquent, elle produit de résultats positifs pour le MKP et semble être efficace pour optimiser une large gamme de fonctions puisqu'elle n'est pas dépendante du problème.

4.1 Introduction

Le problème de sac à dos multidimensionnel (MKP) à variable $0-1$ est une famille de problèmes NP difficiles qui surviennent dans plusieurs problèmes pratiques tels que le problème d'établissement de budget, le problème de répartition de stock, le calcul de l'affectation des processeurs dans les énormes systèmes distribués et bien d'autres [87, 90].

Plusieurs heuristiques ont été appliquées à ce problème avec grand succès. Ce chapitre examine les avantages d'application du *SEA* sur ce problème en comparaison à un AE standard. En particulier, nous souhaitons démontrer le comportement adaptatif du *SEA* ainsi que les capacités de l'algorithme à résoudre des problèmes d'optimisation difficiles.

Des travaux précédents ont exploité une stratégie de combinaison de plusieurs probabilités de mutation Bit-Flip durant la recherche [21]. Leur méthode a prouvé une efficacité importante, et les performances de l'algorithme ont été améliorées du fait d'utiliser une diversité de taux de mutation. Ainsi, dans notre présente étude une instance du *SEA* sera implémentée où l'état sera lié à la probabilité de mutation Bit-Flip.

Puisque dans la nouvelle instance, les divers états du *SEA* peuvent être rangés selon un ordre quelconque, on essaie aussi dans ce chapitre d'exploiter la nouvelle topologie d'états qui est basée sur le concept de voisinage probabiliste (voir Section 3.3.5). dans ce cadre, les différents taux de mutation seront classés par ordre croissant sur une grille virtuelle. Ensuite les distances entre les états sont calculées afin d'estimer les probabilités de transition entre états.

Bien que notre objectif principal ne soit pas de concurrencer les algorithmes principaux pour l'ensemble des instances complexes du MKP, nous avons obtenu de meilleures solutions pour plusieurs instances, et des résultats relativement bons qui en général ne sont pas trop éloignés des meilleures solutions connues pour les autres instances.

Le reste de ce chapitre est divisé de la manière suivante : Dans la Section 4.2, nous présentons le MKP et la plupart des algorithmes et les État-de-l'Art qui lui ont été appliqués. Nous poursuivons l'étude dans la Section 4.3 tout en définissant deux nouvelles variantes du *SEA*. La Section 4.4 introduit la configuration des expériences. La Section 4.5 présente les expérimentations et les résultats relatifs aux performances et à la dynamique du *SEA*. Enfin, dans la Section 4.6, nous commentons les résultats et donnons une synthèse du chapitre.

4.2 Problème de sac à dos multidimensionnel à variable $0-1$

Le problème du sac à dos multidimensionnel, MKP, est un problème d'optimisation combinatoire bien étudié. Le MKP est fortement NP difficile possédant un grand nombre d'applications différentes. Il peut être défini par les énoncés mathématiques suivants :

$$maximiser \quad z = \sum_{j=1}^{n} p_j x_j \qquad (1)$$

$$sujet \quad de \quad \sum_{j=1}^{n} w_{ij} x_j \leq c_i, \quad i = 1, \ldots, m, \qquad (2)$$

$$où \quad x_j \in \{0, 1\}, \quad j = 1, \ldots, n. \qquad (3)$$

Il existe n articles avec des profits $p_j > 0$ et m ressources avec des capacités $c_i > 0$. Chaque article j consomme une quantité $w_{ij} \geq 0$ de chaque ressource i. L'objectif, selon l'Équation 1, est de sélectionner un sous-ensemble d'articles avec un profit total maximum ; toutefois, les articles choisis ne doivent pas excéder les capacités de ressources, selon l'Équation 2. Les variables de décision x_j à valeur $0-1$ indiquent les articles sélectionnés ; si x_j est égal à 0 alors l'article j n'est pas sélectionné ; sinon, si x_j est égal à 1 alors l'article j est sélectionné.

Le MKP est apparu en premier dans le contexte de l'établissement du budget des investissements [87, 90]. Une présentation exhaustive des résultats pratiques et théoriques pour le MKP est donnée dans la monographie sur les problèmes du sac à dos par Kellerer et al. [78]. Un article récent sur le MKP a été écrit par Fréville [50].

Des techniques exactes pour résoudre des instances de taille petite à modérée sont basées sur la programmation dynamique (Gilmore et Gomory [55], Weingartner et Ness [152]), et sur la méthode de séparation et d'évaluation progressive (branch-and-bound par Shih [131], Gavish et Pirkul [53]).

Les métaheuristiques ont déjà été appliquées avec succès au MKP (Glover et Kochenberger [57], Chu et Beasley [28]) incluant plusieurs variantes d'AEs hybrides ; voir Raidl et Gottlieb [119] pour une étude récente et une comparaison des AEs pour le MKP. Les auteurs de ces articles ont également étudié différents modèles hybrides de méthodes exactes et des métaheuristiques [111, 112, 113, 114, 115]. Ces méthodes consistent à combiner des métaheuristiques, des algorithmes exacts et une Programmation Linéaire en Nombres Entiers (ILP) pour résoudre le MKP.

Des travaux précédents [116] proposaient une nouvelle variante de Recherche à Voisinage Variable (VNS) pour résoudre ce problème. Dans leur algorithme, nommé la Recherche à Voisinage Variable Guidée par la Relaxation (RGVNS), l'ordre de visite des voisinages est déterminé dynamiquement en résolvant leurs relaxations. L'approche RGVNS n'a pas pu entrer en concurrence directe avec les algorithmes de l'état de l'art en termes de qualité de solution, bien que les différences résiduelles soient faibles.

Les algorithmes mémétiques (MA) ont aussi été appliqués avec succès sur le MKP. Nous pouvons mentionner un MA efficace proposé par Puchinger et al. [117]. Il est basé sur les principes de Chu et Beasley [28] et inclut certaines améliorations suggérées dans Raidl [118], Gottlieb [62], Raidl et Gottlieb [119]. Dans cet algorithme, le cadre est basé sur un état/régime permanent (steady-state en anglais), et la création des solutions initiales est guidée par la solution de la relaxation LP du MKP, tel que décrit dans Gottlieb [62].

À notre connaissance, la méthode produisant actuellement les meilleurs résultats sur certaines grandes instances, au moins pour les benchmarks les plus couramment utilisés, a été proposée par Vasquez et Hao [145] et a été récemment affinée par Vasquez et Vimont [146]. Il s'agit d'une approche hybride, appelée $V\&V$, basée sur la recherche tabu. L'espace de recherche est réduit et compartimenté par des contraintes additionnelles, fixant ainsi le nombre total d'articles à emballer (empaqueter). Les limites de ces contraintes sont calculées en résolvant une relaxation LP modifiée. Pour chaque partie restante de l'espace de recherche, la recherche tabu est appliquée indépendamment, en commençant par une solution dérivée de la relaxation LP du problème partiel. L'amélioration décrite dans [146] réside principalement dans une heuristique fixant une variable additionnelle.

Un autre algorithme efficace sur le MKP, appelé $W\&H$, produit les meilleurs résultats récents pour certaines grandes instances décrites dans [157]. Ces travaux présentent plusieurs algorithmes convergents qui résolvent une série de petits sous-problèmes générés en exploitant des informations obtenues à partir d'une série de relaxations. Ensuite, de nouvelles heuristiques hybrides qui utilisent une programmation linéaire et/ou des relaxations de programmation en nombres entiers sont proposées dans [157]. La relaxation de programmation en nombres entiers (MIP) diversifie le processus de recherche et introduit de nouvelles contraintes dans le problème, ce qui aide à réduire l'écart entre la limite supérieure finale et la limite inférieure.

D'autres méthodes donnant des résultats positifs sur des instances moyennes et grandes du MKP ont été proposées dans [150, 25, 156, 158]. Elles incluent plusieurs heuristiques exactes, rapides et efficaces pour ce problème. Vimont et al. dans [150] proposent une énumération implicite basée sur une analyse des coûts réduits qui tend à fixer des variables non basiques à leurs valeurs exactes. Boussier et al. dans [25] proposent une méthode exacte qui combine une recherche de résolution et des algorithmes de méthode de séparation et d'évaluation progressive (branch-and-bound en anglais). Dans les travaux de Wilbaut et al. dans [156], un schéma itératif basé sur une fixation dynamique des variables est développé pour résoudre le MKP. Les méthodes de [158] sont basées sur la résolution de la relaxation LP du problème. Par ailleurs, certaines procédures sont proposées pour améliorer les résultats de ces heuristiques.

4.3 Nouvelles variantes du SEA

Le réglage du taux de mutation Bit-Flip ($pMutPerBit$) a une grande influence sur les performances de l'algorithme [140, 136, 21]. Lorsque ce paramètre est trop large, l'algorithme effectue une marche aléatoire sur l'espace de recherche, il y a trop d'exploration. Inversement, lorsque ce paramètre est trop petit, l'algorithme reste coincé dans des optima locaux, puisqu'il y a trop d'exploitation. Dans des applications générales des AEs sur des problèmes d'optimisation, suivant la règle du pouce, la valeur de $pMutPerBit$ est égale à l'inverse de la taille de solution ($pMutPerBit = 1/\lambda$). Mais même s'il existe une heuristique indépendante du problème qui sert à définir ce paramètre, elle ne peut pas fournir la valeur optimale pour un problème spécifique. Cela signifie que l'algorithme peut nécessiter de diverses valeurs pour le même paramètre durant l'exécution, une différente valeur à chaque période.

Dans cet objectif, une nouvelle variante du *SEA*, appelée *SEA* de mutation (*m-SEA*), est utilisée pour mesurer/peser les avantages et les inconvénients d'appliquer différents taux de mutation, en parallèle, à la procédure de recherche. De même, il existe une longue tradition d'utilisation des AEs avec des populations structurées, surtout dans les travaux associés aux implémentations parallèles. Une variante du *m-SEA*, appelée *m-SEA* topologique (*m-T-SEA*), est utilisée pour décentraliser une population unique en plusieurs sous-populations effectuant une migration d'individus sous forme de voisinages couvrant une topologie globale. Dans cette méthode, l'opérateur de changement d'état sera dirigé par la topologie d'états basée sur un voisinage probabiliste (voir Section 3.3.5). *m-SEA* et *m-T-SEA* sont décrits en détail dans les paragraphes ci-dessous.

4.3.1 SEA de mutation

Généralement, la majeure partie de l'évolution est promue par le croisement et la mutation. Toutefois, certains chercheurs suggèrent qu'une évolution naïve (juste sélection et mutation) effectue une recherche par escalade (Hill-Climb en anglais) et peut être très puissante avec des interventions mineures de croisement [136, 41].

Ainsi, nous suggérons qu'une variété de taux de mutation pourrait avoir des avantages/gains dans différentes phases de la recherche, et la taille de population dans chaque état doit être ajustée convenablement pour en bénéficier. Par exemple, un taux de mutation donné peut être inefficace dans des phases prématurées à cause des mauvais gènes qui sont présents dans les parents. Par conséquent, un autre taux de mutation peut aussi être très utile/rentable à cette période pour mieux faire évoluer l'algorithme. Ainsi, nous recommandons que plusieurs taux de mutation doivent être incorporés simultanément de manière à ce que l'algorithme puisse exploiter les caractéristiques/intérêts que peut apporter chacun d'entre eux.

Le *SEA* est une stratégie parallèle qui est capable d'utiliser plusieurs taux de mutation en même temps. Le changement consécutif des taux de mutation Bit-Flip sert à introduire assez de variations dans l'algorithme. Il permet de maintenir une diversité assez importante dans les structures de la population durant le processus. Afin d'exploiter différents taux de mutation durant l'exécution, nous développons un *SEA* où un état i représente un EA_i avec un taux de mutation Bit-Flip $pMutPerBit_i$. Nous appellerons cette version *SEA* de mutation et elle sera désignée *m-SEA*. Dans cette approche, il n'est pas nécessaire d'ajuster le paramètre crucial du taux de mutation Bit-Flip. Par contre, *m-SEA* sera adaptatif et ensuite plus productif au niveau de qualité de solutions. Les expérimentations sur cet algorithme sont données dans la Section 4.5.

4.3.2 SEA de mutation topologique

Dans le chapitre précédent (Section 3.3.5), une nouvelle manière de changement d'états dans le *SEA* a été introduite. Elle est considérée comme une mutation d'état basée sur un voisinage probabiliste. De la sorte, cette stratégie est appliquée à des solutions arbitraires afin de changer leurs états en suivant une certaine topologie d'états établie sur la notion de distance approximative entre états. Cette nouvelle stratégie semble être utile pour l'exploration de l'espace des états d'une manière intelligente. On espère qu'elle puisse fournir un cadre dans lequel le SEA sera capable d'améliorer ses performances.

Dans le *m-SEA* introduit précédemment (cf. Section 4.3.1), un état représente un AE parallèle avec un taux de mutation Bit-Flip différent. Puisque c'est possible d'avoir une notion de voisinage entre les états du *m-SEA*, on essaiera dans la présente étude d'exploiter la nouvelle topologie d'états. Les structures de voisinage dans le *m-SEA* peuvent être obtenues en classant les états suivant un ordre prédéfini où chacun des états sera affecté un rang donné. De la sorte, on peut calculer les distances entre les différents états puisque les états sont représentés par des nombres entiers. Donc, en supposant que tous les états sont virtuellement positionnés sur une grille, les migrations d'individus seront autorisées/préférées, avec de grandes chances, à leurs états voisins. Elles seront aussi permises, avec des probabilités moindres, aux états distants.

Nous appelerons cette version du *m-SEA*, où l'opérateur de changement d'état est dirigé par la topologie d'états, *m-SEA* topologique et elle sera désignée *m-T-SEA*. Des

TABLE 4.1 – Probabilités de transition pour tous les états de l'instance *m-T-SEA* avec 5 états. Ces valeurs sont calculées en fonction de la nouvelle topologie d'états basée sur un voisinage probabiliste.

		INDICE DES ÉTATS				
		1	2	3	4	5
I N D I C E D E S É T A T S	1	0	0.4375	0.3125	0.1875	0.0625
	2	0.34375	0	0.34375	0.21875	0.09375
	3	0.15625	0.34375	0	0.34375	0.15625
	4	0.09375	0.21875	0.34375	0	0.34375
	5	0.0625	0.1875	0.3125	0.4375	0

applications sur cette approche avec 5 états sont fournies dans la Section 4.5. Soit $N = 4$ (N = nombre des états -1) et $t = 2$ (t = nombre des états $/2$), le Tableau 4.1 liste les probabilités de transition calculées pour tous les états de l'instance *m-T-SEA* avec 5 états.

Les taux de transition d'état du Tableau 4.1 ne sont pas symétriques car il faut compter l'effet de bord sur les états. L'état 1 par exemple possède un seul voisin direct alors que l'état 3 possède 2 voisins directs qui sont équi-probables d'être choisis. Par conséquent, la probabilité de passer de l'état 1 à l'état 3 n'est pas forcément la même que passer de 3 à 1. Il faut aussi prendre en considération qu'on utilise le mécanisme de sélection par tournoi pour sélectionner l'état j qui va remplacer l'état i lors d'une transition d'états. Lors de cette procédure, les états sont classifiés par ordre croissant de voisinage, donc les états les "plus voisins" auront plus de chance d'être sélectionnés que les autres états les "plus distants". Les probabilités de sélection par tournoi ont été calculées selon la règle fournie par Back [9].

4.4 Configuration des expériences

Des instanciations différentes du *SEA* ont montré la capacité de ce modèle parallèle pour résoudre des problèmes d'optimisation difficiles [18, 20]. Afin d'évaluer cette nouvelle approche et examiner ses avantages sur un problème NP complexe, nous la testerons sur le problème de sac à dos multidimensionnel. Dans cette partie, nous voulons démontrer que les performances d'un algorithme évolutionnaire pour résoudre le MKP dépendent essentiellement du réglage/contrôle de paramètres.

Comme dans de nombreuses publications précédentes sur le MKP, nous utilisons la bibliothèque de référence de Chu et Beasley pour nos tests, qui est disponible à la Bibliothèque OR de Beasley[5]. En particulier, nous étudions ici les plus grandes instances avec $n = 500$ articles, $m \in \{5, 10, 30\}$ contraintes, et taux de tension (raideur) $\alpha \in \{0.25, 0.5, 0.75\}$. Chaque instance a été générée de manière aléatoire tel que $\forall i = 1, \ldots, m,\ c_i = \alpha \cdot \sum_{j=1}^{n} w_{ij}$.

Toutes les instances du MKP seront notées telles que $cbm.n\_r$ où r représente l'indice de l'instance dans le groupe total d'instances. En général, pour les instances les plus larges du MKP où $n = 500$, ils existent 3 groupes (pour les 3 différentes catégories de contraintes $m \in \{5, 10, 30\}$), chacun composé d'un ensemble de 30 instances ($r \in [0, 29]$ où la première instance est d'indice 0).
Le sous-ensemble des 10 premières instances ($r \in [0, 9]$) possède un taux de tension $\alpha = 0.25$.
Le sous-ensemble des 10 instances pour $r \in [10, 19]$ possède une valeur de $\alpha = 0.5$.
Le sous-ensemble des 10 dernières instances ($r \in [20, 29]$) possède une valeur de $\alpha = 0.75$.
Par exemple une instance notée $cb30.500\_7$ pointe vers la huitième instance dans le 3ème groupe ($m = 30$, $n = 500$ et $r = 7$ donc $\alpha = 0.25$).

Au cours de nos expériences, nous avons examiné un jeu de neuf combinaisons de paramètres générant ainsi un total de neuf instances différentes du MKP. Singulièrement, l'ensemble de toutes les instances du MKP que nous avons testé est affiché dans le Tableau 4.2.

4.4.1 Réglage de paramètres d'AEs simples pour résoudre le MKP

Dans cette section, un algorithme évolutionnaire simple [120, 136] est utilisé pour résoudre le MKP. L'espace de recherche est l'ensemble de chaînes binaires de longueur $\lambda : S = \{0, 1\}^\lambda$. Chaque bit d'une solution correspond à une variable de décision du problème et par conséquent à la présence ou non d'un article dans le sac. La longueur est fixée à une valeur de $\lambda = 500$ correspondant au nombre total d'articles du problème. La fitness d'une solution mesure sa qualité pour le problème donné.

Le premier algorithme génétique (AG) efficace pour résoudre le MKP a été proposé par Chu et Beasley [28]. Uniquement les solutions faisables étaient prises en compte durant la recherche. Une heuristique a été utilisée pour convertir les solutions infaisables en des solutions faisables. Donc, les auteurs définissent la fitness des solutions en mesurant le profit total $z = \sum_j p_j x_j$. Une autre fonction de fitness a été utilisée dans Vasquez et Hao [145] et Sorensen et al. [135]. Lorsque la solution est faisable, la fitness est toujours égale au profit total z. Lorsque la solution est infaisable, la fitness est la mesure d'infaisabilité définie comme suit : $\sum_{i : \sum_j w_{ij} x_j > c_i} (b_i - \sum_j w_{ji} x_j)$. Cette

---

5.

TABLE 4.2 – Instances objectif du MKP utilisées lors des expérimentations. Le tableau affiche neuf larges instances pour $n = 500$, $m \in \{5, 10, 30\}$, et $\alpha \in \{0.25, 0.5, 0.75\}$.

Instance	n	m	α
$cb5.500\_4$	500	5	0.25
$cb5.500\_17$	500	5	0.5
$cb5.500\_24$	500	5	0.75
$cb10.500\_5$	500	10	0.25
$cb10.500\_18$	500	10	0.5
$cb10.500\_27$	500	10	0.75
$cb30.500\_0$	500	30	0.25
$cb30.500\_12$	500	30	0.5
$cb30.500\_25$	500	30	0.75

technique mesure l'écart pour être faisable et tente de transformer/pousser les solutions infaisables à être faisables. Pourtant, elle ne mesure pas l'intérêt potentiel d'une solution si elle était faisable. C'est la raison pour laquelle nous proposons une autre fonction de fitness :

$$f(x) = \begin{cases} \sum_j p_j x_j & si\ \forall i\ \sum_j w_{ij} x_j \leq c_i \\ \frac{-1}{\sum_j p_j x_j} & si\ \exists i\ \sum_j w_{ij} x_j > c_i \end{cases} \quad (4.1)$$

Les solutions infaisables ont toujours une fitness négative et les solutions faisables ont une toujours fitness positive. Lorsque deux solutions sont infaisables, celle avec le profit le plus élevé aura la valeur de fitness la plus élevée. En d'autres termes, elle peut être expliquée comme suit : la solution infaisable la plus triviale contenant tous les articles possibles sera toujours la meilleure parmi toutes les autres solutions infaisables. Cette manière de calculer la fitness des solutions infaisables peut aider à conserver une certaine diversité génétique dans la population. Toutefois, notre choix était plus empirique : Nous avons adopté cette façon de mesurer l'adaptation des solutions irréalisables parce que nous avons testé d'autres calculs d'adaptation et celle-ci a donné les meilleurs résultats pour toutes les instances objectif du MKP. Elle semble être en corrélation et correspond bien à la dynamique des AEs et ensuite du *SEA*.

L'AE utilisé dans ces expérimentations est un algorithme évolutionnaire simple avec les composants/valeurs de composants standards recommandés par Goldberg [60]. Plus précisément, après la phase d'initialisation, un AE itère la sélection des solutions les mieux adaptées, l'application des variations stochastiques (en utilisant les opérateurs de croisement et de mutation), l'évaluation des nouvelles solutions et en dernier lieu, le remplacement de certaines solutions précédentes par des solutions nouvellement produites. L'algorithme s'arrête jusqu'à ce qu'un nombre maximum de générations soit atteint. Ici, nous introduisons la variante la plus classique d'AEs, beaucoup d'autres choix sont possibles.

Tout d'abord, on applique une procédure d'initialisation standard qui, au hasard, génère des solutions uniformément réparties dans l'espace de recherche. Cette procédure utilise un générateur de nombre pseudo-aléatoire. En général, des nombres aléatoires sont calculés à partir d'un germe donné – le fait de commencer avec le même germe mènera à la même série de nombres pseudo-aléatoires et par conséquent aux mêmes résultats de l'algorithme. Ainsi, l'initialisation de chaînes binaires est aléatoire (pour chaque exécution, on utilise un germe différent pour le générateur de nombre pseudo-aléatoire), et la taille de la population est égale à $popSize = 1000$.
La méthode de sélection est représentée par la sélection par tournoi avec une taille de tournoi $tSize = 10$. La meilleure solution parmi $tSize$ solutions aléatoires dans la population actuelle est sélectionnée.
Le mécanisme de remplacement est désigné par l'opérateur de remplacement "générationnel" où tous les descendants remplacent tous les parents (utilisés dans les AEs traditionnels de Holland et Goldberg [70, 60]). On ajoute ce qui est appelé un "élitisme faible" à l'opérateur de remplacement. Un élitisme faible assure que la meilleure fitness globale dans la population ne diminuera jamais : Si la meilleure fitness de la nouvelle population est inférieure à celle de la population parent, alors le meilleur parent est rajouté à la nouvelle population, remplaçant ainsi le plus mauvais individu.
L'opérateur de croisement à un point (1-Pt Crossover en anglais) est appliqué aux solutions. Il combine deux solutions en échangeant le début de leurs chaînes de bits. Cet opérateur est utilisé avec un taux de croisement $pCross = 0.6$.
L'opérateur de mutation classique de Bit-Flip est appliqué aux solutions. Il renverse la valeur de chaque bit avec un taux de mutation Bit-Flip donné $pMutPerBit$. En moyenne, $(\lambda * pMutPerBit)$ bits sont renversés lorsqu'une solution donnée est soumise à cet opérateur.
L'algorithme s'arrête lorsqu'un nombre fixe d'itérations, $maxGen = 10000$, est atteint.

Dans ces tests, n = 5 valeurs différentes de $pMutPerBit$ ont été testées sur les instances variées du MKP, et on a : $\forall i = 1 \ldots n$, $pMutPerBit_i = \frac{i}{n/\lambda}$. $\forall i = 1 \ldots n$, nous désignons par EA_i l'algorithme évolutionnaire simple ayant un taux de mutation Bit-Flip égal à $pMutPerBit_i$.

Les performances des algorithmes EA_i ($i = 1, ..., n$) sont présentées en termes de pourcentage de gap ($\% - gap$) dans le Tableau 4.3. Plus précisément, pour une solution avec une valeur de fitness z, le $\% - gap$ est égal à $(z^{LP} - z)/z^{LP} \cdot 100\%$, où z^{LP} est la valeur de la relaxation LP de meilleure solution connue pour cette instance du MKP. Les valeurs optimales de la relaxation LP pour toutes les instances du MKP sont disponibles à la Bibliothèque OR de Beasley.

Les valeurs des taux de mutation Bit-Flip ont été choisies suite à une expérimentation préalable pour l'ensemble total des instances du MKP. Nous avons effectué des tests sur les AEs simples avec différents taux de mutation Bit-Flip. Dans la série d'expériences, les valeurs de $pMutPerBit$ ont changé dans un intervalle $[1/500 : 5/500]$

TABLE 4.3 – Performance des algorithmes évolutionnaires simples EA_i ($i = 1, ..., n$) sur les différentes instances du MKP. Les valeurs de $m - fit$ et $\% - gap$ des solutions finales sont affichées dans ce tableau. Les résultats sont moyennés sur 30 exécutions indépendantes.

Instance	EA_1		EA_2		EA_3		EA_4		EA_5	
	$m - fit$	$\% - gap$	$m - fit$	$\% - gap$	$m - fit$	$\% - gap$	$m - fit$	$\% - gap$	$m - fit$	$\% - gap$
$cb5.500\_4$	119763	2.08962	116186	5.01394	112341	8.15736	110961	9.28556	110738	9.46787
$cb5.500\_17$	216020	1.00589	212062	2.8197	209610	3.94336	208591	4.41033	205262	5.93589
$cb5.500\_24$	299069	0.42385	296153	1.39474	293984	2.11692	292960	2.45786	291068	3.08781
$cb10.500\_5$	116874	2.20076	113077	5.37806	110566	7.47925	107889	9.71934	106776	10.6507
$cb10.500\_18$	211858	1.17734	207663	3.13413	205198	4.28394	203633	5.01395	201826	5.85683
$cb10.500\_27$	294807	0.563617	291682	1.61766	289933	2.20758	289386	2.39208	287954	2.87509
$cb30.500\_0$	113174	2.48328	108505	6.50634	105604	9.006	104778	9.71772	103031	11.223
$cb30.500\_12$	213446	1.17234	209163	3.15541	206255	4.50185	203655	5.70567	203576	5.74225
$cb30.500\_25$	295069	0.654182	292450	1.53596	290226	2.28476	288386	2.90426	287704	3.13388

avec un pas égal à $1/500$. Nous avons calculé les résultats de $\% - gap$ moyennés sur 30 exécutions indépendantes.

Le Tableau 4.3 et la Figure 4.1 montrent les performances de chaque EA_i ($i = 1, ..., n$) sur 30 exécutions indépendantes. La valeur de la meilleure fitness ($m-fit$) et le $\%-gap$ des solutions finales sont affichés dans le Tableau 4.3. Les résultats sont moyennés sur 30 exécutions indépendantes. Les représentations graphiques pour $m - fit$ et $\% - gap$ sont indiqués respectivement dans les Figures 4.4, 4.5, 4.6 et 4.7.

Dans la Figure 4.1, les courbes montrent une performance remarquable autour de la valeur de $pMutPerBit$ égale à $1/\lambda$. Bien que la sélection de ces valeurs de paramètre semble critique pour la réussite de la méthode, il apparaît que des résultats de bonne qualité peuvent être obtenus via un ajustement approprié avec de faibles taux de mutation Bit-Flip. En conclusion, le taux de mutation Bit-Flip optimal n'a pas été fourni de manière heuristique tel que dans la littérature des AEs. Il est possible que le taux de mutation Bit-Flip optimal ne soit pas constant durant toutes les itérations de la même exécution : Il peut être extrêmement large au début puis très faible à la fin de l'exécution.

Ainsi, une méthode d'auto-adaptation du taux de mutation est nécessaire pour surmonter le problème de réglage/contrôle de paramètres. Les deux instances *m-SEA* et *m-T-SEA* peuvent être une telle approche tout en interprétant les résultats des expériences effectuées dans les sections suivantes.

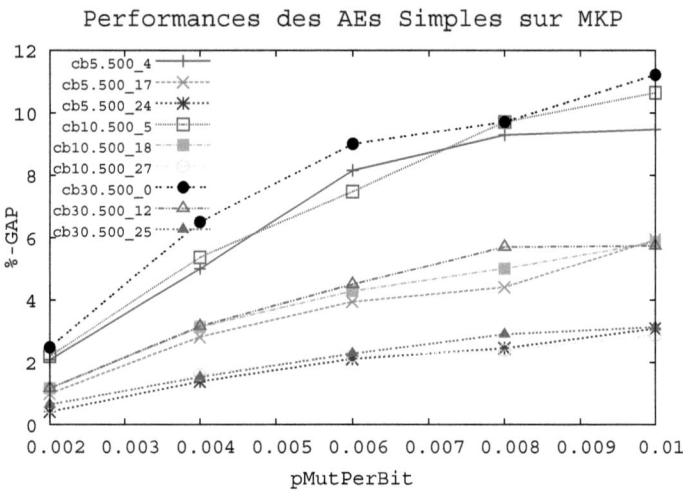

FIGURE 4.1 – Performance des algorithmes évolutionnaires simples EA_i $(i = 1, ..., n)$ sur les différentes instances du MKP. L'axe des x représente les divers taux de mutation Bit-Flip utilisés. L'axe des y représente le $\% - gap$ des solutions. Les résultats sont moyennés sur 30 exécutions indépendantes.

4.4.2 Réglage des variantes du SEA pour résoudre le MKP

Cette section étudie le réglage des paramètres $runPeriod$ (nombre d'itérations internes des AEs simples qui s'exécutent en parallèle) et $pMutState$ (taux de changement d'état) dans *m-SEA* et *m-T-SEA*, ainsi que les autres paramètres.

Dans ces expérimentations, n = 5 états sont utilisés ; un état pour chaque EA_i ($i = 1, ..., n$) ayant un taux de mutation Bit-Flip égal à $pMutPerBit_i$. Les valeurs de $pMutPerBit_i$ ($i = 1, ..., n$) sont les même que dans la section précédente pour les AEs simples.
La taille de la population de *m-SEA* et *m-T-SEA* est toujours égale à $popSize = 1000$.
L'état des solutions initiales est généré de manière aléatoire.
L'opérateur de sélection de *m-SEA* et *m-T-SEA* est la sélection de tournoi standard de taille $tSize = 10$.
L'opérateur de changement d'état modifie l'état de solutions arbitraires avec un taux fixe, $pMutState$. En particulier, si durant l'exécution d'un EA_i ($i = 1, ..., n$) donné, aucune amélioration n'a pu être obtenue, une mutation d'état peut servir à alterner l'opération des individus existants dans la population de cet algorithme. Par conséquent, elle entraîne le redémarrage du processus de recherche, ce qui permet d'échapper aux optima locaux dans le cas où ces derniers changent l'état d'une valeur inférieure/supérieure de $pMutPerBit$ à une autre valeur totalement différente.
$runPeriod$ et $pMutState$ sont ajustés hors ligne. Nous verrons dans la section suivante que ces paramètres sont moins critiques que $pMutPerBit$.

Le paramètre $runPeriod$ contrôle indirectement la corrélation entre l'état et la performance d'une solution. Supposons que $runPeriod$ est suffisamment grand, alors chaque EA_i ($i = 1, ..., n$) est capable de converger très vite et les solutions de l'état i, ($i = 1, ..., n$) auront environ la même valeur. Ainsi, l'adaptation peut mesurer la qualité de l'état. Mais dans ce cas, peut-être que le *SEA* a donné trop de ressources à un état "incorrect" ou qui ne convient pas à la fitness du problème. Ainsi $runPeriod$ ne doit pas nécessairement être trop large. Même pour un nombre d'itérations moyen, les valeurs de fitness des solutions du même état peuvent facilement être répandues dans la population de l'algorithme.

$pMutState$ est un méta-paramètre qui permet d'explorer l'espace des états. Lorsque la valeur de $pMutState$ est élevée, *m-SEA/m-T-SEA* ne peut pas exploiter le meilleur état mais pousse les solutions de la population à avoir un état aléatoire. Lorsque $pMutState$ est très faible, les états qui sont sélectionnés indirectement au début de l'exécution resteront dans le "pool" durant tout le processus de recherche. Ainsi, en introduisant des changements aléatoires dans la population, plus de régions de l'espace de recherche peuvent être évaluées et une sorte d'équilibre/compromis entre l'exploration et l'exploitation peut être maintenu.

À priori, les paramètres $runPeriod$ et $pMutState$ ne semblent pas être trop critiques. Les résultats expérimentaux montrent bien cette notion. Nous avons calculé les performances de *m-SEA* pour 21 valeurs différentes de $pMutState$ uniformément distribuées dans $[0, 1]$, et 20 valeurs différentes de $runPeriod$ distribuées uniformément dans $[50, 1000]$. Le nombre total d'itérations reste toujours égal à 10000 ce qui signifie que le nombre maximum de changements d'état est égal à $10000/runPeriod$.

Selon ces tests hors ligne, nous pouvons voir dans les Figures 4.2 et 4.3 que le paramètre $runPeriod$ n'affecte pas trop la performance de l'algorithme. En conséquence, la valeur $runPeriod$ est définie égale à 250. Le choix de ce paramètre est simplement raisonnable ; il signifie que $runPeriod$ nécessite l'attribution d'une valeur moyenne par défaut. De cette façon, chaque EA_i $(i = 1, ..., n)$ parallèle s'exécutera pour une période suffisante avec sa propre population avant que la phase de fusion ne se produise.

Par ailleurs, les Figures 4.2 et 4.3 montrent que le paramètre $pMutState$ affecte réellement les performances de l'algorithme. Il semble que l'algorithme ne requiert pas de grandes valeurs de $pMutState$. En général, l'exploration locale dans chaque état est principalement contrôlée par l'application de l'opérateur de changement d'état. Conséquemment, la valeur de $pMutState$ est fixée à 0.1. Une valeur assez modérée a été affectée à ce paramètre de manière à garantir un équilibre ponctué/synchronisé entre les différentes tailles de population dans tous les états.

Finalement, *m-SEA* et *m-T-SEA* s'arrêtent lorsqu'un nombre maximal de générations, $maxGen = 10000$, est abouti. Ainsi, un nombre d'évaluations de fonction est autorisé en tant que coûts de calcul, et il est égal à $popSize * maxGen = 1000 * 10000 = 10^7$ évaluations individuelles dans notre cas. Nous avons fait ce choix particulier pour obtenir une comparaison juste entre nos contributions et les métaheuristiques conventionnelles pour le même problème [145, 146, 157]. Ceci permettra une analyse plus facile de la performance de chacun des algorithmes.

En général, le compromis entre la qualité de solution et le temps CPU requis semble être intéressant. Toutefois, le temps CPU dédié à l'exécution de tout algorithme dépend de la plate-forme, des ressources utilisées et des caractéristiques de la machine. Un autre point positif de notre approche est que sa structure permet d'utiliser des processeurs parallèles pour réduire le temps total d'exécution requis pour résoudre une instance donnée. Nous aurions pu assigner la résolution de chaque EA_i $(i = 1, ..., n)$ à un processeur séparé. En principe, un algorithme suivant une architecture parallèle peut largement diminuer le temps d'exécution requis pour résoudre des instances difficiles appartenant à n'importe quelle classe de problème d'optimisation.

4.5 Expérimentations et résultats

Dans toutes les expériences faites ci-dessous, nous avons utilisé la Bibliothèque EO pour coder les algorithmes testés et les fonctions objectif dans un code conforme à la norme ANSI-C++. La Bibliothèque de référence EO est disponible sur le site officiel de développement EO[6].

6.

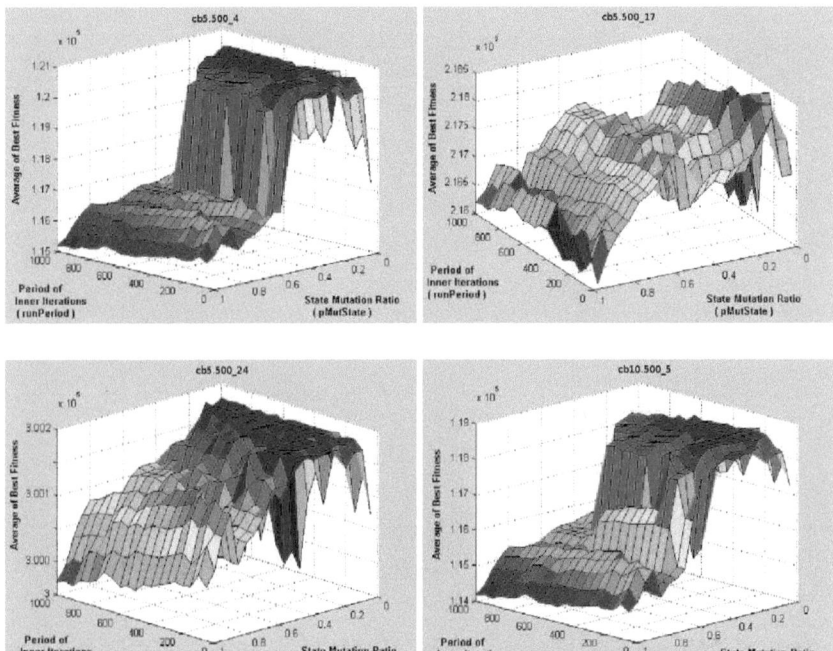

FIGURE 4.2 – Quatre instances du MKP illustrant les performances moyennes de *m-SEA* en fonction du nombre d'itérations $runPeriod$ de chaque EA_i ($i = 1, ..., n$) et du taux de changement d'état $pMutState$. Dans ces expériences, m-SEA a été exécuté avec 10 valeurs différentes de $pMutPerBit$. Nous avons calculé les variations des moyennes de fitness sur 30 exécutions indépendantes.

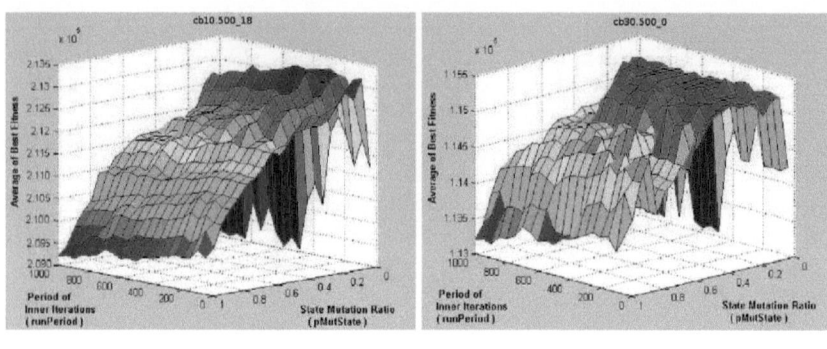
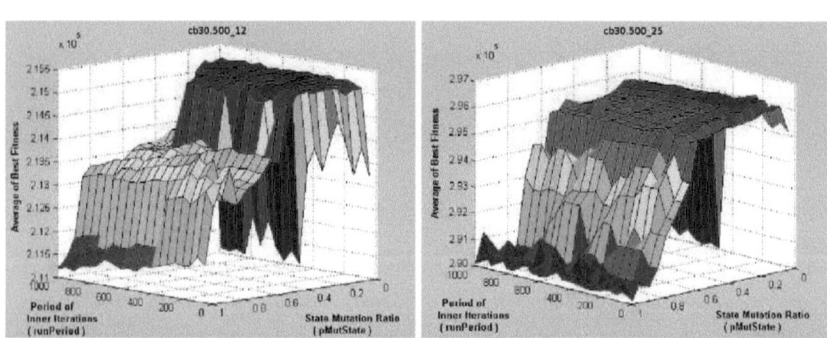

FIGURE 4.3 – Quatre instances du MKP illustrant les performances moyennes de *m-SEA* en fonction du nombre d'itérations $runPeriod$ de chaque EA_i ($i = 1, ..., n$) et du taux de changement d'état $pMutState$. Dans ces expériences, m-SEA a été exécuté avec 10 valeurs différentes de $pMutPerBit$. Nous avons calculé les variations des moyennes de fitness sur 30 exécutions indépendantes.

4.5.1 Comparaison de performances

Pour évaluer statistiquement les résultats de la nouvelle variante du *SEA*, *m-SEA*, 30 exécutions indépendantes ont été effectuées sur la série totale des instances du MKP données dans le Tableau 4.2. *m-SEA* a été exécuté avec le meilleur réglage de paramètres décrits dans la Section 4.4.2.

Dans cette section, nous comparons *m-SEA* aux autres algorithmes. Les résultats pour toutes les instances du problème sont reportés dans le Tableau 4.4. Ce Tableau affiche les valeurs de meilleure fitness ($m - fit$) et $\% - gap$ pour les solutions finales (à la dernière génération) de *m-SEA*. Dans le Tableau 4.4, les données obtenues sont moyennées sur les 30 exécutions. La colonne z^{pk} est la valeur optimale précédemment connue de l'instance donnée dans [146, 150, 25, 157].

Durant ces tests, nous avons aussi mesuré, à chaque génération, l'indice de l'état qui a eu la meilleure valeur de fitness parmi tous les états. Les représentations graphiques pour $m - fit$, $\% - gap$ et l'indice du meilleur état (State Index en anglais) sont indiqués respectivement dans les Figures 4.4, 4.5, 4.6, 4.7, 4.8 et 4.9.

Les résultats obtenus sont comparés aux algorithmes relatifs les plus récents $V\&V$ et $W\&H$ qui ont été utilisés pour résoudre la même série d'instances du MKP décrites dans ce chapitre. Notre contribution a fourni des résultats acceptables pour toutes les instances du problème tout en regardant les mesures de $m - fit$ et $\% - gap$.

4.5.2 Analyse de l'effet de parallélisme dans le SEA

Du fait que le *SEA* est une méthode parallèle, nous voudrions démontrer que le concept de parallélisme n'est pas l'unique facteur qui fait avancer le *SEA* à générer de bonnes solutions. Néanmoins, plusieurs autres facteurs peuvent contraindre le *SEA* à produire des résultats améliorés. Ici, nous pouvons mentionner certains des facteurs importants tels que la mutation d'état et la taille de population dynamique dans chaque état.

Dans le but d'évaluer l'effet de parallélisme dans le *SEA*, nous avons réalisé des expériences sur la série entière d'instances du MKP décrites dans le Tableau 4.2. Dans ces expériences, un *m-SEA* est opéré avec une taille de population fixe égale à $popSize/n = 1000/5 = 200$ pour chaque état. L'opérateur de changement d'état n'a pas été appliqué aux solutions de la population. Dans la phase de division, la population entière est distribuée de manière aléatoire sur tous les états. On peut imaginer une migration globale/arbitraire des individus de la population du *m-SEA* d'un état à un autre. L'opérateur de division maintient une taille de population constante dans chaque état dès le début jusqu'à la fin de chaque exécution.

Cette nouvelle instance du *m-SEA*, où pas de changement d'état et les tailles des sous-populations sont stables dans les EA_i ($i = 1, ..., n$), est nommée *S-SEA* (Static SEA en anglais). Des tests expérimentaux ont été effectués pour 30 exécutions indépendantes. Statistiquement, nous avons mesuré les valeurs de $m - fit$ et $\% - gap$ des solutions finales de *S-SEA*. Nous avons aussi mesuré, à chaque génération, l'indice de l'état qui a eu la meilleure valeur de fitness parmi tous les états.

Les résultats des tests pour toutes les instances de problèmes mentionnées ci-dessus sont moyennés sur les 30 exécutions et puis reportés dans le Tableau 4.4. Les représentations graphiques pour $m - fit$, $\% - gap$ et l'indice du meilleur état (State Index) sont indiqués respectivement dans les Figures 4.4, 4.5, 4.6, 4.7, 4.8 et 4.9.

Concernant les résultats obtenus à travers ces expériences, on voit bien que *m-SEA* surpasse distinctement *S-SEA* pour toutes les grandes instances du MKP. En particulier dans *m-SEA*, des paramètres additionnels contrôlent à quels moments la migration doive se produire et comment les migrants sont sélectionnés/incorporés depuis/vers les états source/cible sont exécutés. En conséquence, le *SEA* intègre, en plus de son architecture hautement parallèle, différents niveaux d'évolution qui contribuent à l'acquisition de bonnes performances.

4.5.3 Opérateur de changement d'état dirigé par la topologie des états

Pour tester les performances de la variante *m-T-SEA*, nous avons mené des expériences sur les instances du MKP présentées auparavant (voir Tableau 4.2). Dans ces expérimentations, un *m-T-SEA* s'est exécuté avec les meilleurs réglages de paramètre décrits plus haut. L'opérateur de changement d'état maintiendra la migration globale des solutions d'un état à un autre dans un modèle en île. Des observations numériques ont été effectuées pour 30 exécutions indépendantes.
Statistiquement, nous avons calculé les valeurs de $m - fit$ et $\% - gap$ des solutions finales de *m-T-SEA*. Nous avons mesuré de même, à chaque itération, l'indice de l'état qui a eu la meilleure valeur de fitness parmi tous les états.

Les résultats des tests pour toutes les instances du problème sont reportés dans le Tableau 4.4 en moyenne sur les 30 exécutions. La représentation graphique de $m - fit$ et $\% - gap$ (respectivement de l'indice du meilleur état (State Index)) est indiquée dans les Figures 4.4, 4.5, 4.6 et 4.7 (respectivement Figures 4.8 et 4.9).

Une simple lecture des données affichées dans le Tableau 4.4 nous permet de dire que l'opérateur de changement d'état entraîné par la topologie d'états influence positivement les performances du *SEA*, et ensuite les résultats obtenus sont bien meilleurs. Ce choix avantageux permet de garantir une synchronisation implicite entre états voisins. Ceci est basé sur le fait que les changements introduits par la mutation peuvent ne pas avoir un tel effet disruptif sur le chromosome lorsqu'un changement d'état (transition de taux de mutation) est probablement effectué entre états voisins (taux de mutation approchés ou quasi-équivalents).

De même, l'existence de petits voisinages se chevauchant entre eux contribue à l'exploration de l'espace de recherche, dû au fait que de bonnes solutions seront propa-

TABLE 4.4 – Analyse de l'effet de parallélisme dans le *SEA* et comparaison de performances. Ce tableau affiche les valeur de $m-fit$ et $\%-gap$ des solutions finales pour *m-SEA*, *S-SEA*, *m-T-SEA*. Les données obtenues sont moyennées pour les toutes instances du MKP sur 30 exécutions indépendantes. La colonne z^{pk} fournit la valeur optimale précédemment connue de l'instance donnée par $V\&V$ ou $W\&H$.

Instance	z^{pk}	S-SEA		m-SEA		m-T-SEA	
		$m-fit$	$\%-gap$	$m-fit$	$\%-gap$	$m-fit$	$\%-gap$
$cb5.500\_4$	122319	122079	0.196208	122272	0.03842	122319	0.00
$cb5.500\_17$	218215	218066	0.0682813	218163	0.02383	218166	0.02245
$cb5.500\_24$	300342	300225	0.0389556	300296	0.01532	300342	0.00
$cb10.500\_5$	119504	119054	0.376556	119314	0.15899	119377	0.10627
$cb10.500\_18$	214382	214042	0.158595	214252	0.06064	214265	0.05458
$cb10.500\_27$	296478	296217	0.0880335	296392	0.02901	296442	0.01214
$cb30.500\_0$	116056	115050	0.866823	115706	0.30158	115817	0.20594
$cb30.500\_12$	215978	215431	0.253267	215780	0.09168	215793	0.08566
$cb30.500\_25$	297012	296614	0.134001	296883	0.04343	296892	0.04040

gées de manière homogène dans la topologie sous-jacente. Selon les données numériques présentées dans le Tableau 4.4 et les Figures 4.4, 4.5, 4.6 et 4.7, cette variante de *SEA* semble produire un meilleur échantillonnage de l'espace de recherche. Ceci peut améliorer la qualité de solutions fournies par l'algorithme et réduire le temps CPU d'exécution dans beaucoup de cas.

En résumé, notre contribution a démontré une très bonne performance sur plusieurs instances du MKP. Elle a aussi fourni des résultats qui sont acceptables pour les autres instances du problème tout en interprétant les valeurs de $m-fit$ et $\%-gap$.

4.5.4 Dynamique de l'évolution des états dans le SEA

La sélection de l'état approprié dans le *SEA* est indirecte et est seulement effectuée en fonction des valeurs de fitness des solutions actuelles. Si les solutions d'un état donné sont meilleures que celles des autres états, alors l'opérateur de sélection choisit plus souvent ces solutions. Par conséquent, la taille de la sous-population de l'état correspondant augmente après une itération du *SEA* lorsque la valeur de la meilleure fitness a été modifiée.

Afin d'observer la dynamique inter-état, nous avons réalisé une analyse de l'interaction fondamentale des états. Précisément, nous avons calculé le pourcentage du nombre total d'individus ($\%-tni$) pour chaque sous-population selon les expériences

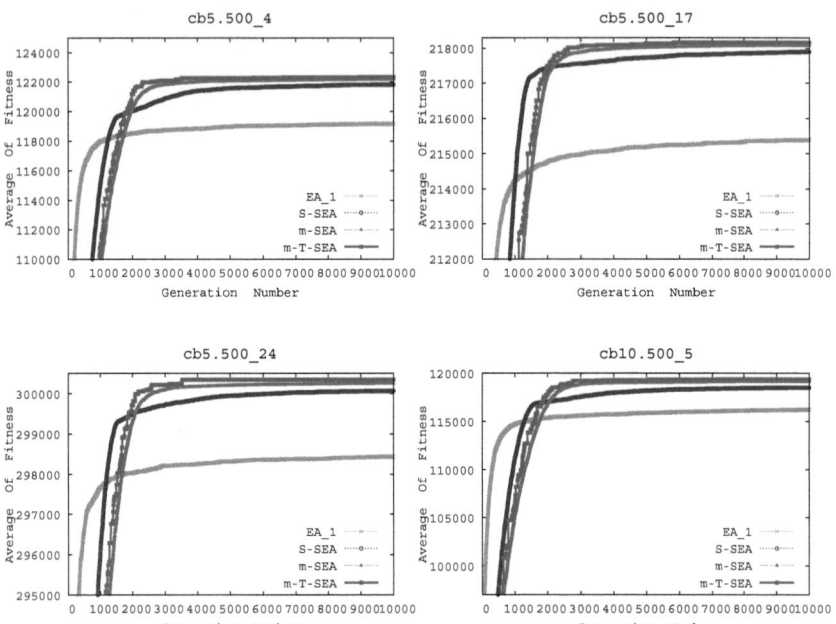

FIGURE 4.4 – Quatre instances du MKP illustrant les performances moyennes de EA_1, *S-SEA*, *m-SEA* et *m-T-SEA*. L'axe des x représente l'indice de génération. L'axe des y représente la moyenne de meilleure fitness ($m-fit$) des solutions. Les résultats sont moyennés sur 30 exécutions indépendantes.

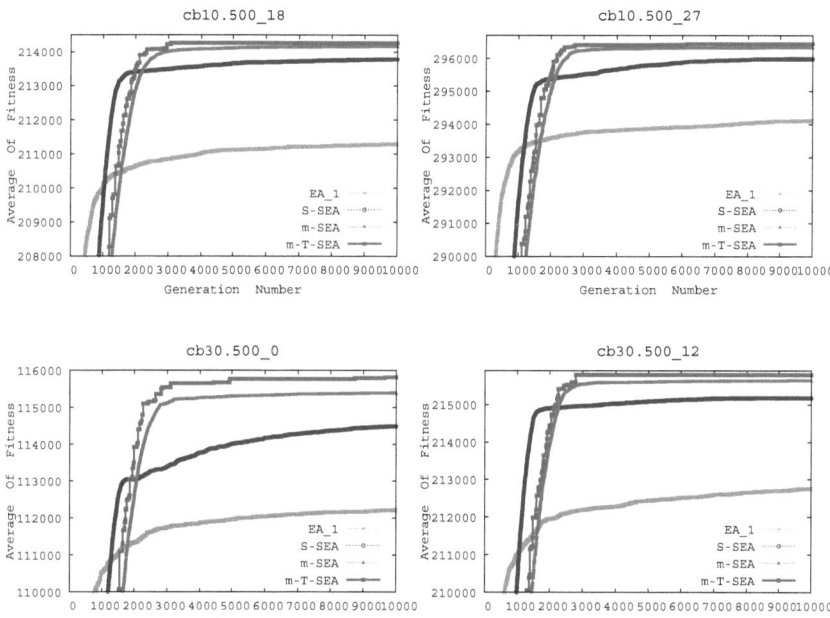

FIGURE 4.5 – Quatre instances du MKP illustrant les performances moyennes de EA_1, S-SEA, m-SEA et m-T-SEA. L'axe des x représente l'indice de génération. L'axe des y représente la moyenne de meilleure fitness $(m - fit)$ des solutions. Les résultats sont moyennés sur 30 exécutions indépendantes.

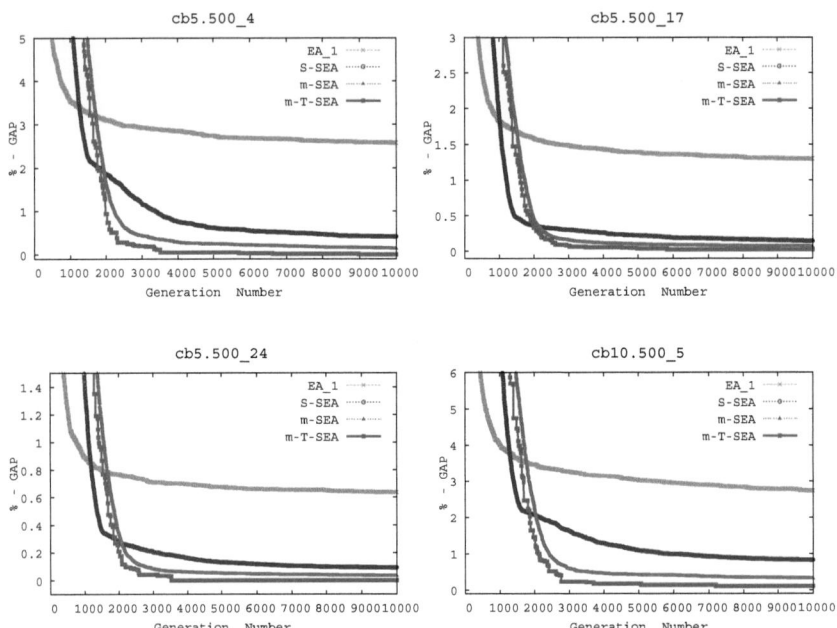

FIGURE 4.6 – Quatre instances du MKP illustrant les performances moyennes de EA_1, S-SEA, m-SEA et m-T-SEA. L'axe des x représente l'indice de génération. L'axe des y représente le $\% - gap$ des solutions. Les résultats sont moyennés sur 30 exécutions indépendantes.

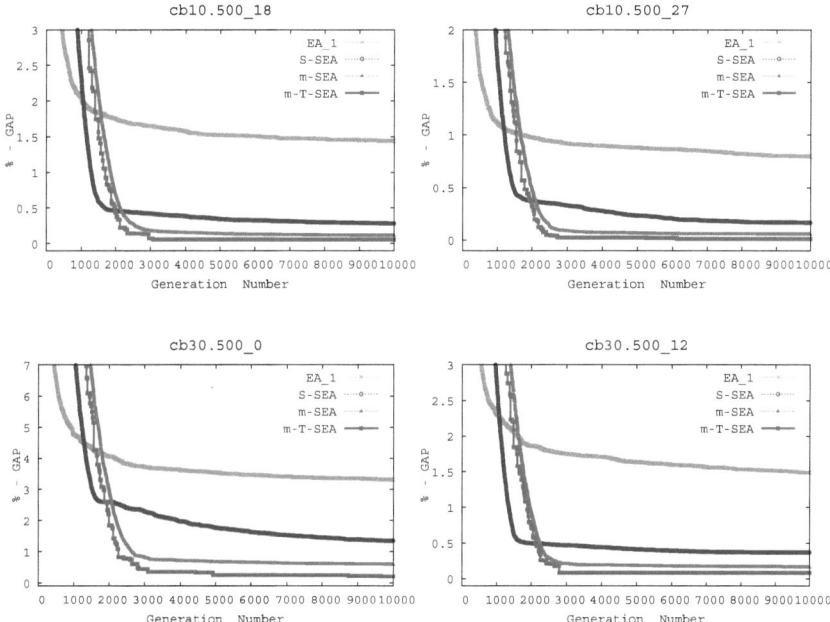

FIGURE 4.7 – Quatre instances du MKP illustrant les performances moyennes de EA_1, *S-SEA*, *m-SEA* et *m-T-SEA*. L'axe des x représente l'indice de génération. L'axe des y représente le $\% - gap$ des solutions. Les résultats sont moyennés sur 30 exécutions indépendantes.

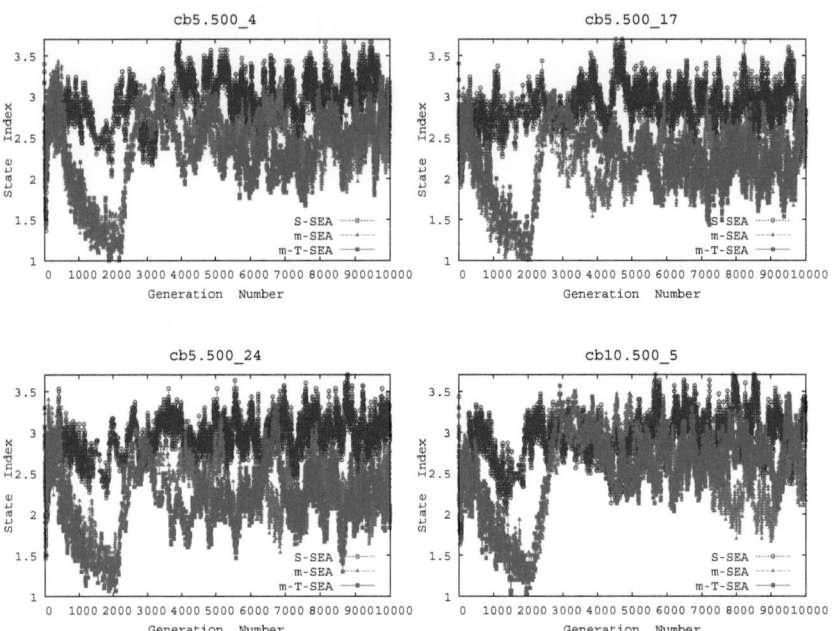

FIGURE 4.8 – Quatre instances du MKP illustrant les performances moyennes de *S-SEA*, *m-SEA* et *m-T-SEA*. L'axe des x représente l'indice de génération. L'axe des y représente l'indice de l'état qui a eu la meilleure fitness (State Index). Les résultats sont moyennés sur 30 exécutions indépendantes.

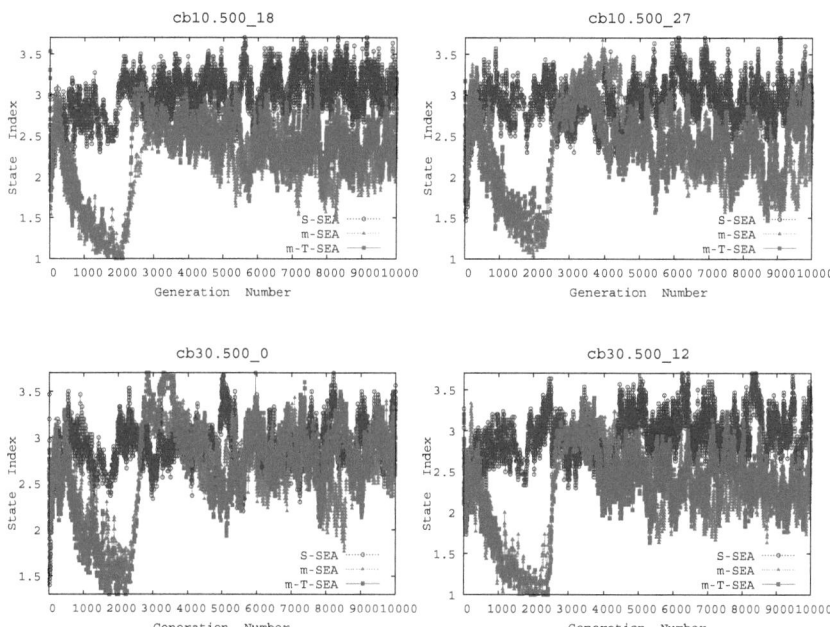

FIGURE 4.9 – Quatre instances du MKP illustrant les performances moyennes de *S-SEA*, *m-SEA* et *m-T-SEA*. L'axe des x représente l'indice de génération. L'axe des y représente l'indice de l'état qui a eu la meilleure fitness (State Index). Les résultats sont moyennés sur 30 exécutions indépendantes.

décrites dans les paragraphes précédents. La mesure $\% - tni$ indique le pourcentage du nombre total d'individus attribué à la population de chaque état/EA_i ($i = 1, ..., n$) de m-SEA et m-T-SEA. $\% - tni$ est calculé pour les neuf instances objectif du MKP. Pour estimer la valeur $\% - tni$ d'un état donné i, le nombre total d'individus dans l'état i est accumulé à travers toutes les itérations. La somme obtenue est ensuite divisée par le nombre total d'évaluations de fonction (le nombre total d'individus qui peuvent être générés dans tous les états à travers le nombre maximum d'itérations) puis multipliée par 100. Les résultats enregistrés sont à la fin moyennés sur les 30 exécutions.

Les mesures de $\% - tni$ obtenues pour toutes les instances du problème mentionnées ci-dessus sont reportées dans le Tableau 4.5 pour m-SEA et le Tableau 4.6 pour m-T-SEA. Ces deux tableaux listent les valeurs de $\% - tni$ pour tous les EA_i ($i = 1, ..., n$) avec les meilleurs résultats de performance en gras.

Les Figures 4.10 et 4.11 reportent, sur la totalité des itérations, la dynamique des états dans m-SEA (à gauche) et m-T-SEA (à droite). Plus précisément, ces figures représentent la variation du nombre d'individus dans chaque état au cours des générations. Les résultats sont moyennés sur 30 exécutions indépendantes.. Cela peut servir à étudier l'évolution de la méta-dynamique des tailles variables des sous-populations dans le temps. Les représentations graphiques sont données pour les neuf instances du MKP en moyenne sur 30 exécutions indépendantes.

Par ailleurs, les Figures 4.8 et 4.9 illustrent un aspect différent de l'évolution de la méta-dynamique inter-état. Elles affichent les résultats de l'indice du meilleur état (State Index) pour m-SEA, S-SEA et m-T-SEA. Les données de "State Index" pointent vers l'indice de l'état qui a eu la meilleure valeur de fitness parmi tous les états. Pour chaque instance du MKP, les résultats sont mesurés à chaque itération et leur moyenne est calculée les 30 exécutions réalisées précédemment. À travers ces tests, nous espérons pouvoir analyser les effets d'une taille variable de population de l'algorithme sur la capacité et le perfectionnement d'adaptation.

Dans ces figures, on voit distinctement que l'état 1 dans m-SEA et m-T-SEA a eu la plus grande proportion de "State Index" parmi tous les autres états. Cela est conforme avec les résultats obtenus sur les performances des AEs simples sur le MKP (cf. Tableau 4.3) qui montrent que EA_1 était l'AE simple le plus adéquat. Ces représentations numériques justifie bien que le SEA est capable de "favoriser" le "meilleur" état lorsque c'est possible tout en conservant les autres états dans le système.

Les données affichées dans les Tableaux 4.5 et 4.6 montrent clairement que le premier état (état$_1$) a submergé tous les autres états. Nous avons aussi reporté les coordonnées de l'évolution temporelle des performances de m-SEA et m-T-SEA relativement aux mesures de $\% - tni$ et $\% - gap$ afin de pouvoir établir en parallèle la dynamique et la méta-dynamique inter-état. Dans cet objectif, nous avons examiné des cas démonstratifs de jeux de neuf instances du MKP décrites dans le Tableau 4.2.

Les Figures 4.4, 4.5, 4.6 et 4.7 indiquent bien que m-T-SEA a surpassé les autres algorithmes sur toutes les instances de test. Les Figures 4.10 et 4.11 montrent également que *m-T-SEA* a convergé dans environ 3000 générations vers le premier état qui est devenu dominant sur tous les autres états. Par ailleurs, on peut observer qu'il n'y avait pas de méta-convergence réelle pour *m-T-SEA*, et qu'il était évident que tous les états semblaient être en concurrence l'un avec l'autre au début de l'exécution.

Ce fait est vérifié par une simple lecture des Tableaux 4.5 et 4.6 et des Figures 4.10 et 4.11. Pour toutes les instances objectif du MKP, le Tableau 4.3 montre également que l'AE standard d'indice 1 (EA_1) avec un taux de mutation Bit-Flip égal à $1/500$ était le plus approprié pour ce type de problèmes d'optimisation.

Par ailleurs, les résultats des Tableaux 4.5 et 4.6, et des Figures 4.10 et 4.11 indiquent que l'état 1 a été attribué le plus grand nombre d'individus durant la recherche. Donc les Figures 4.10 et 4.11 suggèrent une corrélation évidente entre la taille de population et l'amélioration de la fitness. Il faut noter qu'il existe toujours un certain retard entre le fait d'atteindre un optimum local/global et l'assemblage de la population entière à ce point.

On peut observer parmi plusieurs instances du MKP que la progression d'adaptation a eu en quelque sorte le même tempo que le cycle variable de taille de population, avec la fitness s'améliorant étape par étape immédiatement après chaque opération de fusion. Cette stimulation de performance est vraisemblablement le résultat d'une recherche de sous-zone locale qui a été améliorée après des fluctuations dans les tailles de différentes sous-populations.

Ce qui est plus intéressant dans une étape ultérieure de la recherche est que la taille de population de l'état le plus approprié augmente graduellement lorsqu'un changement d'état a été effectué. Pareillement, le taux de progression d'adaptation est obtenu en calculant, à chaque génération, l'amélioration moyenne de la meilleure fitness dans tous les états. Il est bien entendu qu'un état avec une compatibilité/correspondance très élevée avec la structure du problème gagnera une taille de population assez large après la phase de sélection. De plus, il aura une plus grande pression de sélection sur la survie de la nouvelle genèse et des individus prometteurs.

À partir de ces résultats (cf. Tableaux 4.5 et 4.6), nous pouvons distinguer que l'état le plus visité, état$_1$, correspond à EA_1 ayant le taux de mutation Bit-Flip le plus efficace ($1/500$). Si nous prenons par exemple $cb30.500\_12$, nous pouvons voir que *m-T-SEA* affecte des solutions sur l'état 1 avec 42.22% durant l'exécution alors que cette proportion est de seulement 14.20 pour l'état 5 qui est le pire état. La taille de population de la plupart des états est plus petite que celle de l'état 1 parce qu'ils sont faibles et moins performants dans ce cas de test.

Par ailleurs, les données des Tableaux 4.3 et 4.4 indiquent que les performances de *m-T-SEA* sont meilleures que celle de l'AE avec le taux de mutation Bit-Flip le plus adéquat (EA_1). Ceci peut uniquement être expliqué en observant la dynamique interétat durant le processus. C'est une hypothèse intuitive que l'on peut déduire de ces

TABLE 4.5 – Étude sur les états : Analyse des caractéristiques adaptatives du *SEA*. Ce tableau affiche les résultats de $\% - tni$ pour chacun des EA_i $(i = 1, ..., n)$ dans *m-SEA* sur les neuf instances du MKP. Les données sont moyennées sur le nombre total de générations et ensuite sur les 30 exécutions indépendantes.

Instance	EA_1	EA_2	EA_3	EA_4	EA_5
	$\% - tni$	$\% - tni$	$\% - tni$	$\% - tni$	$\% - tni$
$cb5.500\_4$	**0.383544**	0.133414	0.169618	0.156341	0.157083
$cb5.500\_17$	**0.401575**	0.145278	0.152022	0.149264	0.151861
$cb5.500\_24$	**0.426192**	0.149287	0.14689	0.139174	0.138457
$cb10.500\_5$	**0.400892**	0.130798	0.158933	0.160181	0.149196
$cb10.500\_18$	**0.434267**	0.146991	0.148531	0.137412	0.132798
$cb10.500\_27$	**0.477211**	0.130061	0.136376	0.133453	0.122899
$cb30.500\_0$	**0.41399**	0.13401	0.142682	0.156109	0.153209
$cb30.500\_12$	**0.446483**	0.144113	0.133821	0.145697	0.129886
$cb30.500\_25$	**0.482725**	0.123622	0.131661	0.137241	0.124752

résultats. Spécifiquement, nous pouvons souligner que pour chaque étape de l'évolution, l'algorithme doit avoir un taux de mutation Bit-Flip optimal différent que celui utilisé dans les autres étapes de la recherche. Les Figures 4.10 et 4.11 reportent les coordonnées d'un tel comportement lié à la dynamique des états du *SEA*, à travers toutes les générations sur plusieurs jeux d'instances du MKP.

4.6 Synthèse du chapitre

Nous venons d'introduire deux nouvelles variantes du *SEA*, *m-SEA* et *m-T-SEA*, basées sur le concept d'état afin d'ajuster/contrôler les paramètres de l'algorithme à la structure de problème. Dans ces deux variantes, le taux de mutation Bit-Flip a été réglé automatiquement durant la recherche tout en utilisant diverses probabilités de mutation. Alors, chaque état représente un AE simple avec un taux de mutation Bit-Flip différent. *m-T-SEA* intègre une nouvelle stratégie de mutation d'état. Dans cette stratégie, le changement d'état est effectué selon une topologie d'état basée un voisinage probabiliste. De la sorte, des états voisins auront plus de chance de remplacer un état actuel que des autres états plus distants.

Notre objectif dans ce chapitre était d'étudier les caractéristiques adaptatives du *SEA* et sa façon de manipuler ses paramètres dynamiquement en fonction des propriétés et la forme de la fitness. Le *SEA* de mutation a été proposé pour montrer l'efficacité de l'algorithme évolutionnaire à états en application sur de grandes instances du problème du sac à dos multidimensionnel à variable $0-1$. En particulier, nous souhaitions

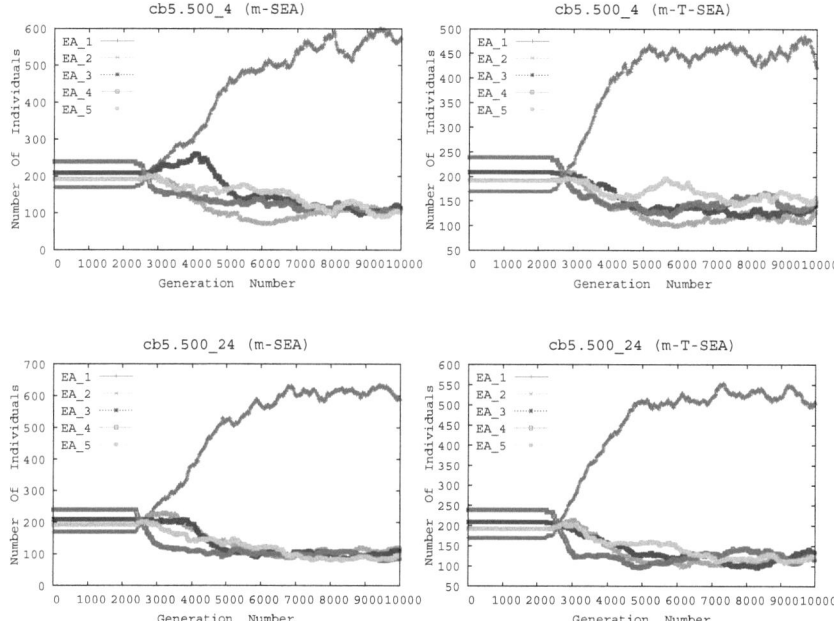

FIGURE 4.10 – Deux instances du MKP illustrant la dynamique des états dans *m-SEA* (à gauche) et *m-T-SEA* (à droite). L'axe des x représente l'indice de génération. L'axe des y représente l'évolution du nombre d'individus dans chaque état. Les résultats sont moyennés sur 30 exécutions indépendantes.

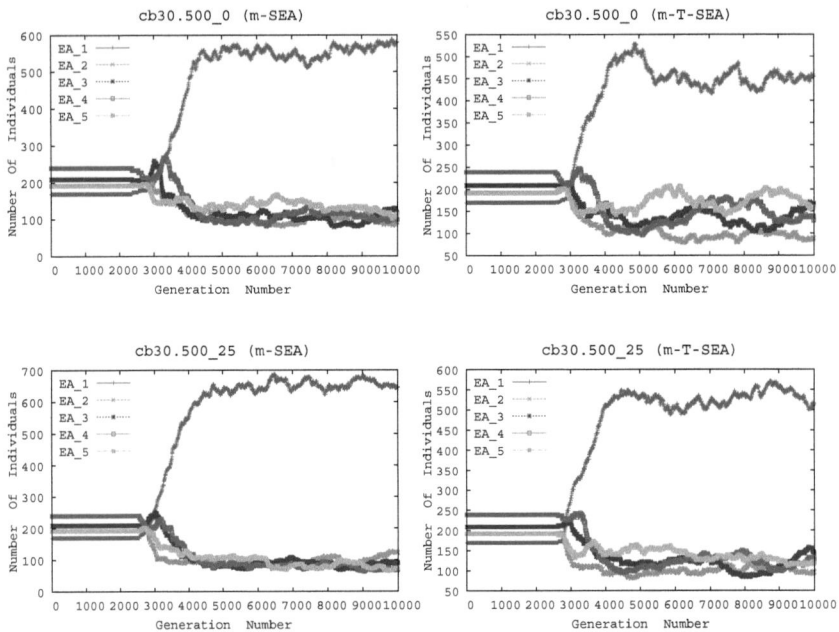

FIGURE 4.11 – Deux instances du MKP illustrant la dynamique des états dans *m-SEA* (à gauche) et *m-T-SEA* (à droite). L'axe des x représente l'indice de génération. L'axe des y représente l'évolution du nombre d'individus dans chaque état. Les résultats sont moyennés sur 30 exécutions indépendantes.

TABLE 4.6 – Étude sur les états : Analyse des caractéristiques adaptatives du *SEA*. Ce tableau affiche les résultats de $\% - tni$ pour chacun des EA_i $(i = 1, ..., n)$ dans *m-T-SEA* sur les neuf instances du MKP. Les données sont moyennées sur le nombre total de générations et ensuite sur les 30 exécutions indépendantes.

Instance	EA_1	EA_2	EA_3	EA_4	EA_5
	$\% - tni$	$\% - tni$	$\% - tni$	$\% - tni$	$\% - tni$
cb5.500_4	**0.351496**	0.144123	0.161007	0.170264	0.17311
cb5.500_17	**0.429876**	0.143014	0.150837	0.134304	0.14197
cb5.500_24	**0.393791**	0.144747	0.152905	0.153543	0.155014
cb10.500_5	**0.345733**	0.137386	0.163126	0.174564	0.179191
cb10.500_18	**0.419305**	0.13942	0.144067	0.15106	0.146147
cb10.500_27	**0.403233**	0.128703	0.149542	0.163059	0.155462
cb30.500_0	**0.359646**	0.130077	0.158821	0.174466	0.176989
cb30.500_12	**0.422283**	0.138325	0.14381	0.153578	0.142004
cb30.500_25	**0.407847**	0.127019	0.14946	0.161714	0.15396

démontrer le comportement adaptatif du *SEA* ainsi que ses capacités à résoudre des problèmes d'optimisation difficiles.

Plus particulièrement, le but de l'étude présentée ici n'était pas de concurrencer directement les métaheuristiques d'État-de-l'Art actuelles pour la série entière d'instances du MKP en termes de qualité de solution. Toutefois en interprétant les données des expériences réalisées précédemment, on peut estimer/discerner que de meilleurs résultats sont obtenus pour plusieurs instances et de moindres différences sont remarquées pour les autres instances.

En fonction des expériences que nous avons menées sur *m-SEA* et *m-T-SEA*, des résultats très positifs ont été obtenus pour quelques instances du MKP. Du fait que nos contributions ne sont pas dépendantes du problème, elles peuvent ainsi être appliquées à d'autres types de tâches d'optimisation.

Une lecture profonde des résultats obtenus nous permet de distinguer que l'une des principales caractéristiques du *SEA* est qu'il n'est pas un méta-optimiseur des états : même si le *SEA* n'a pas "sélectionné" uniquement le "meilleur" état, il a certainement bénéficié de l'opération quasi-parallèle des AEs standards possédant une diversité de probabilités de mutation. Si au début, au milieu ou à la fin d'une exécution, un taux de mutation Bit-Flip n'était pas parfaitement approprié pour une instance donnée du problème, alors un autre taux Bit-Flip fourni dans un AE synchrone peut contribuer à produire de bons résultats et par conséquent à améliorer la performance de l'algorithme.

Nous pouvons affirmer que le SEA de mutation a avantageusement profité de la combinaison d'une variété de taux de mutation Bit-Flip simultanément en une seule méthode. Ce fait illustre la caractéristique d'ajustement de paramètres que le SEA peut apporter au processus de recherche lors de la résolution de problèmes d'optimisation difficiles. Ce concept contribue à explorer/exploiter de nouvelles régions effectives de l'espace de recherche.

Selon les Tableaux 4.3 et 4.4, il convient de noter que m-SEA et m-T-SEA ont produit des résultats qui sont meilleurs à ceux obtenus avec l'exécution d'un AE standard avec le meilleur taux de mutation Bit-Flip, EA_1. Cela suggère aussi que, tout en étant possible pour un AE de contrôler avec précision ses paramètres, de très bonnes performances peuvent être obtenues du fait que cela permettra de garder une sorte de diversité génétique dans la population de l'algorithme.

De ce point de vue, m-T-SEA a exploité une nouvelle topologie d'états, ce qui a pu former un concept intéressant : il s'agit d'une mutation d'état dans lequel une solution serait plus promue à être transférée dans un état voisin que dans un état extrêmement éloigné. Cette approche était compétente avec les métaheuristiques de l'État-de-l'Art relatives en termes de qualité de solution pour deux instances du MKP.

Une interprétation simple des résultats exposés dans la Section 4.5 peut être résumée comme suit : un SEA dans lequel plusieurs populations de tailles différentes évoluent simultanément, présente une manière de répondre aux problèmes/défis de conception d'un AE parallèle qui soit efficace et performant. Il semble que la topologie des états basée sur un voisinage probabiliste influence de manière significative/positive la qualité des résultats renvoyés par m-T-SEA. Une possible explication de ce phénomène est que, si la population d'un état donné tend à converger trop rapidement vers un optimum local, cette convergence peut être ralentie par l'arrivée d'un ou plusieurs individus migrant d'un ou plusieurs états voisins. En d'autres termes, il est probable que de bons individus arrivant dans une population homogène peuvent conduire à une diversification génétique assez intéressante.

Alors, comment peut-on trouver le "meilleur" AE pour un problème donné ? Tel que nous l'avons mentionné plus haut, une réponse à cette question peut être déduite de cette manière : on peut accomplir certains ajustements de paramètres, essayant de trouver de bonnes valeurs pour tous les paramètres avant que l'opération de l'algorithme commence. Même si nous supposons pour un moment, qu'il existe une configuration parfaite pour un problème donné, la trouver (découvrir) est parfois une tâche sans espoir.

Un des objectifs importants de ce chapitre est d'attirer l'attention sur les potentiels et les avantages qui peuvent être apportés à la recherche lorsque les AEs ajustent/contrôlent leurs propres paramètres en ligne (au moment de l'exécution). Par ailleurs, l'adaptation fournit l'opportunité de personnaliser l'algorithme évolutionnaire en fonction du problème et de modifier la configuration et les paramètres de stratégie utilisés tout en cherchant la solution du problème.

Non seulement, cette possibilité nous permet d'incorporer plus facilement des informations de domaine et de multiples opérateurs génétiques dans les AEs, mais permet aussi à l'algorithme lui-même de sélectionner les valeurs et les opérateurs qui sont capables de fournir de meilleurs résultats. Bien entendu, ces valeurs peuvent être modifiées durant l'exécution de l'AE pour accommoder la situation pendant des phases particulières (précises) de l'exécution.

En effet, le fait de rendre la taille de population dynamique dans le *SEA* a permis de maintenir une sorte de diversité génétique dans la genèse des individus. Les résultats affichés ont clairement montré que l'ajustement automatique de la taille de population durant l'évolution peut distinctement améliorer les performances des AEs. Aussi, en inspectant le pourcentage du nombre d'individus de chaque sous-population, le *SEA* a pu favoriser le meilleur état en lui assignant une taille de population supérieure à celle des autres états. Mais cela n'empêche pas que l'algorithme a profité de l'existence, parfois mineure, des autres états dans le système. Parce que ces mêmes états peuvent apporter beaucoup d'avantages à la recherche lorsque le "meilleur" état ne conviendra pas au problème à une certaine période de l'exécution.

Il semble qu'il existe plusieurs thèmes de recherche intéressants qui sont liés au problème de réglage/contrôle de paramètres dans les AEs. Parmi les plus importants, on peut citer les suivants :

- De futurs travaux pourraient proposer de tester les caractéristiques auto-adaptatives du *SEA* sur différentes tâches d'optimisation tout en essayant de combiner/ajuster d'autres types de paramètres réglables.

- On pourrait tester une diversité de probabilités de croisement. De même, on pourrait tout simplement appliquer des opérateurs de sélection différents.

- Pour une meilleure compréhension du fonctionnement du *SEA*, on peut bien entendu poursuivre les expériences menées dans ce chapitre tout en exploitant un plus grand nombre d'états, avec d'autres valeurs pour chacun d'entre eux et une distribution non uniforme sur l'intervalle de voisinage. Mais ceci prendrait énormément de temps et sans doute serait-il préférable d'envisager que le *SEA* trouve tout seul tous ces éléments. Encore une fois, cette pensée vient souligner la robustesse du *SEA* quant à l'adaptation du meilleur réglage de paramètres aux caractéristiques du problème.

- L'amélioration du *SEA* avec d'autres idées telles qu'une sorte d'hybridation avec les algorithmes mémétiques peut considérablement augmenter ses capacités.

Conséquemment, des résultats s'approchant des meilleurs résultats obtenus dans des travaux relatifs pourraient être atteints dans un temps CPU d'exécution considérablement plus court.

- Essayer de trouver les conditions générales dans lesquelles le contrôle adaptatif de paramètres fonctionne le mieux. Par exemple, pour les taux de mutation adaptatifs, il existe des directives universelles telles que le surplus des descendants ou la sélection extinctive.

- Comprendre les diverses interactions entre les paramètres contrôlés de manière adaptative. Normalement les réactions de la recherche déclenchent des changements dans l'un des paramètres de l'algorithme. Toutefois, le même déclenchement peut être utilisé pour changer les valeurs des autres paramètres. Les paramètres peuvent aussi directement s'influencer l'un l'autre.

Afin de conclure ce chapitre, ça sera bien de noter un certain nombre de choses. En premier lieu, le contrôle de paramètres dans un AE peut avoir deux objectifs. Il peut être effectué pour éviter une performance d'algorithme sous-optimale résultant de valeurs de paramètre sous-optimales définies au préalable par l'utilisateur. L'hypothèse de base, ici est que les mécanismes de contrôle appliqués sont assez intelligents pour effectuer ce travail mieux que l'utilisateur ne pourrait le faire, ou qu'ils peuvent le faire aussi bien et ils évitent à l'utilisateur de remplir cette tâche. Dans l'un et l'autre cas, ils sont très bénéfiques pour la recherche.

L'autre motivation pour contrôler les paramètres à la volée est l'hypothèse qu'un paramètre donné peut avoir, à chaque fois, une valeur "optimale" distincte dans les différentes phases de la recherche. Si cela se vérifie, alors il n'existe tout simplement pas de valeur de paramètre statique optimale ; pour obtenir une bonne performance des AEs, il faut varier ce paramètre durant l'exécution. Le deuxième élément que nous devons noter est que le fait de rendre un paramètre adaptatif ne signifie pas nécessairement que nous avons un AE avec peu de paramètres. Dans la majorité des cas, il y a plus de possibilités de pouvoir créer des procédures qui fonctionnent bien avec moins de réglage de paramètres.

Enfin, il est désormais reconnu que les AEs nécessitent plus ou moins un ajustement fin pour des problèmes spécifiques et surtout pour des instances complexes du MKP. Idéalement, l'algorithme doit effectuer des ajustements nécessaires spécifiques à un problème donné. Le contrôle de paramètres dans le *SEA* tel que nous l'avons commenté et présenté dans ce chapitre constitue un pas dans cette direction.

Conclusion

L'idée principale dans cette thèse était de contribuer au vaste domaine de la méta-optimisation et du réglage/contrôle des paramètres de l'algorithme suivant le problème traité. Dans les chapitres précédents, nous avons montré qu'un AE pouvait être efficace sur une classe de problèmes d'optimisation, mais aussi déceptif pour une autre catégorie de fonctions.

Il est évident que les algorithmes évolutionnaires utilisés tels quels sans aucune spécialisation ne peuvent être meilleurs que d'autres méthodes lorsqu'elles intègrent une connaissance suffisante du problème. Bien qu'un effort ait été fait ces dernières années sur les AEs, il manque un véritable outil générique qui pourrait traiter n'importe quel type de problème d'optimisation combinatoire sans effort particulier de la part de l'utilisateur.

Souvent, un paramètre ou valeur de paramètre peut fonctionner très bien au début de l'exécution d'un AE, mais s'avérer être inutile et déceptif au milieu ou à la fin de l'exécution. Parmi les problèmes les plus particuliers du réglage/contrôle des paramètres dans les AEs, on peut citer : le problème de choisir une bonne représentation qui s'accorde bien avec la structure du problème. On peut aussi mentionner le problème d'affecter un taux de mutation raisonnable qui rend la phase génétique dans les AEs plus productive.

Nous pensons qu'une telle plate-forme mêlant des différentes méthodes métaheuristiques, qui proposerait de tester de nombreux problèmes en utilisant un paramétrage semi-automatique, pourrait permettre une meilleure reconnaissance des métaheuristiques et peut généralement rendre l'opération de l'algorithme très efficace. Donc, un concept intéressant sera d'assimiler plusieurs paramètres ou valeurs de paramètres dans une approche où la diffusion de données/informations sur l'espace de solutions aidera à faire mieux progresser la recherche.

Dans ce but, nous avons proposé une série de stratégies séquentielles et parallèles de double codage pour adapter la représentation des solutions à la fitness du problème. Les deux représentations utilisées dans ces stratégies étaient le codage binaire standard et le codage de Gray. Toutefois, d'autres types de codages pourraient être utilisés et un plus grand nombre de différentes représentations pourraient être exploitées. Les expériences numériques prouvent que nos propositions surpassent de manière significative un AE classique avec un codage unique statique.

Nous avons ensuite proposé de dupliquer l'espace de recherche afin de permettre un algorithme d'éviter les sites trompeurs. Cette notion se traduit par les différents opérateurs de conversion de codage de BBC. BBC est un codage binaire en blocs qui permet d'obtenir une redondance dans le codage et ensuite être exploité par des opérateurs neutres. Cette manière de coder les informations du problème est conçue dans l'hypothèse de décomposer la chaîne binaire de solution en un nombre fini de blocs ayant chacun une longueur fixe décidée par l'utilisateur avant que l'opération d'un AE commence. En principe, l'utilisation des composites de blocs en codage binaire (BBC) possède la propriété de maintenir les génotypes et les phénotypes bien équilibrés.

L'utilisation du codage en BBC a été montrée comme une technique assez intelligente du fait qu'elle a augmenté l'évolvabilité des opérateurs de variation génétiques et les a "incité" à produire de meilleures solutions. Les résultats obtenus pour ces expériences montrent que ce concept permet aussi de réformer/recréer les blocs de construction significatifs dans la chaine binaire, ce qui permet de faire avancer la recherche et ensuite d'améliorer la performance de l'algorithme.

Conjointement à l'exploitation de divers paramètres/valeurs de paramètres, il nous paraît intéressant d'utiliser de l'élitisme, et particulièrement de "favoriser" le "meilleur" paramètre, afin de ne pas perdre les avantages qui peuvent représenter certaines parties de l'espace de recherche. C'est pourquoi on introduit la notion d'états et du meilleur état aux AEs.

L'idée du protocole d'états incorporé dans les algorithmes évolutionnaires semble être une approche très utile pour contrôler les paramètres de l'algorithme en ligne. L'algorithme évolutionnaire à états, SEA, que nous avons proposé suggère une amélioration des performances des AEs du fait qu'il contribue à régler/ajuster les valeurs des paramètres automatiquement au cours de l'exécution, et cela suivant la structure du problème à optimiser. Il pourrait être étendu et généralisé afin qu'il puisse être appliqué à chacune des métaheuristiques proposées dans la littérature. Ensuite, il peut être avantageusement utilisé afin de multiplier les capacités du processus de recherche.

Notre démarche est simplement de dire que face au problème de réglage/contrôle des paramètres dans les AEs, notre contribution fournit un cadre intéressant qui peut traiter dynamiquement ce problème, particulièrement si la tâche d'optimisation est de grande dimension au niveau du rang et de la complexité. S'exécutant dans une architecture hautement parallèle, notre approche a notamment produit des solutions bien acceptables et positives selon les mesures de meilleure fitness et de pourcentage de gap.

Cela est dû au fait que le SEA intègre une diversité de composants/variables d'AEs de la sorte qu'il introduise en même temps une diversité génétique importante à la population de solutions et à la recherche de nouvelles structures. Il serait intéressant dans des travaux ultérieurs d'étendre ses résultats à une famille de problèmes d'optimisation combinatoire et réelle.

Puisqu'un ensemble statique de paramètres ou valeurs de paramètres ne peut pas satisfaire les besoins de la recherche suivant un problème donné, les capacités de l'algorithme vont se dégrader et ensuite sa productivité se confrontera à plusieurs obstacles tels que l'obtention des optima locaux. Par exemple, un taux de mutation fixe peut fonctionner très bien au début de la recherche, mais devient totalement inefficace au milieu ou à la fin de l'exécution.

Toujours en suivant l'idée de rester au plus proche de l'AE standard, nous avons proposé une implémentation parallèle des algorithmes évolutionnaires où chaque AE parallèle représente un état différent de l'espace de recherche. Ceci peut apporter beaucoup d'avantages au processus car n'importe que problème d'optimisation nécessite une variété de composants/valeurs de composants pour chaque période de l'exécution.

Précisément, ce concept fournit une richesse d'éléments essentiels au fonctionnement de l'algorithme évolutionnaire. Si un paramètre ou valeur de paramètre semble être inefficace à un moment donné de la recherche, alors un autre paramètre ou valeur de paramètre existant simultanément dans le système peut jouer un rôle très important dans l'équilibre du processus d'optimisation pour un problème donné.

D'après les tests réalisés sur le SEA sur différentes instances du problème de sac à dos multidimensionnel (MKP), on peut conclure que le SEA est une approche qui favorise le paramètre le plus approprié tout en gardant les autres paramètres dans le système. Par conséquent, elle produit de bons résultats et semble être efficace pour optimiser une large gamme de fonctions d'optimisation puisqu'elle n'est pas dépendante du problème.

Notre thèse n'était pas question de se comparer directement aux État-de-l'Art AEs pour des problèmes d'optimisation spécifiques, l'idée étant de proposer un algorithme évolutionnaire efficace dans le cadre d'une utilisation sans réglage ni spécialisation. Le SEA que nous proposons permet de s'abstraire partiellement du réglage/contrôle des paramètres. En effet nous avons vu qu'il obtient, lorsque la nouvelle topologie d'états basée sur un voisinage probabiliste est appliquée, de meilleurs résultats qui sont aussi bons que ceux obtenus par des méthodes puissantes récemment introduites pour le même type de problème. Bien que le SEA ait été expérimenté sur des problèmes d'optimisation difficiles, il serait donc profitable de le tester dans d'autres problèmes, et notamment sur des problèmes dédiés à l'étude de la dynamique des algorithmes évolutionnaires.

Nous voudrions évoquer le sujet concernant la recherche de méthodes efficaces sur des problèmes d'optimisation combinatoire, utilisant des hybridations de plus en plus complexes. Ces méthodes essaient de garder le principe d'exploitation de l'espace de recherche grâce à l'utilisation de différentes représentations pour les individus de la population.

Nous étions aussi intéressé à étudier la dynamique des AEs en tant que modèle d'adaptation en se désintéressant plus ou moins de la partie optimisation combinatoire. L'idée est en général s'inspirer encore plus le modèle naturel et d'étudier la dynamique d'adaptation du modèle évolutionnaire sur des problèmes fluctuants.

Ces deux voies sont toutes deux très intéressantes et elles peuvent conduire à un avancement significatif dans le domaine évolutionnaire. Nous voulons terminer sur cette note très optimiste, surtout en se focalisant sur les perspectives qui nous paraissent les plus prometteuses.

Nous pouvons envisager deux principales directions pour de futurs travaux, l'une portant sur l'étude des propriétés des paramètres et leurs rapports aux algorithmes d'optimisation, et l'autre sur la conception de nouvelles techniques d'ajustement automatique de ces paramètres.

Une étude ultérieure suggère aussi que d'autres implémentations du SEA peuvent toujours être améliorées en réduisant les paramètres définis par l'utilisateur et en les rendant automatiquement ajustables en fonction des mesures extraites du processus. Ce concept peut rendre le SEA une approche réelle visant à ajouter un progrès important dans la direction des algorithmes évolutionnaires les plus performants.

Bibliographie

[1] D. Ackley. *"An Empirical Study of Bit Vector Function Optimization"*, In Genetic Algorithms and Simulated Annealing, (1987).

[2] E. Alba and J.M. Troya. *"Influence of the Migration Policy in Parallel Distributed GAs with Structured and Panmictic Populations"*, In Applied Intelligence 12(3), pp. 163-181, (2000).

[3] E. Alba and J.M. Troya. *"Analyzing Synchronous and Asynchronous Parallel Distributed Genetic Algorithms"*, In Future Generation Computer Systems, pp. 451-465, (2001).

[4] E. Alba, C. Cotta, F. Chicano and A.J. Nebro. *"Parallel Evolutionary Algorithms in Telecommunications : Two Case Studies"*, In Proceedings of the CACIC'02 (2002).

[5] L. Altenberg. *"The Evolution of Evolvability in Genetic Programming"*, In Advances in Genetic Programming, pp. 47-74, MIT Press (1994).

[6] L. Altenberg. *"The Schema Theorem and Price's Theorem"*, In Foundations of Genetic Algorithms 3, pp. 23-49, Morgan Kaufmann (1995).

[7] J. Arabas, Z. Michalewicz and J. Mulawka. *"GAVaPS - A Genetic Algorithm with Varying Population Size"*, In Proceedings of the IEEE Conference on Evolutionary Computation, (1994).

[8] Th. Back. *"The Interaction of Mutation Rate, Selection and Self-Adaptation within a Genetic Algorithm"*, In Manner and Manderick, pp. 85-94, (1992).

[9] Th. Back. *"Selective Pressure in Evolutionary Algorithms : A Characterization of Selection Mechanisms"*, In Proceedings of the IEEE Conference on Evolutionary Computation, (1994).

[10] Th. Back, D.B. Fogel and Z. Michalewicz. *"Handbook of Evolutionary Computation"*, Oxford University Press (1997).

[11] S. Baluja. *"Structure and Performance of Fine-grain Parallelism in Genetic Search"*, In Proceedings of the Fifth International Conference on Genetic Algorithms, pp. 155-162, Morgan Kaufmann (1993).

[12] S. Baluja. *"Population-based Incremental Learning : A Method for Integrating Genetic Search Based Function Optimization and Competitive Learning"*, Technical Report No. CMU-CS-94-163, Pittsburgh, PA : Carnegie Mellon (1994).

[13] S. Bandyopadhyay, H. Kargupta and G. Wang. *"Revisiting the GEMGA : Scalable Evolutionary Optimization through Linkage Learning"*, In Proceedings of the IEEE International Conference on Evolutionary Computation, (1998).

[14] W. Banzhaf, P. Nordin, R.E. Keller and F.D. Francone. *"Genetic Programming — An Introduction, On the Automatic Evolution of Computer Programs and Its Applications"*, Morgan Kaufmann (1997).

[15] L. Barbulescu, J.P. Watson and D. Whitley. *"Dynamic Representations and Escaping Local Optima : Improving Genetic Algorithms and Local Search"*, AAAI/IAAI, (2000).

[16] L. Barnett. *"Evolutionary Search on Fitness Landscapes with Neutral Networks"*, University of Sussex (2003).

[17] T.C. Belding. *"The Distributed Genetic Algorithm Revisited"*, In Proceedings of the Sixth International Conference on Genetic Algorithms, pp. 114-121, Morgan Kaufmann (1995).

[18] Maroun Bercachi, Philippe Collard, Manuel Clergue and Sébastien Verel. *"Evolving Dynamic Change and Exchange of Genotype Encoding in Genetic Algorithms for Difficult Optimization Problems"*, In Proceedings of the IEEE International Conference on Evolutionary Computation, (2007).

[19] Maroun Bercachi, Philippe Collard, Manuel Clergue and Sébastien Verel. *"Studying the Effects of Dual Coding on the Adaptation of Representation for Linkage in Evolutionary Algorithms"*, In Linkage in Evolutionary Computation, Springer Verlag (2008).

[20] Maroun Bercachi, Philippe Collard, Manuel Clergue and Sébastien Verel. *"Do not Choose Representation just Change : An Experimental Study in States based EA"*, In Proceedings of Genetic and Evolutionary Computation Conference, (2009).

[21] Maroun Bercachi. *"A New Hybrid Method between VNS and SEA to Improve Results on the 0-1 Multidimensional Knapsack Problem"*, In Proceedings of the European Symposium on Artificial Neural Networks, (2010).

[22] E. Bornberg-Bauer and H.S. Chan. *"Modeling Evolutionary Landscapes : Mutational Stability, Topology and Superfunnels in Sequence Space"*, In Proc. Nat. Acad. Sci. Journal, pp. 10689-10694, (1999).

[23] S. Bornholdt. *"Probing Genetic Algorithm Performance of Fitness Landscapes"*, In Foundations of Genetic Algorithms, pp. 141-154, (1996).

[24] P.A.N. Bosman and D. Thierens. *"Linkage Information Processing in Distribution Estimation Algorithms"*, In Proceedings of the Genetic and Evolutionary Computation Conference, (1999).

[25] S. Boussier, M. Vasquez, Y. Vimont, S. Hanafi and P. Michelon. *"Solving the 0-1 Multidimensional Knapsack Problem with Resolution Search"*, In CoRR Journal, (2009).

[26] Caruana, Rich, Schaffer and J. David. *"Representation and Hidden Bias : Gray vs. Binary Coding for Genetic Algorithms"*, In Proceedings of the Fifth International Conference on Machine Learning, Morgan Kaufmann (1988).

[27] Y. Chen, T. Yu, K. Sastry and D.E. Goldberg. *"A Survey of Linkage Learning Techniques in Genetic and Evolutionary Algorithms"*, IlliGAL Report No. 2007014 (2007).

[28] P.C. Chu and J. Beasley. "*A Genetic Algorithm for the Multiconstrained Knapsack Problem*", *In Journal of Heuristics, pp. 63-86*, (1998).

[29] Philippe Collard and Manuel Clergue. "*Misleading Functions Designed from Alternation*", *In Proceedings of the IEEE International Congress on Evolutionary Computation*, IEEE Press (2000).

[30] P. Collet, E. Lutton and al. "*Take it EASEA*", *In Parallel Problem Solving from Nature VI, pp. 891-901*, Springer (2000).

[31] P. Cowling, G. Kendall and E. Soubeiga. "*Hyperheuristics : a Robust Optimisation Method for Nurse Scheduling*", *In Proceedings of the Seventh International Conference on Parallel Problem Solving from Nature*, (2002).

[32] J.P. Crutchfield and P. Schuster. "*Evolutionary Dynamics, Exploring the Interplay of Selection, Accident, Neutrality and Function*, New York : Oxford University Press (2003).

[33] D.E. Culler and J.P. Singh. "*Parallel Computer Architecture*", Morgan Kaufmann (1998).

[34] L. Davis. "*Adapting Operator Probabilities in Genetic Algorithms*", *In Proceedings of the ICGA'89, pp. 61-69*, Morgan Kaufmann (1989).

[35] K.A. De Jong. "*An Analysis of the Behavior of a Class of Genetic Adaptive Systems*", *In Foundations of Genetic Algorithms - 1*, Ph.D. dissertation, University of Michigan (1975).

[36] B. Derrida and L. Peliti. "*Evolution in a Flat Fitness Landscape*", *In Bull. Math. Biol. Journal, pp. 355-382*, (1991).

[37] J.G. Digalakis and K.G. Margaritis. "*An Experimental Study of Benchmarking Functions for Genetic Algorithms*", (2002).

[38] A.E. Eiben, R. Hinterding and Z. Michalewicz. "*Parameter Control in Evolutionary Algorithms*", *In IEEE Transactions on Evolutionary Computation, pp. 124-141*, (1999).

[39] A.E. Eiben, E. Marchiori and V.A. Valko. "*Evolutionary Algorithms with On-The-Fly Population Size Adjustment*", *In Proceedings of the 8th International Conference on Parallel Problem Solving from Nature, pp. 41-50*, (2004).

[40] N. Eldredge and S.J. Gould. "*Punctuated Equilibria : An Alternative to Phyletic Gradualism*", *In Models in Paleobiology, pp. 82-115*, Freeman Cooper (1972).

[41] L.J. Eshelman. "*Bit-Climbers and Naive Evolution*", (1991).

[42] L.J. Eshelman. "*The CHC Adaptive Search Algorithm : How to Have Safe Search when Engaging in Non-Traditional Genetic Recombination*", *In Foundations of Genetic Algorithms - 1*, Morgan Kaufmann (1991).

[43] L.J. Eshelman and J.D. Schaffer. "*Real-coded Genetic Algorithms and Interval Schemata*", *In Foundations of Genetic Algorithms - 2, pp. 187-202*, Morgan Kaufmann (1993).

[44] L.J. Eshelman, K.E. Mathias and J.D. Schaffer. "*Convergence Controlled Variation*", *In Foundations of Genetic Algorithms - 4*, Morgan Kaufmann (1997).

[45] A. Fialho, L.D. Costa, M. Schoenauer and M. Sebag. *"Dynamic Multi-Armed Bandits and Extreme Value-based Rewards for Adaptive Operator Selection in Evolutionary Algorithms"*, In Learning and Intelligent Optimization Journal (LION3), (2009).

[46] I. Ficher. *"The Theory of Interest"*, Philadelphia, Porcupine Press (1977).

[47] D.B. Fogel and A. Ghozeil. *"Using Fitness Distributions to Design More Efficient Evolutionary Computations"*, In Proceedings of the International Conference on Evolutionary Computation, pp. 11-19, (1996).

[48] L.J. Fogel, A.J. Owens and M.J. Walsh. *"Artificiel Intelligence through Simulated Evolution"*, John Wiley, New York, (1966).

[49] R. Frankham. *"Relationship of Genetic Variation to Population Size in Wildlife"*, In Conserv. Biol., pp. 1500-1508, (1996).

[50] A. Fréville. *"The Multidimensional 0-1 Knapsack Problem : an Overview"*, In European Journal of Operational Research, pp. 1-21, (2004).

[51] F. Galton. *"Typical Laws of Heredity"*, In Proceedings of the Royal Institution, pp. 282-301, (1877).

[52] F. Galton. *"Regression Toward Mediocrity in Hereditary Stature"*, In Anthropological Institute Journal, pp. 246-263, (1886).

[53] B. Gavish and H. Pirkul. *"Efficient Algorithms for Solving the Multiconstraint Zero-One Knapsack Problem to Optimality"*, In Math. Program., pp. 78-105, (1985).

[54] A. Geist, A. Beguelin, J. Dongarra, W. Jiang, R. Manchek and V. Sunderam. *"PVM : Parallel Virtual Machine A Users' Guide and Tutorial for Networked Parallel Computing"*, MIT Press (1994).

[55] P. Gilmore and R. Gomory. *"The Theory and Computation of Knapsack Functions"*, In Operational Research Journal, pp. 1045-1075, (1966).

[56] M. Glickman and K. Sycara. *"Reasons for Premature Convergence of Self-Adapting Mutation Rates"*, In Proceedings of the IEEE Congress on Evolutionary Computation, pp. 62-69, (2000).

[57] F. Glover and G. Kochenberger. *"Critical Event Tabu Search for Multidimensional Knapsack Problems"*, In Osman, I., Kelly, J. (eds.) Meta-heuristics : Theory and Applications, pp. 407-427, (1996).

[58] D.E. Goldberg. *"Genetic Algorithms and Walsh Functions : Part I, a Gentle Introduction"*, In Complex Systems, (1989).

[59] D.E. Goldberg. *"Genetic Algorithms and Walsh Functions : Part II, Deception and its Analysis"*, In Complex Systems, (1989).

[60] D.E. Goldberg. *"Genetic Algorithms in Search, Optimization, and Machine Learning"*, Reading, MA : Addison-Wesley Publishing Co. (1989).

[61] V.S. Gordon and D. Whitley. *"Serial and Parallel Genetic Algorithms as Function Optimizers"*, In Proceedings of the Fifth International Conference on Genetic Algorithms, pp. 177-183, Morgan Kaufmann (1993).

[62] J. Gottlieb. "*On the Effectivity of Evolutionary Algorithms for Multidimensional Knapsack Problems*", *In Proceedings of Artificial Evolution : Fourth European Conference, pp. 22-37*, Springer Verlag (1999).

[63] É. Goubault. "*Cours sur les Algorithmes Évolutionnaires et Problèmes Inverses*", , École Polytechnique ParisTech, France.

[64] J. Grefenstette. "*Optimization of Control Parameters for Genetic Algorithms*", *In Proceedings of the IEEE Transactions on Systems, Man and Cybernetics, pp. 122-128*, (1986).

[65] J.J. Grefenstette. "*Predictive Models Using Fitness Distributions of Genetic Operators*", *In Foundations of Genetic Algorithms*, Morgan Kaufmann (1995).

[66] G. Harik. "*Learning Gene Linkage to Efficiently Solve Problems of Bounded Difficulty Using Genetic Algorithms*", Ph.D. dissertation, University of Michigan (1997).

[67] G. Harik. "*Linkage Learning via Probabilistic Modeling in the ECGA*", IlliGAL Report No. 99010 (1999).

[68] G.R. Harik and F.G. Lobo. "*A parameter-Less Genetic Algorithm*", *In Proceedings of the Genetic and Evolutionary Computation Conference, pp. 258-265*, Morgan Kaufmann (1999).

[69] R.B. Heckendorn and A.H. Wright. "*Efficient Linkage Discovery by Limited Probing*", *In Proceedings of the Genetic and Evolutionary Computation Conference*, (2003).

[70] J.H. Holland. "*Adaptation in Natural and Artificial Systems*", Cambridge Massachusetts : The MIT Press (1975).

[71] T. Hu, S. Harding and W. Banzhaf. "*Variable Population Size and Evolution Acceleration : A Case Study with A Parallel Evolutionary Algorithm*", *In Genetic Programming and Evolvable Machines Journal*, (2009).

[72] Ch. Igel and K. Chellapilla. "*Fitness Distributions : Tools for Designing Efficient Evolutionary Computations*", *In Advances in Genetic Programming 3, pp. 191-216*, MIT Press (1999).

[73] Ch. Igel and M. Kreutz. "*Using Fitness Distributions to Improve the Evolution of Learning Structures*", *In Proceedings of the Congress on Evolutionary Computation, pp. 1902-1909*, IEEE Press (1999).

[74] C. Igel and M. Toussaint. "*On Classes of Functions for which no Free Lunch Results Hold*", *Inf. Process. Lett., pp. 317-321*, (2003).

[75] C.Z. Janikow and Z. Michalewiz. "*An Experimental Comparaison of Binary and Floating Point Representations in Genetic Algorithms*", *In Proceedings of the 4th International Conference on Genetic Algorithms, pp. 31-36*, (1991).

[76] H. Kargupta. "*The Gene Expression Messy Genetic Algorithm*", *In Proceedings of the IEEE International Conference on Evolutionary Computation*, (1996).

[77] S.A. Kauffman and S. Levin. "*Towards a General Theory of Adaptive Walks on Rugged Landscapes*", *In Theoritical Biology Journal, pp. 11-45*, (1987).

[78] H. Kellerer, U. Pferschy and D. Pisinger. *"Knapsack Problems"*, Springer Verlag (2004).

[79] G. Kendall, E. Soubeiga and P. Cowling. *"Choice Function and Random Hyper-heuristics"*, In Proceedings of the Fourth Asia-Pacific Conference on Simulated Evolution and Learning, pp. 667-671, SEAL (2002).

[80] J.R. Koza. *"Genetic Programming : On the Programming of Computers by means of Natural Evolution"*, MIT Press, Massachussetts, (1999).

[81] R. Lande. *"Expected Time for Random Genetic Drift of a Population between Stable Phenotypic States"*, In Proceedings of the National Academy of Sciences of the USA, pp. 7641-7645, (1985).

[82] T.G. Lewis and R. El-Rewini. *"Introduction to Parallel Computing"*, Prentice-Hall (1992).

[83] G. Liepins and M. Vose. *"Representations Issues in Genetic Algorithms"*, In Journal of Experimental and Theoretical Artificial Intelligence, (1990).

[84] F.G. Lobo. *"The parameter-Less Genetic Algorithm : Rational and Automated Parameter Selection for Simplified Genetic Algorithm Operation"*, PhD Thesis, Universidade de Lisboa, (2000).

[85] F.G. Lobo and C.F. Lima. *"A Review of Adaptive Population Sizing Schemes in Genetic Algorithms"*, In Proceedings of Genetic and Evolutionary Computation Conference, pp. 228-234, (2005).

[86] F.G. Lobo, C. Lima and Z. Michalewicz. *"Parameter Setting in Evolutionary Algorithms"*, In Studies in Computational Intelligence, Volume 54, Springer Verlag (2007).

[87] J. Lorie and L. Savage. *"Three Problems in Capital Rationing"*, In Journal of Business, pp. 229-239, (1955).

[88] N. Lynch. *"Distributed Algorithms"*, Morgan-Kaufmann (1996).

[89] B. Manderick, M. de Weger and P. Spiessens. *"The Genetic Algorithm and the Structure of the Fitness Landscape"*, In Proceedings of the Fourth International Conference on Genetic Algorithms, pp. 143-150, Morgan Kaufmann (1991).

[90] A. Manne and H. Markowitz. *"On the Solution of Discrete Programming Problems"*, In Econometrica Journal, pp. 84-110, (1957).

[91] E. Mathias and D. Whitley. *"Transforming the Search Space with Gray Coding"*, In International Conference on Evolutionary Computation, (1994).

[92] Z. Michalewicz. *"Genetic Algorithms + Data Structures = Evolution Programs"*, Springer (1996).

[93] G.F. Minetti and H.A. Alfonso. *"Variable Size Population in Parallel Evolutionary Algorithms"*, In Proceedings of the 5th International Conference on Intelligent Systems Design and Applications, pp. 350-355, (2005).

[94] M. Mitchell. *"An Introduction to Genetic Algorithms"*, In Complex Adaptive Systems Series, MIT Press (1996).

[95] G. Mora, C. Perfumo and L. Rojas. *"A Parallel Evolutionary Algorithm Applied to the Minimum Interference Frequency Assignment Problem"*, In Proceedings of the 12th Argentinean Congress of Computer Science, (2006).

[96] H. Muhlenbein and G. Paa. *"From Recombination of Genes to the Estimation of Distributions I. Binary Parameters"*, In Proceedings of the Fourth International Conference on Parallel Problem Solving from Nature, (1996).

[97] H. Muhlenbein, T. Mahnig and A. Ochoa. *"Schemata, Distributions and Graphical Models in Evolutionary Optimization"*, In Heuristics Journal, (1999).

[98] H. Muhlenbein. *"The Equation for Response to Selection and its Use for Prediction"*, In Evolutionary Computation Journal, (1997).

[99] H. Muhlenbein and T. Mahnig. *"Convergence Theory and Applications of the Factorized Distribution Algorithm"*, In Computing and Information Technology Journal, (1999).

[100] H. Muhlenbein and T. Mahnig. *"A Scalable Evolutionary Algorithm for the Optimization of Additively Decomposed Functions"*, In Evolutionary Computation Journal, (1999).

[101] M. Munetomo and D.E. Goldberg. *"Identifying Linkage Groups by Non-linearity/Non-monotonicity Detection"*, In Proceedings of the Genetic and Evolutionary Computation Conference, (1999).

[102] M. Munetomo and D.E. Goldberg. *"Linkage Identification by Non-monotonicity Detection for Overlapping Functions*, In Evolutionary Computation Journal, (1999).

[103] A. Nareyek. *"An Empirical Analysis of Weight-adaptation Strategies for Neighbourhoods of Heuristics"*, In Proceedings of the Fourth Metaheuristic International Conference, pp. 211-215, (2001).

[104] C.M. Newman, J.E. Cohen and C. Kipnis. *"Neo-Darwinian Evolution Implies Punctuated Equilibria"*, In Nature Journal, pp. 400-401, (1985).

[105] E.V. Nimwegen, J.P. Crutchfield and M. Huynen. *"Metastable Evolutionary Dynamics : Crossing Fitness Barriers or Escaping via Neutral Paths ?"*, Technical Report of SanteFe Institute, (1999).

[106] E.V. Nimwegen, J.P. Crutchfield and M. Huynen. *"Neutral Evolution of Mutational Robustness"*, In Proc. Nat. Acad. Sci. Journal, pp. 9716-9720, (1999).

[107] E.V. Nimwegen and J.P. Crutchfield. *"Optimizing Epochal Evolutionary Search : Population-Size Dependent Theory"*, In Maching Learning Journal, pp. 77-114, Kluwer Academic (2001).

[108] T. Ohta. *"Population Size and Rate of Evolution"*, In J. Mole. Evol., pp. 305-314, (1972).

[109] K. Pearson. *"Mathematical Contributions to the Theory of Evolution. III. Regression, Heredity and Panmixia"*, In Philosophical Transactions of the Royal Society of London, pp. 253-318, (1896).

[110] M. Pelikan, D.E. Goldberg and E. Cantu-Paz. *"Linkage Problem, Distribution Estimation, and Bayesian Networks"*, In Evolutionary Computation Journal, (2000).

[111] J. Puchinger, G.R. Raidl and M. Gruber. *"Cooperating Memetic and Branch-and-Cut Algorithms for Solving the Multidimensional Knapsack Problem"*, In Proceedings of the Metaheuristics International Conference, pp. 775-780, (2005).

[112] J. Puchinger and G.R. Raidl. *"Combining Metaheuristics and Exact Algorithms in Combinatorial Optimization : a Survey and Classification"*, In Proceedings of the International Work-Conference on the Interplay Between Natural and Artificial Computation, pp. 41-53, Springer Verlag (2005a).

[113] J. Puchinger and G.R. Raidl. *"Relaxation Guided Variable Neighborhood Search"*, In Proceedings of the Mini EURO Conference on VNS, (2005b).

[114] J. Puchinger. *"Combining Metaheuristics and Integer Programming for Solving Cutting and Packing Problems"*, Ph.D. Thesis, Vienna University of Technology, Institute of Computer Graphics and Algorithms, (2006).

[115] J. Puchinger, G.R. Raidl and U. Pferschy. *"The Core Concept for the Multidimensional Knapsack Problem"*, In Evolutionary Computation in Combinatorial Optimization, pp. 195-208, (2006).

[116] J. Puchinger and G.R. Raidl. *"Bringing Order into the Neighborhoods : Relaxation Guided Variable Neighborhood Search"*, In Journal of Heuristics, pp. 457-472, (2007).

[117] J. Puchinger, G.R. Raidl and U. Pferschy. *"The Multidimensional Knapsack Problem : Structure and Algorithms"*, Technical Report 006149, National ICT Australia, Melbourne, (2007).

[118] G.R. Raidl. *"An Improved Genetic Algorithm for the Multiconstrained 0-1 Knapsack Problem"*, In Proceedings of the IEEE International Conference on Evolutionary Computation, pp. 207-211, IEEE Press (1998).

[119] G.R. Raidl and J. Gottlieb. *"Empirical Analysis of Locality, Heritability and Heuristic Bias in Evolutionary Algorithms : a Case Study for the Multidimensional Knapsack Problem"*, In Evolutionary Computation Journal, pp. 441-475, (2005).

[120] G.J.E. Rawlins. *"Foundations of Genetic Algorithms"*, San Mateo California : Morgan Kaufmann (1991).

[121] R. Rechenberg. *"Evolutionsstrategie : Optimierung Technischer Syseme Nach Prinzipien der biologischen Evolution"*, Stuttgart : Frommann-Holzboog, (1973).

[122] J.N. Richter, J. Paxton and A.H. Wright.*"EA Models and Population Fixed Points versus Mutation for Functions of Unitation"*, In Proceedings of the Genetic and Evolutionary Computation Conference, (2005).

[123] F. Rothlauf, D.E. Goldberg and A. Heinzl. *"Network Random Keys : a Tree Representations Scheme for Genetic and Evolutionary Algorithms"*, Cambridge MAM USA : The MIT Press (2002).

[124] F. Rothlauf and D.E. Goldberg. *"Representations for Genetic and Evolutionary Algorithms"*, Springer Verlag (2002).

[125] F. Rothlauf and D.E. Goldberg. *"Redundant Representations in Evolutionary Computation"*, In Evolutionary Computation Journal, pp. 381-415, (2003).

[126] J.E. Rowe. "*Population Fixed-points for Functions of Unitation*", In Foundations of Genetic Algorithms. Vol. 5, (1998).

[127] J.E. Rowe, D. Whitley, L. Barbulescu and J.-P. Watson. "*Properties of Gray and Binary Representations*", In Evolutionary Computation Journal, pp. 47-76, (2004).

[128] J. Sarma and K.A. De Jong. "*An Analysis of the Effect of the Neighborhood Size and Shape on Local Selection Algorithms*", In Parallel Problem Solving from Nature (PPSN IV), pp. 236-244, Springer Verlag (1996).

[129] C. Schumacher, M.D. Vose, and L.D. Whitley. "*The no Free Lunch and Problem Description Length*", In Proceedings of the Genetic and Evolutionary Computation Conference, pp. 565-570, Morgan Kaufmann (2001).

[130] H.P. Schwefel. "*Numerical Optimization of Computer Models*", John Wiley & Sons, New York, 2nd edition, (1995).

[131] W. Shih. "*A Branch and Bound Method for the Multiconstraint Zero-One Knapsack Problem*", In Journal of Operational Research Soc., pp. 369-378, (1979).

[132] J. Smith and T.C. Fogarty. "*Self Adaptation of Mutation Rates in a Steady State Genetic Algorithm*", In Proceedings of the 7th International Conference on Evolutionary Computation, pp. 318-323, (1996).

[133] T.M.C. Smith, P. Husbands, Layzell and M. O'Shea. "*Fitness Landscapes and Evolvability*", In Evolutionary Computation Journal, pp. 1-34, (2001).

[134] T.M.C. Smith, P. Husbands and M. O'Shea. "*Neutral Networks in an Evolutionary Robotics Search Space*", In Proceedings of the Congress on Evolutionary Computation, pp. 136-145, (2001).

[135] K. Sorensen and M. Sevaux. "*MAIPM : Memetic Algorithms with Population Management*", In Computers and Operations Research Journal, pp. 1214-1225, (2006).

[136] W.M. Spears. "*Crossover or Mutation ?*", In Foundations of Genetic Algorithms 2, pp. 221-238, Morgan Kaufmann (1993).

[137] P. Spiessens and B. Manderick. "*A Massively Parallel Genetic Algorithm*", In Proceedings of the 4th International Conference on Genetic Algorithms, pp. 279-286, Morgan Kaufmann (1991).

[138] G. Syswerda. "*Uniform Crossover in Genetic Algorithms*", In Proceedings of the 4th International Conference on Genetic Algorithms, pp. 279-286, John Wiley & Sons, New York, 2nd edition, (1995).

[139] R. Tanese. "*Distributed Genetic Algorithms*", In Proceedings of the 3rd International Conference on Genetic Algorithms, pp. 434-439, Morgan Kaufmann (1989).

[140] D. Thierens. "*Adaptive Mutation Rate Control Schemes in Genetic Algorithms*", In Proceedings of the IEEE World Congress on Computational Intelligence, IEEE Press (2002).

[141] M. Toussaint. "*Compact Representations as a Search Strategy : Compression EDAs*", Essex UK : Elsevier Science Publishers Ltd. (2006).

[142] S. Tsutsui and Y. Fujimoto. "*Forking Genetic Algorithm with Blocking and Shrinking Modes*", In Proceedings of the Fifth International Conference on Genetic Algorithms, Morgan Kaufmann (1993).

[143] B.S. Trkmen and O. Turan. "*An Application Study of Multi-Agent Systems in Multi-criterion Ship Design Optimization*", In Proceedings of the Third International Euro Conference on Computer and IT Applications in the Maritime Industries, (2004).

[144] P.D. Turney. "*Increasing Evolvability Considered as a Large Scale Trend in Evolution*", In Proceedings of the Genetic and Evolutionary Computation Conference, pp. 43-46, (1999).

[145] M. Vasquez and J.K. Hao. "*A Hybrid Approach for the 0-1 Multidimensional Knapsack Problem*", In Proceedings of the International Joint Conference on Artificial Intelligence, pp. 328-333, (2001).

[146] M. Vasquez and Y. Vimont. "*Improved Results on the 0-1 Multidimensional Knapsack Problem*", In European Journal of Operational Research, pp. 70-81, (2005).

[147] Sébastien Verel, Philippe Collard and Manuel Clergue. "*Where are Bottlenecks in NK Fitness Landscapes ?*", In Proceedings of the Congress on Evolutionary Computation, pp. 273-280, IEEE Press (2003).

[148] Sébastien Verel, Philippe Collard and Manuel Clergue. "*Local Search Heuristics : Fitness Cloud versus Fitness Landscape*", In Proceedings of the European Conference on Artificial Intelligence, pp. 973-974, (2004).

[149] Sébastien Verel. "*Étude et Exploitation des Réseaux de Neutralité dans les Paysages Adaptatifs pour l'Optimisation Difficile*", PhD Thesis, Université de Nice-Sophia Antipolis, (2005).

[150] Y. Vimont, S. Boussier and M. Vasquez. "*Reduced Costs Propagation in an Efficient Implicit Enumeration for the 0-1 Multidimensional Knapsack Problem*", In Combinatorial Optimization Journal, pp. 175-178, (2008).

[151] G.P. Wagner and L. Altenberg. "*Complexes Adaptations and the Evolution of Evolvability*", In Evolution, pp. 967-976, (1996).

[152] H.M. Weingartner and D.N. Ness. "*Methods for the Solution of the Multidimensional 0/1 Knapsack Problem*", In Operational Research Journal, pp. 83-103, (1967).

[153] D. Whitley, S. Rana and R.B. Heckendorn. "*Representation Issues in Neighborhood Search and Evolutionary Algorithms*", In Genetic Algorithms in Engineering and Computer Science, (1997).

[154] D. Whitley and S. Rana. "*Representation, Search and Genetic Algorithm*", In Proceedings of the Fourteenth National Conference on Artificial Intelligence, AAAI/MIT Press (1997).

[155] D. Whitley. "*A Free Lunch Proof for Gray versus Binary Encodings*", In Proceedings of the Genetic and Evolutionary Computation Conference, Morgan Kaufmann (1999).

[156] Ch. Wilbaut, S. Salhi and S. Hanafi. *"An Iterative Variable-based Fixation Heuristic for the 0-1 Multidimensional Knapsack Problem"*, In European Journal of Operational Research, pp. 62-74, (2009).

[157] Ch. Wilbaut and S. Hanafi. *"New Convergent Heuristics for 0-1 Mixed Integer Programming"*, In European Journal of Operational Research, pp. 62-74, (2009).

[158] Ch. Wilbaut and S. Hanafi. *"New Convergent Heuristics for 0-1 Mixed Integer Programming"*, In European Journal of Operational Research, pp. 339-348, (2009).

[159] C.O. Wilke. *"Selection for Fitness vs. Selection for Robustness in RNA Secondary Structure Folding"*, In Evolution Journal, pp. 2412-2420 (2001).

[160] C.O. Wilke. *"Adaptive Evolution on Neutral Networks"*, In Bull. Math. Biol., pp. 715-730 (2001).

[161] D. Wolpert and W.G. Macready. *"No Free Lunch Theorems for Search"*, Technical Report SFI-TR-95-02-010, pp. 67-82, (1995).

[162] D. Wolpert and W.G. Macready. *"No Free Lunch Theorems for Optimization"*, In Proceedings of the IEEE Transactions on Evolutionary Computation, pp. 67-82, (1997).

[163] S. Wright. *"The Roles of Mutation, Inbreeding, Crossbreeding and Selection in Evolution"*, In Proceedings of the sixth International Congress on Genetics, (1932).

[164] S. Wright. *"Character Change, Speciation, and the Higher Taxa"*, In Evolution Journal, pp. 427-443, (1982).

[165] A.H. Wright, J.E. Rowe and J.R. Neil. *"Analysis of the Simple Genetic Algorithm on the Single-peak and Double-peak Landscapes"*, In Proceedings of the Congress on Evolutionary Computation, (1999).

[166] S. Yang. *"Adaptive Crossover in Genetic Algorithms Using Statistics Mechanism"*, In Proceedings of the 8th International Conference on Artificial Life, pp. 182-185, MIT Press (2002).

Résumé

Les Algorithmes Évolutionnaires (AEs) sont des méthodes de recherche inspirées par la théorie darwinienne de l'évolution, travaillant sur une population de solutions potentielles, par itération de phases de sélections et de variations aléatoires. La sélection d'une représentation, la définition des paramètres ou l'attribution de leurs propres valeurs ont une influence cruciale sur les performances de l'algorithme. Un choix qui ne s'accorde pas à la fonction de fitness peut rendre le problème plus difficile à résoudre. Trouver une configuration appropriée pour un AE est donc depuis longtemps un grand défi. Bien que les AEs soient reconnus comme des méthodes compétitives sur des problèmes de grande taille, ils sont sujets à un certain nombre de critiques tel celui du réglage/contrôle des paramètres. Par réglage, nous entendons l'approche qui consiste à trouver des valeurs satisfaisantes pour les paramètres avant l'exécution de l'algorithme. Dans cette thèse, nous fournissons des arguments qu'un jeu de paramètres constants durant l'exécution semble être inadéquat. Notre contribution au vaste domaine de l'optimisation concerne le réglage automatique des paramètres selon le problème traité. Dans la première partie, nous exposons la problématique du réglage/contrôle des paramètres ainsi que les principales heuristiques existantes. Dans la deuxième, nous proposons deux méthodes pour le contrôle dynamique des paramètres associés à la représentation des solutions. Dans la troisième, nous proposons l'algorithme évolutionnaire à états (SEA), une variante parallèle des AEs ; cette nouvelle approche gère simultanément plusieurs AEs afin de contrôler dynamiquement les paramètres au cours du processus d'optimisation. Dans la dernière partie, nous présentons une instanciation du SEA qui intègre différents taux de mutation afin d'adapter le meilleur taux à la recherche. Cette nouvelle instance est testée sur le problème du sac à dos multidimensionnel. Des résultats comparables ont été obtenus, ce qui prouve que le SEA est capable de contrôler dynamiquement le compromis exploration/exploitation.

Mots-clés: Algorithmes Génétiques ; Algorithmes Évolutionnaires ; Concept des États ; Contrôle Dynamique des Paramètres ; Auto-Adaptation au Problème ; Représentation ; Opérateurs Génétiques ; Optimisation Combinatoire

Abstract

Evolutionary Algorithms (EAs) are search methods inspired by the darwinian theory of evolution, working iteratively on a population of potential solutions that are randomly selected and modified. The selection of a representation, the definition of parameters or the attribution of their proper values have a crucial influence on the algorithm performances. A choice that does not match to the fitness function can make the problem more difficult to resolve. Finding suitable parameter settings is therefore a big challenge. Although EAs are recognized as competitive methods on large problems, they are subjects to certain critics such as parameters adjustment/control. By parameter settings, we mean the approach which consists in finding reasonable parameter values before the algorithm execution. In this thesis, we provide arguments that a set of constant parameters during the run seems to be inadequate. Our contribution to the broad area of optimization concerns the automatic adjustment of parameters according to the test problem. In the first part, we expose the problematic of parameters adjustment/control as well as the principal exisitng heuristics. In the second, we introduce two methods for dynamic control of parameters associated with the representation of solutions. In the third, we propose the States based Evolutionary Algorithm (SEA), a parallel variant of AEs ; this new approach manages simultaneously several EAs in order to control dynamically the parameters during optimization process. In the last part, we present an instantiation of the SEA which integrates different mutation rates in order to adapt the best rate to the search. This new instance was tested on the multidimensional knapsack problem. Comparable results were obtained, which proves that the SEA is capable of dynamically controlling the compromise exploration/exploitation.

Keywords: Genetic Algorithms ; Evolutionary Algorithms ; States Concept ; Dynamic Parameters Control ; Auto-Adaptation to the Problem ; Representation ; Genetic Operators ; Combinatorial Optimization

Oui, je veux morebooks!

i want morebooks!

Buy your books fast and straightforward online - at one of the world's fastest growing online book stores! Environmentally sound due to Print-on-Demand technologies.

Buy your books online at
www.get-morebooks.com

Achetez vos livres en ligne, vite et bien, sur l'une des librairies en ligne les plus performantes au monde!
En protégeant nos ressources et notre environnement grâce à l'impression à la demande.

La librairie en ligne pour acheter plus vite
www.morebooks.fr

OmniScriptum Marketing DEU GmbH
Heinrich-Böcking-Str. 6-8
D - 66121 Saarbrücken
Telefax: +49 681 93 81 567-9

info@omniscriptum.de
www.omniscriptum.de

Printed by Books on Demand GmbH, Norderstedt / Germany